제2 창업 시대

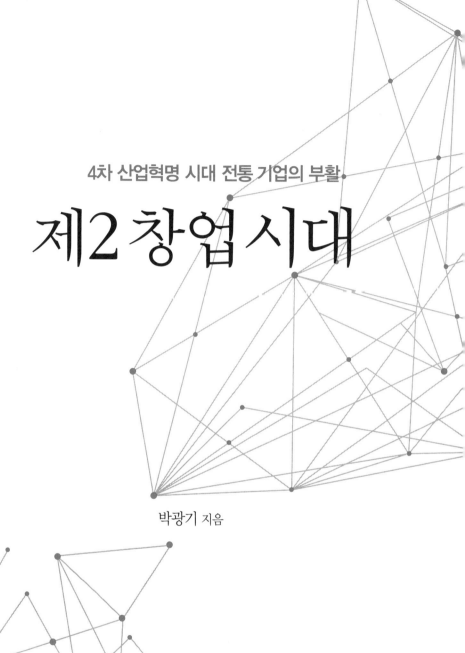

4차 산업혁명 시대 전통 기업의 부활

제2 창업 시대

박광기 지음

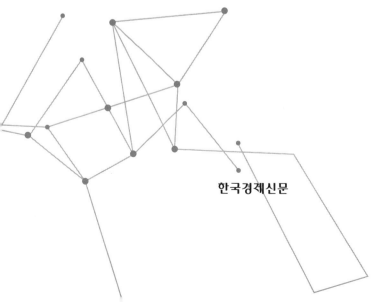

한국경제신문

열차에서 내리며

필자는 삼성을 떠나기로 결심을 굳히기 두어 달 전에 선후배 및 동료들에게 다음과 같은 퇴임 메시지를 작성했었다. 하지만 고위 임원이 자발적으로 퇴임하는 사례가 흔치 않았고 당시 정황상 언론에 부정적으로 기사화가 되어 혹여 회사에 누(累)를 끼칠 것을 우려해 메일로 전송하지 못했다. 하지만 이번 책 출간에 맞춰 그때 못다 했던 이야기를 전하고자 한다.

열차에서 내리며…

저는 고 이병철 회장의 빈소를 지키면서 시작된 신입사원 시절부터 근 30년 동안 삼성으로부터 엄청난 혜택을 받고 드넓은 세계를 경험하며 성장할 수 있었습니다. 저는 그 의리를 누구보다도 크게 갚고 싶었습니다.

'삼성을 위해 나는 무엇을 할 것인가?'

이 질문은 삼성에 입사한 순간부터 삼성을 떠난 지금까지 제가 변함없이 지켜온 마음입니다. 직위가 오르고 실적을 달성해 박수를 받을 때도 '내가 진정 삼성을 위해 무엇을 해야 하는가?'에 대한 고민은 커져만 갔습니다. 그러면서 정말로 삼성을 위하는 길은 단기적인 실적에 연연하는 것이 아니라 좀 더 근원적인 해법을 찾아야 한다는 걸 깨달았습니다.

지금 삼성은 제2의 도약이 반드시 필요한 때입니다. 삼성의 미래를 위해 주어진 직책 안에서 제 나름대로 역할을 다하고자 노력했지만 조직의 틀 안에 묶여 있다 보니 부사장의 위치임에도 불구하고 한계가 분명했습니다. 더 이상 지체할 시간이 없다는 사실에 답답한 마음만 커졌습니다. 긴 고민 끝에 삼성을 진정으로 위하는 길을 찾기 위해 조직에서 물러날 수밖에 없었습니다. 남아 있는 것이 최선은 아니었습니다. 하지만 삼성을 위해 어떤 다른 역할을 할 목적이지 결코 삼성을 떠나는 것이 아닙니다. 오히려 삼성을 위하는 마음은 지금이 그 어느 때보다도 뜨겁습니다.

삼성에서 저는 약소국의 작은 기업이 어떻게 세계 일류 기업으로 성장할 수 있는지를 배웠고, 삼성의 힘으로 세계를 누비면서 지구촌 인류의 다양한 삶을 경험할 수 있었습니다. 이제 저는 조직에서 벗어나 좀 더 자유로운 마음과 안목으로 삼성의 미래에 대한 청사진을 연구하고 설계해 제시하고자 합니다. 급변하는 환경 변화 속에서 삼성의 청사진은 그 어느 사안보다 시급하고 중요하기 때문입니다. 그리고 이 길을 찾는 것으로써 그동안 저를 키워준 삼성에 대한 의리를 다하고자 합니다.

선후배 및 동료 여러분! 저뿐만 아니라 여러분들도 삼성을 위해 많은 고민을 하고 있다는 걸 잘 알고 있습니다. 그리고 여러분과 같이 저도 진심으로 삼성을 사랑합니다. 결코 일신의 출세를 위해 삼성을 떠나거나 다른 조직을 위해 일하는 일은 없을 것입니다. 그리고 삶의 마지막까지 삼성을 위해 헌신할 것입니다. 여러분도 자신의 자리에서 변함없이 최선을 다하실 것이라 믿습니다. 저는 삼성이 무척 자랑스럽습니다. 언제까지나 저는 자랑스러운 삼성인으로 남을 것입니다.

2015년 2월 4일

박광기 배상

필자는 줄곧 글로벌 비즈니스 현장에서 우리나라 기업들의 부침을 지켜보면서 근본적인 의문을 키워왔다. 왜 이마트나 롯데 등 중국에 진출한 한국 기업들이 줄줄이 철수하고 있을까? 왜 필자가 애써 일구었던 해외 법인과 지역 본사는 성장을 멈추고 퇴보하고 있을까? 왜 수십조 원을 버는 삼성전자의 주가는 자사주를 매입하지 않으면 오르지 못하는 것일까? 왜 내가 청춘을 다 바친 세계적인 기업이 사회와 국민으로부터 지탄을 받게 된 것일까? 이러한 의문은 끝이 없었다.

필자는 산업한류 프로젝트를 추진하면서 우리나라 중소기업을 들여다볼 기회가 있었다. 상당수 중소기업의 경영 시스템이 삼성에 비해 10년 혹은 20년 정도 뒤처져 있음을 발견하고 놀라움을 금치 못했다. 삼성 또한 기존 산업이 아닌 미래 산업을 기준으로 보면 10여 년 정도 시간을 놓치고 있다.

2017년 반도체 수출 비중이 우리나라 전체 수출의 20퍼센트대에 육박하고 있다. 반도체공화국이라는 자조 섞인 우려가 나올 만하다. 삼성이 반도체와 스마트폰을 이을 신사업 비전을 보여주지 못하니까 삼성발 한국 경제 위기론까지 나오고 있다. 우리나라 대표 기업인 삼성의 미래는 삼성만의 문제가 아니라 국민 모두의 미래와 직결된다.

삼성이라는 열차가 달려가고 있는 종착역이 시야에 들어오면서 필자는 조급해지기 시작했다. 대안을 찾지 못한 채 속절없이 골든타임을 놓치고 있었기 때문이다. 열차의 궤도를 바꿔 타야 할 시간이 지나가고 있는데 기존 사업의 관성으로 앞으로만 내달리고 있을 뿐이다. 달리는 열차 안에서는 새로운 길을 찾을 수 없다. 필자는 열차에서 내리기로 결심했다.

이 책은 지난 30년간 필자가 경영의 세계를 탐구하는 학도로서, 그리고 현장 경영자로서 몸으로 부딪히며 체득한 것들에 대한 기록이다. 필자가 배우고 믿어 왔던 금과옥조의 경영원칙들이 더 이상 효과를 발휘하지 못하는 시점에 도달했음을 자각하고, 지속 가능한 기업 운영의 패러다임을 찾고자 했다. 그 결과물로 삼성을 비롯해 한국 기업의 제2 창업을 위한 새로운 혁신 패러다임을 제시하고자 이 책을 쓰게 되었다. 언론 기사가 최근 상황을 현실적으로 반영하고 있기 때문에 책에서 논거로 사용한 통계 수치와 사례 일부는 국내 주류 언론과 해외 전문 매체가 보도한 내용을 인용했다.

책을 마무리하면서 월급쟁이인 필자가 창업가의 사업 이념에 대한 눈을 뜨도록 해준 아프리카의 많은 기업가에게 감사드린다. 필자는 그들을 거래선(去來先)으로 만났지만 아프리카 구석구석에서 다양한 사업을 일구어 온 그들을 통해 삼성에서 배우지 못한 사업가의 세계를 경험하게 되었다. 서부아프리카 시장을 개발한 레바논계 기업가들과 동부아프리카를 개척한 인도계 기업가들에게서 1970년대 한국 경제의 성장을 이끌었던 정주영, 이병철 회장을 다시 만날 수 있었다. 그들 대부분은 무일푼으로 아프리카로 건너와 최고의 현지 기업군을 일으킨 1세대 창업가들이다.

요하네스버그에 주재하는 동안 개인적 만남을 통해 사회 통합을 위한 대타협의 정신을 가르쳐준 만델라 전 남아프리카공화국 대통령에게도 감사드린다. 흑백 갈등을 극복하기 위해 그분이 가졌던 개인적인 고뇌와 철학을 직접 들을 수 있었던 것은 필자에게 큰 행운이었으며 이 책을 집필하는 데 많은 영감을 받았다. 또한 필자에게 지난 7년 동안 기업 생멸의 자연법칙을 일깨워 준 천공(天空) 스승에게도 감사드린다. 스승은 필자가 피터 드러커, 톰 피터스 등 역대 경영 구루(Guru)의 경영 이론에서도, 전설적 경영자에게서도 찾지 못한 기업 영속성에 대한 해답을 찾게 해줬다. 필자는 기업의 흥망성쇠를 좌지우지하는 기업 운영의 원리가 기술 혁신이나 경쟁우위와 같은 경영 기법과 경영 상식에 있지 않고, 기업의 씨앗과 열매인 창업 이념과 생애주기의 자연법칙에 따라 기업 운영의 패러다임 자체를 진화시키는 데 있음을 스승을 통해 깨닫게 되었다. 마지막으로 해외 체류 기간 중에도 국내 신문 및 관련 자료를 꼼꼼히 정리해 보내준 뉴패러다임미래연구소 리사 대표에게 감사를 드린다.

2018년 새봄을 맞으며,

요하네스버그에서 박광기

사회적 대타협과
반기업 정서 해법으로써의 제2 창업

1997년 외환위기 이후, 지금 한국에서는 60여 년 만에 국내 기업의 총매출액이 2년 연속으로 줄어드는 초유의 사태가 벌어지고 있다. 그동안 한국의 경제 성장을 이끌어 온 대기업들이 2014년을 정점으로 성장이 정체되거나 하강하는 국면에 돌입한 것이다. 중국의 제조굴기로 한국의 주력 산업인 제조업 경쟁력이 약화되고 4차 산업혁명의 흐름에 뒤처지면서 국가 산업 경쟁력에 대한 비관론이 확산되고 있다.

한국 기업들은 외환위기 이래 20년, 2008년 금융위기 이래 10년의 세월을 보내면서 두 번이나 체질을 바꿀 수 있는 기회를 놓쳤다. 근본적으로 사업 체질을 바꿔야 할 시기였는데도 국가 전체는 중국 특수에, 삼성은 스마트폰 성장에 빠져 아까운 시기를 그냥 흘려버렸다. 국가나 기업 모두 생명주기의 자연법칙을 따른다는 점을 통찰했더라면 외형적 구조조정에 그치지 않고 사업 진화에 나섰을 것이다.

한국 경제가 어려운 것은 세계 경제가 불황이라서가 아니라 너무 오랫동안 변하지 않은 채 정체되었고 이제 그 한계를 드러내고 있기 때문이다. 판이 달라져야 할 때 판을 다시 짜는 시도가 없었고, 낡은 판 안에서 익숙해진 시스템에 갇혀 새로운 패러다임을 찾지 못한 탓이다. 최근 세계 경제가 호전되고 수출이 일시적으로 증가해 우리 기업의 이익구조가 개선된 것은 일부 업종의 호조에 따른 착시일 뿐, 구조적으로 바뀐 게 없으므로 지속 가능하지 않다. 어쩌면 국가 전체가 반도체 특수에 빠져 '궁즉변(窮卽變, 《주역》에 나오는 말로 궁하면 변한다는 의미임)'의 기회를 놓치고 있는지도 모른다. 훗날 반도체는 축복이 아니라 저주였다고 평가받을 수 있다.

외환위기 당시 국내 30대 그룹 중 무려 11개 그룹이 해체되고 8개 그룹은 기업 순위에서 탈락했다. 외환위기가 경제 성장기 때에 성장을 제대로 관리하지 못해 발생한 내부 성장통이었다면 지금의 위기는 산업 노후화로 인한 성장 변곡점의 위기다. 지금 같은 추세라면 수년 후 과연 몇 개 기업이 살아남을 수 있을까?

오늘날 국가는 주력 산업의 변곡점에서 중진국 함정에, 기업은 주력 사업 성장의 변곡점에서 경쟁우위 사업 모델의 함정에 빠져 있다. 국가와 기업이 신산업, 신사업으로의 진화가 지연되면서 기업을 지탱하려는 유지 비용이 사회 전반으로 전가되어 양극화가 확대되는 악순환을 초래하고 있다. 기술 혁신, 원가 혁신 등 기존 혁신 패러다임으로는 변곡점 한계를 돌파할 수 없다. 새로운 씨앗을 뿌리지 못하면 미래가 극히 불투명해진다. 전통 업종이 노후화되고 1세대 창업자가 고령화되면서 어느 때보다 제2 창업이 시급하지만 혁신 패러다임을 찾지 못한 채 골든 타임을 놓치고 있다. 언제부턴가 한국도 일본의 잃어버린 20년을 따라가고 있는 것이다.

지금 한국 사회에서는 청년 창업보다 전통 기업의 제2 창업이 우선이어야 한다. 청년 창업의 벤처도 중요하지만 이미 국민을 고용하고 있는 기존 기업과 기존 사업의 재생과 재도약이 더욱 중요하다. 기존 기업이 노산하면 그동안 쌓았던 인프라와 인력 자산이 모두 사장되고 활용할 기회까지 놓치게 된다. 그러면 그 기회 비용과 피해는 막 창업한 벤처 기업의 도산과는 비교가 되지 않는다. 이런 가운데 한국 기업에 불어 닥친 보호 무역, 4차 산업혁명, 반(反)기업 정서의 3각 파고(波高)는 환골탈태의 기업 변신을 요구하고 있다. 그러나 상속을 부(富)의 대물림으로 바라보는 반기업 정서의 역풍을 맞고 기업은 손발이 묶여 있는 형국이다.

'규제 개혁→신산업 육성→고용 창출'로 이어지는 선순환구조를 만드는 데 국가 경제의 명운이 걸려 있다. 제조업을 중심으로 한 전통 산업이 2차 도약을 할 수 있는 기회는 어디에 있는가? 4차 산업혁명 시대에 제2 창업을 위한 혁신 패러다임은 무엇인가? 반기업 정서를 해소하고 국민 기업으로 진화하기 위한 기업 운영의 뉴 패러다임은 무엇인가?

특히 반기업 정서는 세계에 유례가 없는 한국의 기업병이자 망국병이다. 한국 사회가 재벌 개혁을 놓고 갈등을 겪고 있는 이유다.

재벌 개혁은 여론을 의식해야 하는 정치권에 피할 수 없는 시대적 과제가 되었다. 반면 주력 산업이 성장 변곡점에 이른 재벌 대기업에게 제2 창업은 2차 도약을 위한 가장 시급한 과제다. 기업과 국민이 서로 윈윈할 수 있는 재벌 개혁의 비전은 무엇인가? 국가의 2차 도약과 기업의 재도약을 함께 이룰 수 있는 사회적 대타협은 무엇인가? 정치권과 기업이 손잡고 혁신 성장의 돌파구를 여는 길은 무엇인가?

시대는 생산과 제조에서 운용과 서비스로 옮겨가고 있다. 국가는 하드 파워 국가에서 소프트 파워 국가로 변신해야 하고, 기업은 제조업에서 서비스 운용업으로 진화해야만 지속 성장이 가능하다. 그렇다면 한국 사회에서 누가 국가 산업을 신산업으로 탈바꿈시킬 역량을 갖고 있는가? 한국 사회에 양극화 해소를 가져올 '낙수 효과 2.0'은 무엇인가? 한국의 최고 캐시 카우(Cash Cow, 시장 점유율이 높아 꾸준한 수익을 가져다주지만 시장 내 성장 가능성은 낮은 제품이나 산업)인 반도체를 이을 포스트 반도체의 신산업 비전은 무엇인가?

그동안 한국은 산업화의 후발주자로 선진국의 발전 모델을 답습하는 것이 정답이었다. 하지만 이제 한국만의 문제를 해결할 한국만의 처방을 찾아야 하는 정답 없는 시대를 살고 있다. 반기업 정서, 규제공화국, 갑질 논란, 강성 노조, 내수 시장 과잉 경쟁, 성장 변곡점과 3세 경영자 시대 동시 도래, 후발 개도국의 추격 등 한국 기업만의 독특한 기업병을 앓고 있다. 이를 극복하려면 새로운 기업 운영의 패러다임을 찾아 한국형 신경영 모델을 정립해야 한다. 한국 기업병을 극복하고 2차 도약을 가져올 지속 가능한 성장 해법은 무엇인가? 한국 기업을 다시 일으켜 세워 100년의 역사를 써 나가기 위한 제2 창업의 혁신 비전은 무엇인가?

필자는 사업 진화에 성공한 수백 개 기업들의 변곡점 혁신 사례들을 연구 및 분석한 결과를 토대로 주력 사업이 성장 한계에 이른 한국 기업들이 취할 수 있는 제2 창업 혁신, 곧 사업 진화 혁신에 필요한 뉴 패러다임을 제시한다. 주제별로 개념 설명보다는 실질적인 기업 사례와 새로운 성장 기회 및 사업을 제안하는 데 역점을 뒀다. 일례로 삼성의 미래를 걱정하는 목소리가 많지만 외부인이 삼성의 미래 비전 대안을 제시하기는 쉽지 않다. 이 책에 체계화시킨 제2 창업의 3대 혁신 모델을 필자가 몸담았던 삼성에 실제 적용한 시나리오를 제시한다. 시나리오는 한국의 대표 기업으로서 포스트 반도체를 이을 삼성의 제2 창업 신산업 비전을 담고 있다.

차례

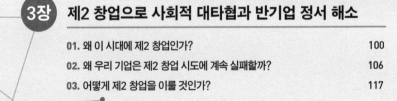

1장 망국병이자 한국 기업병인 반기업 정서

2장 자연법칙에서 찾은 기업 흥망의 근본 원리

3장 제2 창업으로 사회적 대타협과 반기업 정서 해소

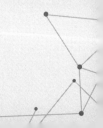

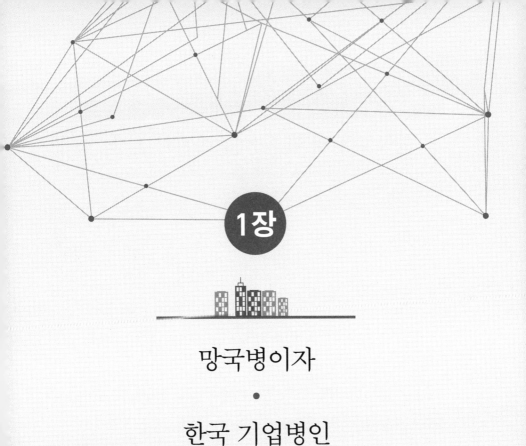

1장

망국병이자

·

한국 기업병인

·

반기업 정서

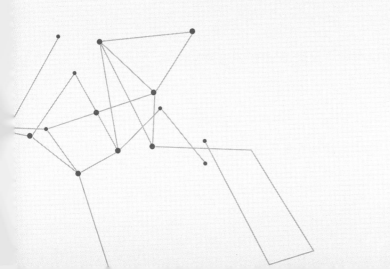

한국 기업의 현주소 및 위기의 본질

한국 기업을 성장시킨 주력 사업 대부분이 시장 성장의 변곡점에 이르게 되자 지속 가능 여부에 빨간 불이 켜졌다. 수출로 성장해온 주력 업종은 글로벌 공급 과잉으로 수출 절벽에 직면해 있다. 이런 와중에 세계에 유례가 없는 반기업 정서와 글로벌 보호 무역, 그리고 4차 산업혁명의 3각 파고가 거세게 일고 있다. 한국 기업은 3세 오너 시대를 맞이한 가운데 한국식 경영 모델이 시효를 다하면서 총체적 한계에 직면하고 있다. 소위 한국 기업병을 앓고 있는 것이다.

주력 산업의 성장 변곡점, 글로벌 저성장

〈포춘〉(Fortune, 1930년에 창간된 미국 경제잡지)이 매년 발표하는 세계 상위 500대 기업 명단에서 한국 기업이 줄줄이 사라지고 있다. 2010년 8개였으나 2016년에는 3개만이 자리를 지켰다. 삼성그룹, SK그룹, 현대차그룹이다. 한국만 그렇다. 신산업분야의 새로운 기업들이 그 자리를 꿰차고 있기 때문이다.

경영권이 오너 3세로 승계되면서 미처 준비되지 않은 후계자로 인한 불안정한 지배구조 문제는 더욱 심각해졌다. 우리 사회는 선대의 창업 이념을 유산으로 받지 못한 후계가 어떤 결과를 초래하는지는 이미 한진해운 사례를 통해 목도하고 있다.

한편 주력 산업이 고비용 및 저부가화가 되면서 맹렬한 속도로 추격해 오는 중국에 맞서 힘겨운 경쟁을 벌이고 있다. 글로벌 대비 코스피 주가가 떨어진다는 의미는 한국 기업에 미래가 없다는 뜻이기도 하다. 반도체업종을 제외한 자동차, 중공업, 철강업, 화학업, 금융업 등 사실상 모든 전통적 산업에서 한국 기업들은 추락을 거듭하고 있다.

변곡점은 현 체제로 할 수 있는 최대의 꼭짓점에 도달했다는 의미다. 산업이 변곡점에 이르면 보급률 증가로 시장 성장률이 하락 단계에 접어들고, 관련 기술이 성숙단계에 도달해 경쟁이 격화된다. 후발국 기업들이 모든 분야에서 캐치 업[Catch Up(따라잡기), 특히 발전도상국이 선진국을 따라잡기 위해 노력하는 일]을 하므로 한 단계 위로 옮겨가야만 지속 성장이 가능하다. 내부적으로는 인건비 상승 등으로 고비용화가 되고, 외부적으로는 중국산 제품의 싼 가격 때문에 가격을 올릴 수 없는 상황에 처해진다. 이는 고비용화를 감당할 수 없는 저부가화를 의미한다. 가성비 경쟁력 시대가 끝난 것이다. 가성비에 의존하는 전통 산업의 사업구조 전환이 시급한데 전문 경영인들은 1등 유지, 내실 경영, 새로운 아이템의 먹거리 찾기로 대응하고 있지만 경쟁력 악화는 심화되고 있다.

중국 등 해외에 진출한 한국 기업도 현지에서 경쟁력을 잃고 철수하는 사례가 속출하고 있다. 이마트는 중국 진출 20년 만에 철수를 결정했다. 롯데나 현대차가 중국에서 고전하고 있는 이유가 꼭 사드 때문이라고 할 수만은 없다. 새로운 해외 진출 패러다임이 필요한 이유다. 대기업 중심의 한국 경제가 재도약하기 위해서는 전통 기업의 사업 변신이 필수다. 국가 재도약이 한국 기업의 제2 창업 혁신에 달려 있는 것이다.

한국 기업에 불어 닥친 3각 파고

산업화의 변곡점을 맞아 세계 각국에 4차 산업혁명의 바람이 거세게 불고 있다. 이에 따라 기존 산업의 질서가 급속도로 바뀌고 있다. 글로벌 공급 과잉과 더불어 부가가치의 원천이 제조와 하드웨어에서 운용과 소프트웨어로, 즉 제조업 중심에서 서비스업 중심으로 옮겨가고 있는 것이다. 제조가 하청화가 가능해지면서 서비스 플랫폼이 신산업을 이끌어 간다. 제조업이 아닌 플랫폼, 데이터, 디지털 산업으로의 대전환이다. 마치 화석 연료차가 전기차로 바뀌는 것처럼 글로벌 산업 패러다임이 근본적으로 바뀌고 있다.

산업 간, 기술 간 융합이 문어발식으로 확장되면서 새로운 창업과 벤처 시대가 열리고 있다. 이에 반해 각종 규제에 발목이 잡힌 한국은 아직 글로벌 경쟁력을 가질 만한 신산업 비전이 없다. 산업 지형이 하루가 다르게 바뀌고 있는데 한국 기업들은 기존 산업에만 매여 있다. 게다가 사회 문제 해결의 주체인 기업이 적폐와 개혁의 대상으로 낙인찍혀 있다. 반기업 정서가 강해지면서 기업을 옥죄는 법률이 쏟아져 나오고 사회 전반의 기업가 정신까지 위축시키고 있다. 중국은 추격해 오는데 노조는 파업을 일삼고 새로운 미래를 향해 뛰어야 할 때에 한국 기업은 손발이 묶여 있다

외부적으로는 보호 무역의 역풍을 맞고 있다. 소규모 개방 경제인 한국은 보호 무역에 가장 영향을 많이 받는 국가다. 글로벌 저성장에 이미 수출 절벽을 겪고 있는 한국 기업에게는 이중의 타격이다. FTA(Free Trade Agreement, 자유무역협정)로 경제 영토를 넓혀왔지만 보호 무역을 극복하지 못하면 그 효용도 반감된다.

보호 무역은 왜 생겨나는가? 보호 무역은 반기업 정서의 글로벌 버전이다. 자국 시장에 물건만 팔지 말고 현지에 기여하라는 메시지다. 자국 시장을 상대로 수익만 올리는 외국 기업들에 현지가 필요로 하는 일자리, 경제 개발 등 사회 문제도 해결하면서 현지 시장에 대한 기업의 책임을 다하라는 요구가 담겨 있다. 한국 기업은 이러한 국내외 환경 변화에 맞서서 정도 경영, 준법 경영, 사회 공헌 확대, 주주 환원 중시로 대응하고 있다. 하지만 반기업 정서를 해소하고 보호 무역을 극복할 수 있는 길은 새로운 기업 운영의 패러다임에서 찾아야 한다.

반도체공화국 착시 현상과 구조 개혁 골든 타임

OECD는 한국 경제의 가장 큰 문제점으로 정규직과 비정규직 간의 노동 시장 이중구조, 노동 시장의 경직성, 연공서열식 급여체계 등을 지적하고 있다. 하지만 이것들이 한국의 생산성이 낮은 근본 원인은 아니다. 왜 다른 OECD 국가들보다 더 오랜 시간 근무하는 데도 생산성, 즉 1인당 부가가치는 오르지 않는 것일까? 업종의 경쟁력, 즉 영업 이익률이 낮기 때문이다. 이는 주력 산업의 노후화에 기인한다. 노령화, 저출산, 규제, 글로벌 경기 둔화 등은 기업 경쟁력 악화의 본질이 아니다. 업종의 사양화와 노후화로 인한 고비용 및 저부가화가 본질이다. 한국 사회가 가진 복합 위기의 본질도 거시적 경제 여건이 아니라 기업이 주력 사업의 경쟁력을 상실하는 데 있다.

기업은 국가 위기의 원천이자 국가 발전의 원동력이다. 국가 경제의 위기도 결국 '개별 기업의 경쟁력 저하'에서 시작된다. 개별 기업의 부진은 국가의 산업 경쟁력 약화로 연결된다. 저성장과 양극화 문제 해결을 위해 많은 거시정책이 나오고 있지만 실물 경제 주체인 기업을 어떻게 다시 진화시킬 것인지 여부가 핵심이다. 기업 경쟁력의 문제는 재정이나 금융 같은 거시정책으로는 해결이 불가능하다. 이 정책은 경기 사이클에 대응하는 데는 유효하지만 지금과 같은 산업 변곡점에서는 먹히지 않는다. 기업이 사업 진화를 해야만 극복 가능한 위기이며 국가는 산업별로 구조 개혁을 통해 산업 체질을 진화시켜야만 해결 가능한 위기다. 개별 기업의 사업 진화, 산업별 구조 개편이 급선무인 이유다. 정부 차원에서 조선업, 해운업 등의 구조조정을 하고 있지만 결국은 기업 자체가 사업 내용을 바꾸지 않으면 현재의 구조조정만으로는 잠시 수명만 연장할 뿐이다. 그렇다면 어떻게 기업이 사업 진화를 이룰 것인가?

현재 우리나라는 구조 개혁에 따르는 후폭풍을 우려해 산업구조 개혁이 지지부진하다. 반도체와 같은 일부 업종의 호황으로 인한 착시도 구조 개혁을 지연시키는 데 한몫을 하고 있다. 선진국의 양적 완화가 종료되면서 미국을 위시해 금리 인상이 본격화되고 있다. 중소기업 상당수가 정책자금으로 연명하고 있다. 부채로 기업 수명을 유지하는 한계 기업들은 언제까지 버틸 수 있을까? 긴축 경영으로 유보금을 확대한 대기업들은 언제까지 사업 규모를 유지할 수 있을까? 향후 수년 내 한국 기업의 운명은 어떻게 될 것인가?

세계에 유례가 없는 반기업 정서

반기업 정서는 한국 사회의 자기 파괴적 병리 현상

재벌 수난 시대다. 재벌에 대한 국민적 냉소가 이렇게 팽배한 나라는 한국밖에 없다. 한국경제TV 조사에 따르면, 20~30대의 기업에 대한 비호감도가 70퍼센트에 이르며 이 중에서 학생층은 86퍼센트에 달한다고 한다. 우리나라의 기업에 대한 신뢰도는 그야말로 최악이다. 기업 신뢰도 지표를 발표하는 에덜먼의 조사결과를 봐도 미국 기업이 58퍼센트, 일본 기업이 41퍼센트인 반면 한국 기업은 고작 29퍼센트에 불과하다.

우리 사회에 이토록 반기업 정서가 확산되는 이유는 무엇일까? 사회주의적 기업관을 가진 교사들이 학생들에게 기업의 존재 목적은 이윤 추구가 아니라 사회 환원이라고 가르치기 때문인가? 왜 대선 때마다 재벌 때리기와 재벌 개혁 구호가 반복되는 것인가?

온 나라가 재벌 타도와 경제 민주화를 외치고, 정경유착을 근절한다며 단죄에 매달리고 있다. 정치권은 양극화 확대를 재벌의 경제력 집중 탓으로 보고 재벌 개혁을 최우선 과제로 외치고 있다. 재벌 해체를 주장하는 인사도 있다. 왜 개발 시대에 국부를 일궈온 1등 공신들이 우리 사회의 공적이 되고 단죄 대상 1호로 지목되고 있는가? 언제부턴가 대기업은 중소기업의 시장 기회를 독식하고 협력업체에 갑질을 일삼는 적으로 비치고 있다. 정경유착, 재벌 2~3세의 불법 상속, 일감 몰아주기, 납품 단가 후려치기 등이 과연 반기업 정서의 근본 원인일까?

국가 발전의 변곡점에서 복합적인 위기를 겪고 있는 우리 사회가 당면한 최대의 적은 '반기업 정서'다. 반기업 정서를 해소하지 못하면 한국 기업의 미래는 없다. 반기업 정서가 한국 기업이 진화할 길을 막고 있기 때문이다. 반기업 정서에 몸을 사리는 기업들은 사업 변신은커녕 비용 절감과 이익금 확보로 기업 유지에 급급하다. 반기업 정서에 대한 해법을 찾지 못하면 한 걸음도 미래로 나아갈 수 없다. 어쩌면 북한의 핵 위협이나 글로벌 보호 무역보다 더 심각하게 우리의 손발을 묶고 있는 것이 바로 세계에서 유례가 없는 반기업 정서라 할 수 있다.

▌왜 재벌 개혁이 시대정신이 되었나?

한국은 소수의 재벌 대기업들을 단기간에 키워내면서 기적적인 압축 성장을 이뤘다. 그런데 이제 그 재벌이 사회악으로 비치고 있다. 왜 우리 사회는 재벌들에게 양극화의 책임을 묻고 있는가?

오늘날 우리나라 대기업이 자신만의 실력으로 성장했다고 할 수 있을까? 선진국과 달리 산업화 역사가 짧은 우리나라에서 재벌 대기업이 성장한 배경에는 국가와 국민의 전폭적인 지원이 밑거름이 되었음은 부인할 수 없다. 중소기업은 협력업체로, 국가는 제한된 자금과 자원을 소수에 집중시키는 산업정책으로 재벌 기업의 성장을 도왔다. 정경유착의 뿌리도 국가가 산업을 키우던 초기에 선택과 집중이라는 전략에서 생겨났다. 정부의 인·허가가 정경유착을 낳았다. 공급 부족의 시대에는 기업 자체의 경쟁력보다 허가만 받아도 기업을 키울 수 있었다. '허가'에 경쟁자가 진입 못하게 하는 보호막 성격이 강했기 때문이다. 자원이 없고 인구만 가득한 나라가 세계 시장에서 생존하려면 중소 규모의 수출 기업으로는 한계가 있었기 때문에 세계 시장에서 경쟁력을 갖춘 글로벌 기업을 육성하는 것이 절실했다. 선택과 집중으로 대기업을 육성한 목적이다.

하지만 선택과 집중은 불가피하게 사회 전반에 불균형을 초래하고 양극화구조를 잉태할 수밖에 없었다. 1단계 양극화의 초래다. 재벌 대기업은 매출의 80퍼센트를 해외에서 벌어들이고 있다. 그러므로 이들에 의한 내수 시장 경제력 집중이나 불공정 분배가 양극화의 근본 원인이라고 할 수는 없다.

문제는 2단계의 양극화 확대다. 대기업들이 주력 사업의 성장 변곡점에 이른 후, 제2 창업을 하지 못해 기업 유지 비용이 사회로 전가되면서 양극화를 심화시키는 단계다. 즉, 양적 성장의 한계로 인한 대기업의 경쟁력 악화가 중소기업 협력업체에 대한 납품단가 압박, 인력 구조조정 및 명예퇴직 확대 등의 형태로 사회 전반에 영향을 미쳐 양극화를 확대시키고 있는 것이다.

경제가 성장할 때에는 대기업 중심의 성장이 낙수 효과를 일으켜 사회 전체에 돌아갔지만 경제가 성숙기로 접어들면서 성장은 정체되고 기업과 기업, 개인과 개인 사이에 빈익빈 부익부가 심화되고 있다. 내수 의존도가 높은 중소기업은 정체된 국내 시장에서 성장 기회를 잃게 된다. 성장이 멈춘 내수를 두고 출혈 경쟁에 내몰리는 시장 기회의 불평등이 2차 양극화의 뿌리다.

한국 산업의 강점인 수직 계열화된 구조에서 대기업은 중소 협력업체에게 있어 맏형과 같은 존재다. 대기업 주력 사업이 변곡점에 이르러 실적이 정체되고 악화되면서 기계, 부품, 소재분야의 중소기업 협력사들이 연쇄 타격을 받고 있는 것이 오늘날 중소기업이 직면한 최대 위기다. 일례로 현대중공업, 대우조선해양 등이 수주 절벽에 직면하자 울산, 거제의 수많은 선박 하청업체가 동시에 폐업 위기에 몰리고 있다. 이는 중소기업이 대기업의 하청업체로 성장해 온 독특한 산업구조를 단적으로 보여주고 있다. 대기업이 우물 안덩치 큰 개구리가 되어 우물 밖으로 나갈 생각은 하지 않고 한계가 있는 내수 시장에서 서로 싸운다면 중소기업의 반감을 초래하는 것은 당연하다.

2017년 세계경제포럼(World Economic Forum)에서 발표한 국가

경쟁력평가에서 한국은 26위를 차지하는 데 그쳤다. 특히 노사 간 협력은 130위를 기록해 최하위권에 머물렀다. 세계 1등으로 올라선 한국 제조업이 노사 간 대립으로 심각한 위기를 맞고 있는 것이다.

한국 기업이 글로벌 시장에서 1등의 위치에 오르게 된 핵심적인 성공 요인은 임직원들의 희생이 첫 번째다. 높은 생산성, 품질, 기술력 모두 임직원들이 한 팀으로 희생하며 얻어낸 것들이다. 압축적으로 산업화를 이루고 글로벌 기업을 배출한 이면에는 이렇게 수많은 개인과 가족의 희생이 있었다. 개인별 성과에 따라 보상하는 서구 기업과는 달리 한 가족 문화를 표방하고 한 팀으로 기업을 키워왔다. 하지만 더 이상 임직원의 희생에만 의존할 수는 없게 되었다. 공동의 노력과 희생으로 성장을 추구하던 회사의 경우 동고동락한 임직원을 선별해 구조조정을 하기가 매우 어렵다. 종업원들이 배신감을 느끼기 때문이다. 더욱이 청년 일자리가 사회의 최대 이슈가 되고 있는데 그나마 형편이 나은 대기업이 구조조정이라는 명분으로 앞장서 인력을 해고한다면 당연히 국민의 반감을 살 수밖에 없다. 이는 한국에 지금 같은 강성 노조가 탄생한 배경이며 반기업 정서가 확대되는 이유이기도 하다.

▌국민이 기업에 보내는 반기업 정서에 담겨져 있는 메시지는 무엇인가?

반기업 정서가 소수 재벌에 대한 국민적 질시나 일부 정치권의 포퓰리즘(Populism, 대중의 견해와 바람을 대변하고자 하는 정치사상 및 활동을 뜻하지만 대중의 인기만을 좇는 대중영합주의로 보는 부정적 시각도 존재한다) 공세라고만 치부한다면 우리 국민을 비하하는 격이고 해법과는 거리가 멀어진다. 국민이 반기업 정서를 갖지 않는다면 정치권의 포퓰리즘도 설 땅이 없어진다.

　반기업 정서는 결국 국가와 국민의 성원에 힘입어 1등 기업으로 성장한 재벌 대기업들이 중소기업과 함께 성장할 수 있는 해법을 찾아 양극화 해소와 같은 사회 문제 해결에 앞장서라는 사회의 질책이다. 일자리를 제공하는 새로운 국가 산업을 일으켜 국가 경제를 살리라는 국민적 요구다. 정경유착, 편법 승계 등은 모두 책무를 다하지 못하고 있는 재벌에 대한 단죄의 명분일 뿐이다. 그것은 국민의 본뜻이 아니다. 반기업 정서는 재벌이 일을 잘못해서가 아니라 해야 할 일을 안 해서 생겨난 것이다. 한마디로 대마불사의 논리에 빠져 기업 덩치만 키우려 하지 말고 기업의 영향력에 상응하는 사회적 책무를 다하라는 요구다. 사회가 필요로 하는 일을 하지 못하고 있으니 기대가 분노로 바뀐 것이다. 대기업이 국민 기업으로서의 기대에 부응하는 일을 하지 못하고 있다는 국민적 실망감이 반기업 정서로 표출되고 있는 셈이다. 이것이 오늘날 정경유착을 구실로 한 대통령의 탄핵이고 재벌 총수의 구속이다. 시대가 요구하는 책무를 다하지 못한 채 리더 자리만 차지하고 있으니 국민이 심판하는 것이다.

　우리 사회의 빈부 격차가 심화될수록 반기업 정서는 더욱 확대될 것이고, 기업 환경 또한 악화될 것이다. 외환위기 때에는 외부의 금융 환경과 내부의 관리 부실로 기업이 퇴출되었지만 지금은 기업을 키워낸 토양인 사회가 공동체에 기여하지 못하는 기업을 시장에서 퇴출시키는 시대다. 기업은 외형적 성장과 함께 그 사회적 책무도 성장한다. 과수원 주인이 열매를 제대로 맺지 못한 과실수를 뽑아내듯이 사회 구성원인 기업 시민으로서 제 역할을 다하지 못한 기업에 국민이 책임을 묻고 있는 것이다. 외환위기 당시의 퇴출은 개별 기업의 문제였지만 반기업 정서에 의한 퇴출은 한국 기업 공통의 문제다. 반기업 정서가 낳은 규제가 성장 변곡점에 도달한 기업의 발목을 잡고 사업을 진화시킬 시간과 기회를 놓친 기업은 서서히 죽어가는 냄비 속 개구리와 같다.

재벌이 사회 공헌 활동을 확대한다고 해서 반기업 정서가 해소되지는 않는다. 갑질을 중단하고 완벽한 투명 경영을 펼치며 편법을 근절한다고 해도 해결되지 않는다. 친(親)주주 정책을 펴서 주주들의 신임을 얻는다 해도 국민의 신뢰를 회복할 수는 없다. 정치권이 재벌을 규제하는 법안을 더욱 강화하고 재벌 총수 몇 명을 구속하거나 심지어 재벌 그룹 몇 개를 해체한다 해도 해결될 일이 아니다.

기업이 미래의 성장 비전, 곧 해야 할 일을 새롭게 내놓지 못하니 주주들이 유보금을 나눠 갖자고 요구한다. 헤지펀드의 공격 대상이 되고 소액주주 활동이 강화되며 수십조 원에 달하는 자사주를 소각하는 배경이다.

대기업 중심의 개방 경제인 한국은 주력 산업의 정체기를 맞아 국제적 역할을 재정립하는 데 생존이 걸려 있다. 세계 시장에서 한국을 대표해 선수로 뛰어야 할 대기업 없이 한국 경제의 2차 도약이 가능할까? 대기업이 축적한 부를 국가 재도약의 레버리지로 활용할 비전을 찾지 못하고 분배로 소진한다면 신산업의 기회도 없다. 대기업의 자본력이 4차 산업혁명을 위한 혁신의 밑거름이 되게 해야 한다. 대표적 미래 신산업인 전기차 등을 보더라도 대기업이 아니면 감히 손도 댈 수 없는 경우가 많다. 이것이 바로 글로벌 대표 선수들을 최고의 국가 자산으로 활용해야 하는 이유다. 하지만 대기업이 국가 재도약에 기여하게 하려면 먼저 재벌과 정치권의 기업관이 진화해야 한다.

재벌의 수난 뒤에는 한국 재벌의 숙명이 숨겨져 있다. 대기업으로 성장한 기업이 망하는 근본 원인은 무엇일까? 기업이 반기업 정서와는 무관하게 수익만 내면 지속이 가능한가? 민심은 천심, 곧 자연법칙이다. 반기업 정서는 자연법칙에 따라 진화하지 못하고 궤도를 이탈한 기업에 내리는 자연의 경고다. 국민을 설득하려고 들기 전에 기업 스스로 기업 운영의 패러다임을 바꾸지 않으면 안 될 일이다. 반기업 정서 해법에 기업의 성장 변곡점 해법이 담겨 있다. 반기업 정서를 해결하지 못하면 한국 기업의 2차 도약 해법도 없다. 반기업 정서의 본질을 보면 국가 재도약과 재벌 대기업의 재도약은 결국 하나임을 알 수 있다.

규제공화국 대 재벌공화국

지금 우리 사회는 규제공화국과 재벌공화국으로 대립하고 있다.

기업인은 얽히고설킨 각종 규제 때문에 기업하기 힘든 규제공화국으로, 정치권은 경제뿐 아니라 사회 전반에 걸쳐 소수 재벌이 지배하는 재벌공화국으로 이 나라를 규정하고 있는 것이다.

반재벌 여론을 등에 업은 반시장적 입법과 규제가 넘쳐나고 있다. 반기업 정서가 반기업 정책을 낳고 이는 규제공화국의 탄생으로 이어진다. 오죽하면 사회주의 중국보다도 기업하기 힘들다는 목소리가 나오겠는가. 정체된 내수 시장에서 대기업의 지배적 시장 지위는 과점화를 초래하고 대기업과 중소기업 간의 갑을관계를 심화시킨다. 대기업이 출혈 경쟁을 벌이고 있는 중소기업의 견제를 받을 수밖에 없다. 국민의 88퍼센트가 생계를 의존하는 중소기업의 견제는 곧바로 반재벌 정서로 이어진다. 재벌공화국의 탄생이다. 두 공화국의 뿌리는 모두 반기업 정서다.

우리 사회에서는 양극화의 원인을 두고도 경제 발전에 불가피한 후유증이라는 의견과 재벌이 지은 원죄 때문이라는 의견이 팽팽히 맞서고 있다. 평생 시민운동에 몸담은 정치권 인사들의 사회 약자층 대변도, 평생 기업에 몸담은 기업인들의 재벌기업 대변도 반기업 정서의 해법이 될 수는 없다.

▌4차 산업혁명 시대에 신규 사업과 제2 창업이 규제에 발목 잡혀 있다

2016년 기준(WEF, 세계경제포럼)으로 한국의 규제 경쟁력 순위는 전 세계 138개국 가운데 105위다. 우리나라 전통 기업 대부분은 1960~1970년대에 사업을 시작해 업종이 노후화되었다. 창업 1세대들도 고령화되면서 어렵게 키운 기업을 대(代)를 이어 장수 기업으로 만들고 싶어 하지만 상속세에 발목이 잡혀 있다. 한국의 상속세 최고 세율은 50퍼센트로 OECD 국가 평균인 25.4퍼센트보다 2배가량이나 높다. 독일, 미국 등 선진국에서는 기업 상속을 경쟁력 강화 측면이나 기업 변신을 위한 제2 창업 기회로 보고 정부가 적극적으로 지원하고 있다. 반면 우리나라에서는 가업 승계를 '부의 대물림'으로 보고 규제 대상으로 삼고 있다. 반기업 정서의 발로(發露)다.

2016년 중견기업 실태조사 결과, 2,979개 중견기업 중 78.2퍼센트는 아예 승계 계획이 없는 것으로 드러났다. 현행 상속세법은 상속인이 10년 내에 상속받은 기업 자산을 처분하거나 업종을 변경할 수 없다. 기존 설비를 자동화하거나 공정을 개선할 수 없다는 말이다. 직원 수가 줄어들면 상속 공제 혜택을 추징당하기 때문이다. 전통 제조업의 경우 4차 산업혁명 시대를 맞이해 신산업으로의 업종 전환을 하려고 해도 애당초 불가능하다는 뜻이다. 현행 상속세법이 노후화된 전통 기업을 재탄생시킬 제2 창업을 원천적으로 막고 있는 것이다. 이런 낡은 제도로는 우리 기업이 급변하는 글로벌 환경 변화에 대응할 수 없다. 노후화된 업종을 제때에 진화시키지 못하면 기업은 도태될 수밖에 없는 것이다. 기업의 지속 성장과 산업구조 개혁을 가로막는 현행 세법을 개혁하는 것이 급선무인 이유다.

지난 20년간 역대 정부가 대기업을 배제한 중소기업 중심, 창업 벤처 중심의 성장정책을 펼쳐왔다. 하지만 세계 100대 스타트업 가운데 미국 기업이 56개, 중국 기업이 24개인데 반해 우리나라 기업은 하나도 없다. 벤처기업협회에 따르면 우리나라 벤처 기업은 72퍼센트 매출을 대기업의 B2B(기업 간 거래)에 의존한다. 대기업에 대한 금산분리정책은 오히려 대기업의 벤처 투자를 비활성화시키는 요인으로 작용하고 있다. 일례로 스타트업은 정부 지원보다 대기업 인수를 더 원한다. 스타트업 인수·합병(이하 'M&A')을 활성화하기 위해서는 스타트업을 인수할 능력 있는 대기업에 대한 규제를 먼저 풀어야 한다는 뜻이다. 사정이 이렇다 보니 대기업을 배제한 정책들이 실패하는 것은 당연하다.

세계 100대 유니콘 기업 사업 모델 중 70퍼센트는 규제 때문에 한국에서는 아예 창업 자체가 불가하다고 한다. 불필요한 규제로 말미암아 한국은 혁신도 없고 창업도 어려운 나라가 되었다. 〈매일경제신문〉이 〈니혼게이자이신문〉, 〈환구시보〉와 함께 3개국 경영자 300명을 대상으로 설문조사한 결과를 봐도 과도한 정부 규제로 압박을 느끼는 한국 기업인의 수가 중국의 3배, 일본의 10배 이상이다.

국내 시장 공정규제로 인해 우리나라 기업의 글로벌 경쟁력이 상실되는 경우도 다반사다. 기업 규모에 따른 규제도 수없이 많다. 대기업이 되면 무려 250개의 제약이 가해진다. 규제프리존특별법도 재벌 특혜로 보는 시각 때문에 국회 통과를 못하고 있다. 한국은 기업 규제 부담순위가 137개국 중 95위다. 외국인 투자 규제 환경 순위는 OECD 35개국 중 30위로 하위권이다. 법인세 인상만 해도 세계적 흐름과는 역행하고 있다. 전반적으로 규제 수준이 후진적이다. 아직도 산업화 굴뚝 시대의 규제에 갇혀 있는 것이다.

▌반기업 정서를 해소하지 않고서는 규제 개혁도 없다

반기업 정서는 규제를 부르고 규제는 기업 환경의 경쟁력 악화로 이어진다. 정치권이 반시장적 규제 입법을 쏟아내는 배경도 반기업 정서다. 한국은 세계적으로 가장 강한 수준의 기업 규제를 하는 나라다. 역대 모든 정부가 규제 개혁에 나섰지만 규제는 오히려 너무 가중되고 있다. 규제 완화는 곧 재벌 특혜로 비치고 있다. 일례로 은산분리 규제(재벌 대기업의 은행 소유 우려), 규제프리존특별법(대기업 특혜 우려), 영리병원 불허(대형 자본의 돈벌이 우려), 원격 의료(동네의원 고사 우려) 등이 모두 여기에 해당된다. 이는 대기업과 중소기업을 대립구도로 바라보는 프레임에 갇혀 있기 때문이다. 대기업은 곧 규제 대상인 셈이다.

역대 정권은 '규제개혁위원회 설치', '규제 전봇대, 암 덩어리, 손톱 밑 가시' 등으로 비유하며 규제 개혁을 추진했지만 모두 실패했다. 왜 그런 것일까? 많은 사람이 이해 당사자인 기득권 집단의 이기주의, 관료의 복지부동, 국회나 시민단체의 정쟁 도구화 등을 규제 개혁의 걸림돌로 지목하지만 규제의 뿌리인 반기업 정서를 먼저 해소하지 않고서는 방법이 없다. 그리고 반기업 정서는 그 뿌리인 양극화를 해소하지 않고서는 해결되지 않는다.

규제 혁신이 기업 혁신을 위한 토대다. 규제 개혁 없이 경제 성장과 고용 창출은 어떤 정책이 나와도 효과가 없다. 문재인 정부의 혁신 성장이 성공하기 위한 가장 중요한 전제조건은 규제 개혁이다. 일부 인사는 한국이 규제 때문에 '아무것도 되는 게 없는 나라'가 되었다고 자조한다. 이 나라를 '안 되는 게 없는 나라로 다시 만드는 길' 역시 규제 개혁에 있다. 규제 개혁이 성장정책이라고 외치기 전에 규제공화국의 뿌리인 반기업 정서를 해소할 해법을 먼저 찾아야 하는 이유다.

자승자박 과잉 규제의 최대 피해자는 국민이다

한국의 노동 생산성은 2015년 기준으로 OECD 35개국 중 28위다. 인별 시간당 부가가치가 31.8달러로 62.9달러인 미국의 절반에 불과하다. 고령 인구가 우리보다 훨씬 더 많은 일본(41.4달러)의 77퍼센트 수준이다. 주원인은 중소기업의 생산성 하락이다. 한국의 경우 중소기업의 생산성이 대기업의 29.7퍼센트에 그쳐 대기업과 중소기업 간 생산성 격차가 가장 큰 나라다. 원인이 무엇일까? 주력 산업이 고비용 및 저부가화가 되고 있기 때문이다.

우리나라 대기업은 모두 국가 주력 산업의 앵커 기업들이다. 각 산업은 대기업을 정점으로 다수 중소기업이 협력업체로 생태계를 구성하고 있는 구조다. 따라서 중소기업의 생산성이 떨어지는 것은 개별 기업의 문제라기보다 해당 산업의 부실화에 기인한다. 중소기업을 위한 단순 자금 지원이 효과가 없는 이유다. 산업정책을 통해 산업 경쟁력이 살아나야 중소기업도 살아날 수 있다는 뜻이다. 산업정책은 새로운 성장 기회를 어떻게 만들 것인지가 핵심이다.

주력 산업을 선도하고 있는 대기업들이 4차 산업혁명에 걸맞은 신사업으로 재빨리 옮겨가야 하지만 규제공화국으로 발목이 잡혀 있다. 발이 묶인 대기업들은 신산업에 도전하기보다 기업을 유지하기 위한 버티기에 매달리고 있다. 매출은 정체하거나 감소하지만 영업 이익이 늘어나는 대기업의 성적표는 유지 비용 확대를 의미하며 이는 고스란히 사회로 전가되어 양극화를 확대시킨다. 한편 대기업의 제조업이 위축되면서 인력 구조조정이 일어나고 베이비 붐 세대들이 자영업으로 내몰리고 있다. 그 결과, 2000년부터의 가계와 기업 간 저축액을 비교해보면 기업은 증가 추세지만 가계는 지속적으로 감소 추세를 보이고 있다.

최우선 국정과제가 일자리 창출이지만 정작 일자리를 만들어 내야 하는 기업들은 규제에 가로막혀 이러지도 저러지도 못하는 상황에 놓여 있다. 기존 산업은 중국이 턱밑까지 추격해 오고 있는데 미래 산업은 이해관계의 기나긴 허들 앞에 가로막혀 있다. 과잉 규제 때문에 기업이 투자를 할 수가 없고 4차 산업혁명 초기부터 중국에도 뒤처지고 있다.

오늘날 일자리 창출의 가장 큰 걸림돌은 정치권과 기업 간의 파트너십 부재다. 기업인이 각종 편법을 저지르는 사회악으로 비쳐지는 사이에 기업의 투자를 유도할 수 있는 정치권의 넛지(Nudge, 강압하지 않고 부드러운 개입으로 사람들이 더 좋은 선택을 할 수 있도록 유도하는 방법)도, 인프라도 모두 사라졌다. 정치권은 기업을 불신하고 기업은 신사업 창출, 즉 일자리 창출에 더 소극적이 되고 있다. 일자리를 찾지 못한 청년들은 기업이 일자리를 창출하지 못한다는 불만을 품게 되고 이는 반기업 정서를 확대 재생산한다. 기업이 양질의 일자리를 더 만들게 하기 위해서는 정치권이 기업을 적폐 대상으로만 볼 게 아니라 투자를 유도하기 위해 적극 협력하는 파트너십관계를 구축해야 하는 이유다.

규제 혁파 없이는 일자리는 만들어지지 않는다. 결국은 국민이 피해자인 셈이다. 반기업 정서가 초래한 피해가 고스란히 국민에게로 돌아오고 있다. 양극화가 반기업 정서를 초래하고 반기업 정서가 다시 양극화 확대를 초래하는 악순환 고리다. 반기업 정서를 해소하지 못하면 한국 기업의 미래는 물론 우리 국민의 미래도 없다.

한국식 경영 모델의 한계

스위스 국제경영개발대학원[International Institute for Management Development(IMD), 스위스 로잔에 위치한 세계적인 경영대학원]의 평가를 보면 한국의 국가 경쟁력은 2015년 25위에서 2016년 29위로 계속 떨어지고 있다. 기업 경쟁력에서 특히 낮은 점수를 받았기 때문이다. 기업 효율성이 2015년 39위에서 2016년 48위로 급락했다. 경영진의 도덕적 해이, 연공서열 등 기업 효율성부문을 평가하는 5대 지표 중 경영 관행부문, 즉 노사관계, 고급 인력 확보, 인력 시장 효율성 등에서는 조사 대상국 중 꼴찌인 61위를 기록했다.

2006년에 출간된 《세계 최강 기업 삼성이 두렵다》는 일본인 기타오카 도시아키가 쓴 삼성에 대한 분석 보고서다. 특히 인재 확보와 직원 교육을 집중 조명했다. 그는 삼성 제품의 경쟁력을 인재 경영의 결과물로 봤다. 삼성의 기회 선점, 스피드 경영을 일본의 공존

공영, 공생 우선의 경영 철학과 비교했다. 그리고 삼성의 세계 초일류, 월드 베스트 지향 목표는 일본 기업의 생존, 적정 규모의 MS 확대 노력과 비교하면서 삼성의 공격적 기세에 주목했다. 이렇듯 강점으로 작용하던 한국식 조직 관리가 왜 IMD 평가에서는 꼴찌로 전락한 것일까? 13년이 지난 오늘날 이 분석이 주는 메시지는 아직도 유효한가?

1980년대 초반, 일본이 급부상할 때 미국이 일본 기업의 강점을 유사하게 분석한 바 있다. 이는 성장기와 성숙기의 기업 운영 패러다임 차이를 이해하지 못한 탓에서 나온 보고서다. 삼성은 초기 일본을 벤치마킹하며 성장해왔다. 도시바, 마쓰시타는 삼성 경영의 교과서였다. 삼성 엔지니어들에게 일본어 능력은 필수였고 임직원 모두에게 일본 배우기와 일본 기업 따라 하기 열풍이 불었다. 그러던 삼성은 외환위기 이후 미국을 벤치마킹하기 시작했다. GE, IBM이 대표적인 기업들이었다. 한국 기업들의 롤 모델인 삼성식 경영의 성공과 모순은 이제 새로운 경영 패러다임을 요구받고 있다.

기술 중심, 경쟁우위 중심의 경영 모델이 가진 함정

주력 산업이 성장 변곡점에 도달하면서 양적 성장을 통해 규모의 경제우위를 누리던 한국 기업의 경쟁력이 한계 상황에 직면해 있다. 마켓 쉐어(Market Share, 시장 점유율)를 유지하려는 무리수가 과다한 마케팅 비용과 가격 인하를 초래해 유통과 소비자의 신뢰를 잃는 결과를 낳고 있다. 소비자 편익관점에서는 기술이 이미 성숙 단계에 이른 제품인데도 기술 혁신만이 살 길이라는 제조업의 관성에서 벗어나지 못해 기술 고급화만을 고집하고 있다. 기술 혁신에만 매달려 사업 변신 시기를 놓쳐버린 샤프(SHARP, 1912년 설립된 일본 기업으로 2016년 대만의 폭스콘에 인수되었다)는 기술 제조업이 빠지기 쉬운 기술 지상주의 함정을 경고하고 있다.

▌내재화, 수직 계열화를 통한 원가와 품질 우위 중심의 경영 모델 한계

한편 산업별로 수직 계열화된 앵커 기업과 협력업체 간의 파트너십 경쟁력이 대기업과 하청업체 간의 갑을관계로 변질되어 역작용을 낳고 있다. 공급 부족 시대에서는 수직 계열화가 강점으로 작용했다. 가치 사슬(Value Chain, 하버드대 마이클 포터 교수가 주창한 개념으로 세계화가 급속도로 진행된 현재, 어떤 기업도 독자적으로 상품과 서비스를 생산할 수 없게 되어 글로벌 경영 여건, 지리적 위치, 생산 요소 부존도 등을 감안해 비교우위가 있는 경영 환경에서 기업 활동을 수행하게 되는 것을 가리킨다)에 있어서 수직적 결합이 시너지 창출을 가능하게 했기 때문이다. 대기업이 수직적으로 결합된 계열사로부터 제품 구매를 하여 협력업체와 함께 성장하는 구조다. 원재료 구매에서부터 중간 제품, 완제품에 이르기까지 관계사 간 수직적 협업은 강력한 공급 경쟁력을 가져온다.

그러나 글로벌 공급 과잉을 맞이한 오늘날은 20세기형 수직 계열화 사업 형태를 벗어나지 못하면 완제품 조립업체도, 부품 공급업체도 모두 살아남기 어려운 구조다. 주력 제품 하나가 흔들리면 관련 회사 모두가 흔들리기 때문이다. 수직 계열화된 협력업체는 대부분 다른 기업에 공급을 하지 못하도록 배타적 관계를 맺고 있다. 따라서 성장기에는 함께 성장하지만 대기업에 문제가 생기면 영업권이 없는 중소기업 부품업체는 곧바로 위기에 봉착한다. 일본 교토에 있는 중소기업들이 도쿄에 위치한 대기업과의 계열사관계를 거부하고 독립 노선을 걸으면서 국내보다 세계 시장을 겨냥한 배경이다.

오너 중심 경영체제의 한계

오늘날 재벌 대기업의 위기는 한마디로 오너 경영 리스크가 정점에 이른 결과다. 재벌 대기업은 '사업 리스크와 승계 리스크'라는 2가지 위기에 동시에 직면해 있다.

'사업 리스크'를 피하기 위해서는 주력 사업의 사양화로 인한 성장 정체와 수익력 악화를 잘 관리하면서 새로운 성장 동력을 찾아 적기에 제2 창업을 이뤄야 한다. 즉, 현재의 캐시 카우 사업을 유지하면서 기존 사업의 핵심 자산을 활용해 새로운 사업으로 진화해야 하는데 자칫 생존에 급급해 절체절명의 시간을 놓칠 수 있다.

창업주의 2~3세가 이끌고 있는 한국 재계의 리더십 또한 비전 제시 역량과 윤리 등 제반적인 면에서 불확실성이 커지고 있다. 이른바 '승계 리스크'다. 2세와 달리 기업 성장에 직접 기여한 바 없는

3세 오너는 직원들을 카리스마와 권위로 이끌어갈 수 없다. 직원과 사회(소비자)로부터 공감을 얻을 수 있는 새로운 비전 제시로 리더십 역량을 입증해야만 한다.

오너를 대신해 전문 경영인이 적절히 대응할 수 있을까? 재벌 대기업 대부분은 임원급이라도 목표 실적 달성을 위해 실무자급과 같은 일을 수직적으로 챙기고 있는 게 현실이다. 사원, 대리, 사장 모두 기존 사업의 실적 극대화에 전력투구할 뿐이다. 당년도 실적에서 자유로운 사람은 오너뿐이다. 이는 제2 창업과 같은 사업 변신을 위한 장기적인 구상은 오직 오너 책임에 맡겨져 있다는 뜻이다.

오너 경영체제의 최대 리스크는 견제받지 않는 절대적 리더로 군림하면서 임직원을 기업가로 키워내지 못했다는 점이다. 임직원이 새로운 사업을 일으킬 수 있는 기업가로 성장하지 못하고 그저 주어진 사업을 잘 운영해 성과를 극대화시키는 경영 기능공으로 전락하고 만 것이다. 사업의 성장 변곡점에 이른 한국 기업의 최대 위기가 여기에 있다. 오너 중심의 봉건적 조직 문화가 가져온 병폐다.

재벌 대기업 간의 라이벌 의식도 한계에 도달했다. 10대 그룹, 30대 그룹 등 한국의 재벌들은 그룹 규모에 의해 사회적 영향력이 결정되는 시대를 살아왔다. 그러다 보니 자연히 재벌 대기업 간 경쟁이 치열하다. 이는 경제 성장기에 성장 동력으로 작용했다. 하지만 4차 산업혁명 시대를 맞아 각자도생의 경쟁이 아니라 기업 간 융합이 새로운 경쟁력으로 대두되면서 치명적 약점으로 작용하고 있다. 글로벌 시장에서는 국내 기업 간의 긴밀한 협업이 요구되고 있지만 우리 기업들은 재벌 대기업 간의 경쟁의식 때문에 타 그룹과의 협업을 저해하고 있는 실정이다. 기업 간 협업, 대기업과 중소기업 간 협업이 융합 시대의 경쟁력인데 말이다.

NIH 증후군(Not Invented Here Syndrome, '여기서 개발한 것이 아니다'라는 의미로 직접 개발하지 않은 기술이나 연구 성과는 인정하지 않는 배타적 조직 문화나 태도를 일컫는다)도 라이벌 의식에서 생겨난 것이다. '다른 그룹이 개발한 기술인데, 왜 우리 그룹은 못 하느냐?'는 식의 질타가 예상된다면 어느 임원이 경쟁사와의 협업과 제휴를 제안하겠는가?

단기 성과 중심의 조직 문화가 지닌 한계

대한상공회의소가 국내 300개 제조업을 상대로 조사한 결과를 보면, 5년 이상의 장기 계획을 세우는 기업은 16.7퍼센트, 2년 이상 계획도 세우지 못하는 기업은 무려 45.3퍼센트에 달했다. 그나마 대기업의 67퍼센트는 중장기 계획을 수립하는 데 반해 중소기업은 48.5퍼센트만이 중장기 계획을 세우는 것으로 나타났다. 우리 기업이 올해와 내년이라는 단기 경영 성과에만 매달리고 있다는 방증이다. 계획을 세울 여유가 부족하다고 응답한 기업이 81.9퍼센트에 달하는 것을 보면 기업 대부분이 저성장 장기화로 인해 당장의 현안에 급급한 결과, 중장기 비전을 세우지 못하고 그날그날 생존에만 매달리고 있는 것이다.

기업은 직원 역량의 총합만큼 성장한다. 기업의 중장기적 혁신 역량은 직원 역량에서 나온다. 기업이 매출과 이익 극대화에만 직원을 내몰면 머지않아 혁신 역량의 한계에 이르게 된다.

한국 기업의 성과 중심 조직 문화가 단기적 성과 창출에는 추진력을 발휘했지만 직원을 인적 자원의 활용 대상으로만 보았을 뿐, 인재로 성장시키지 못했다. 노동을 파는 샐러리맨으로 전락시킨 것이다. 인재 경영, 인재 중시를 내세우면서도 필요한 외부 인재 수혈에만 공을 들이고 내부 직원을 인재로 육성시키는 데는 소홀했다.

직원이 인재로 성장한다는 것은 회사 내의 특정 업무 처리를 위한 단순한 일꾼이 아니라 개인도 회사와 함께 성장해 시대와 환경 변화를 읽어내는 사회 안목을 가진 지식인으로 발전함을 말한다. 과거 기업의 성장 드라이브에 직원의 성장이 희생된 면이 없지 않다. 그리고 이제 직원 성장을 소홀히 한 업보가 기업에 고스란히 부메랑으로 돌아오고 있다. 기업이 성장 변곡점에서 사업 진화의 방향을 찾지 못하고 버티기를 하고 있는 것은 직원 역량이 시대 변화를 따라가지 못하기 때문이다.

최근 한화그룹이 승진한 직원에게 4개월의 재충전 휴가를 주겠다고 발표했다. 한국 기업의 조직 문화를 뒤돌아본다면 매우 고무적이다. 600년 넘는 역사를 가진 스웨덴과 핀란드의 합작 기업 스토라엔소는 구리 채광에서 임업, 펄프, 제지, 화학 등 5차례나 사업을 변신했다. 장수 기업의 가장 큰 특징은 시대 변화에 민감하게 변신한다는 것이다. 그리고 그 힘의 원천은 사회 환경 변화에 학습과

적응이 뛰어난 직원 성장을 중심에 둔 기업 문화다.

한국 경제 성장기 때의 롤 모델이었으며 이건희 회장과 삼성으로 대표되는 한국식 경영이 글로벌 1등 사업을 키워냈지만 주력 산업이 성장 변곡점에 이른 오늘날은 기술과 제품 중심의 혁신 패러다임이 한계를 보이고 있다. 이건희식 경영은 소위 '마누라와 자식 빼고는 다 바꿔라'로 대변되는 신경영이다. 이건희 회장은 신경영을 선언함으로써 삼성을 글로벌 일류 기업으로 키워냈다. 그의 신경영은 크게 '제2 창업, 질(質)경영, 업(業)의 개념'으로 요약된다. 국내 1등에서 글로벌 일류 기업 비전을 제시한 제2 창업, 양에서 질의 경영으로 전환, 각 사업별 성패 결정의 핵심 요소를 파악한 업의 개념이 그것이다.

이건희 회장의 신경영 개념들은 기업을 성장시키는 일이 절대 과제였던 그의 시대에 맞게 해석되었다. 이건희 회장은 우리 사회에 시대를 앞서가는 수많은 과제를 던진 선각자이지만 그의 화두는 아직 미완으로 남아 있다. 그가 20여 년 전에 제시한 '복합화' 개념만 봐도 오늘날 4차 산업혁명의 본질인 융·복합과 맞닿아 있다. 시대가 요구하는 '신경영, 제2 창업, 업의 개념'을 찾아 기업 운영을 진화시킬 책임이 지금 우리에게 있는 것이다. 이는 삼성뿐만 아니라 한국 기업 모두에 해당된다. 국가 경제의 잃어버린 10여 년, 한국 기업의 2차 도약 해법도 이건희식 '신경영'을 다시 쓰는 데서 해법을 찾을 수 있다.

한국 기업은 성장기에 위계를 중시하는 일본식 경영과 성과주의

의 미국식을 융합해 일본을 넘고 미국을 따라잡았다. 성장기 때 한국식 경영 모델의 강점이라고 칭송받던 경영 관행들이 노사 갈등, 갑질 논란, 기업가 정신 부재, 고비용 및 저부가화, OECD 국가 중 노동 생산성 최하위 등 총체적인 모순으로 드러나고 있다. 성장기의 강점이 한계점에 이르면 모순과 부작용이 부메랑으로 몰려온다. 세상사 모든 것은 시간이 흐르고 환경이 바뀌면 제도와 정책의 순기능은 줄고 역기능은 늘기 마련이다. 자연 순환이 이러하므로 진화가 일어나는 것이다.

시대는 생산 경제에서 디지털 운용 경제로 옮겨가고 있는데 한국 기업은 여전히 경쟁우위 사업 모델의 함정에 빠져 있다. 제조업 중심의 한국식 경영 패러다임이 한계를 드러내고 있으나 우리 기업은 아직 성장기의 경영 패러다임에서 벗어나지 못하고 있다. 더 열심히 노력하는 것, 더 장시간 근무하는 것으로는 해결할 수 없다. 사업 내용을 진화시켜 고부가가치화로 만드는 것이 유일한 길이다. 속도 경쟁의 총력전에서 '방향 경쟁, 나침판 경쟁'으로 바꿔야 할 시점이다.

한국 기업의 위기는 오늘날 우리 사회가 산업화의 변곡점에서 겪고 있는 복합 위기의 원천이다. 사회 발전의 주체는 기업이다. 기업의 진화, 기업 운영 패러다임의 진화가 사회 발전을 가져온다. 성장기 때에는 선진국을 모방해서 기업을 키웠지만 이제 성숙한 기업을 운용하려면 한국 기업만의 기업 운영 패러다임을 새롭게 정립해야 한다. 중병을 앓고 있는 한국 기업을 재도약시키기 위해서는 새로운 해법을 찾아야 한다. 한국 기업의 퇴행적인 경영 관행을 어떻게 극복할 것인가? 반기업 정서를 해소하고 2차 도약을 가져올 한국형 신경영은 무엇이어야 하는가? 경제가 성숙단계에 이른 우리 사회에 필요한 기업 운영의 뉴 패러다임은 무엇인가?

2장

자연법칙에서 찾은

·

기업 흥망의

·

근본 원리

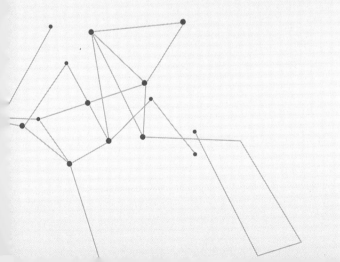

기업 흥망을 지배하는 3대 자연법칙

기업이 대·중·소기업으로 규모의 격차가 생기게 성장하는 근본 인자는 무엇인가? 사업 아이템의 성장 잠재력 차이에서 오는 것인가? 왜 대기업으로 우뚝 선 기업이 갑자기 쇠락의 길을 걷게 되는가? 정상의 자리에서 혁신 역량이 고갈되어서인가? 아니면 강력한 경쟁자의 출현 때문인가? 사회로부터 존경받으며 영속 가능한 기업은 어떤 기업인가?

기업 흥망을 지배하는 3대 자연법칙을 통해 해답을 찾을 수 있다.

생명주기곡선

기업의 흥망성쇠를 결정하는 인자를 찾아내려면 우선 기업의 성장과정과 기업 운영의 패러다임이 어떻게 진화하는지에 대한 통찰이 요구된다. 기업도 나무처럼 자연의 생명주기인 '생성→성장→소멸→재생산'의 자연법칙 순환체계를 따른다. 소멸하거나 도태되지 않고 영속하려면 단계별로 새로운 패러다임을 열어 계속 진화해야만 한다. 즉, 기업은 사업의 수명주기에 따라 시대 변화에 부응해 사업 내용을 계속 진화시키고 사업 모델도 그에 맞춰 변신해야만 지속 성장이 가능하다.

기업은 '창업기→성장기→성숙기'의 사이클을 따라 '진로와 방향 설정→성장과 팽창→운용과 결실'로 운영 패러다임이 옮겨진다. 삼성전자는 윤종용 부회장 시절 때 사업 포트폴리오 전략을 수종(樹種) 사업, 묘목(苗木) 사업 등으로 분류해 관리했다.

창업은 묘목을 키우는 것과 같다. 묘목이 자라도록 거름도 주고 한파를 막기 위해 덮개도 입히는 등 정성을 다해 키운다. 일단 묘목이 땅에 뿌리를 내리면 스스로 성장한다. 기업도 창업기를 무사히 지나고 나면 스스로 팽창한다. 이를 수명주기에 비교하면 1단계 창업기는 종잣돈을 마련해 묘목을 심는 단계다. 2단계 성장기는 묘목 사업이 본격적으로 성장하는 단계다. 다 큰 과실수가 성장을 멈추고 열매를 맺듯이 3단계 결실기는 기존 사업을 더 키우려 하기보다 성숙된 사업을 잘 운용해서 결실을 맺고 2차 도약을 위해 새로운 씨앗을 뿌리는 시기다.

▌창업기

창업주는 대부분 생계와 생존을 우선으로 여기는 장사꾼단계를

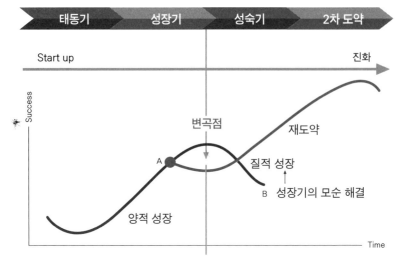

태동기　　　성장기　　　성숙기　　　2차 도약

Start up　　　　　　　　　　　　　　　　　　　진화

Success

변곡점

재도약

A

질적 성장

B　성장기의 모순 해결

양적 성장

Time

- 변곡점(역기능〉순기능. ○○ 절벽, 관성 극대화)→생명주기에 따라 진화(변화가 아닌 패러다임 시프트, 즉 개념 진화로만 한계 돌파 가능)→한 단계 높은 수준으로 도약

거친다. 먼저 돈벌이가 되는, 수지가 맞는 아이템을 찾아 장사를 해서 종잣돈을 모은다. 일례로 이케아 창업자 잉그바르 캄프라드는 아버지에게 종잣돈을 빌려 잡화점을 열었다. 성냥갑과 면도날, 스타킹과 만년필 같은 잡화를 파는 평범한 가게로 이케아를 시작한 것이다.

　장사는 '돈을 벌 수 있느냐?'의 단기적 수지 타산에 집중한다. 돈벌이가 되는 거래가 주(主)다. 생계가 해결되고 종잣돈이 어느 정도 쌓이면 돈을 벌어서 무엇을 하려는지 목적의식을 찾게 된다. '기업인으로서 어떻게 사회에 기여할 것인가?'를 고민하는 것이다. 캄프라드는 2차 대전이 끝난 직후, 사람들이 비싼 가구를 구입하는 데 어려움을 겪고 있는 것을 보고 이를 해결하기 위해 품질 좋은 조립식 가구를 싼 가격에 제공하겠다는 생각으로 본격적인 가구 사업을 시작했다. 이케아의 출발이다.

창업기 때에는 펼칠 사업의 진로와 방향을 세우고 장사 규모가 커지면서 인재도 채용하고 점차 기업 조직의 형태를 갖추게 된다. 기업의 씨앗인 창업 이념은 1대 창업주의 몫이다. 기업의 수명과 팽창 규모는 창업 이념이라는 품종 씨앗에 따라 우선적으로 결정된다. 삼성의 창업주인 이병철 회장은 '사업보국'을 창업 이념으로 삼성이라는 기업의 진로를 정해 놓았다.

▌성장기

성장기에는 창업 이념을 실현하는 데 필요한 힘을 기른다. 즉, 기업을 키우는 시기다. 창업 이념의 질적 크기에 따라 이에 공감하는 인재가 모여들고 인재는 기술과 자본을 키워낸다. 기업은 인재 집단의 크기만큼 파워 브랜드로, 1등 기업으로 성장한다. 인재는 소비자가 공감하는 제품과 서비스를 개발하고, 시장 성장이 변곡점에 이를 때까지 사업은 지속적으로 확대된다. 제품과 서비스가 담고 있는 사업 비전에 공감하는 소비자의 크기만큼 기업은 팽창하는 것이다. 작은 가게로 시작한 이케아는 오늘날 40여 개국에 350여 곳의 매장을 거느린 세계 최대의 가구 제작·유통업체로 성장했다.

성장기는 기업이 경영 자원인 인재, 기술, 자본을 축적하면서 양적 성장으로 외형이 급팽창하는 시기다. 기업의 본격적인 팽창기는 창업주를 이어받은 2대가 이끈다. 장사로 시작한 사업이 인재와 자원을 효율적으로 관리해 매출과 이익을 극대화하는 경영단계로 발전한다. 바야흐로 경영자의 시대가 열린 것이다.

성장기의 혁신 패러다임은 경쟁우위 혁신이다. 제품 혁신과 효율 혁신으로 선발 기업이나 후발 기업 대비 벤치마킹과 경쟁우위를 추구한다. 상호 경쟁으로 시장은 계속 커지고 경쟁이 기업 성장을 촉진한다. 당연히 경쟁력 제고가 모든 경영 활동의 핵심 화두다. 기업은 곧 경쟁 기업을 의미하는 단계다. 1등, 일류 기업, 제일, 글로벌 기업 등 기업 성장을 목표로 한 성장 이념을 표방한다. 대마불사 신화와 같이 기업 규모가 영속 기업의 조건이라고 믿게 된다. 기업의 외형 성장에 빠져 매출과 이익에 전력투구하면서 창업 이념을 상실할 우려가 가장 큰 시기다.

▌성숙기

성숙기는 기업을 더 키우는 것보다 키워놓은 기업을 잘 운용하면서 창업 이념을 실천해 결실을 맺는 단계다. 3대의 역할이다. 한 그루 과실수가 성장해 꽃을 피우고 열매를 맺고 봄을 맞아 새로운 생명주기를 시작하는 것과 같은 이치다.

기업의 결실, 즉 열매는 무엇인가? 기업은 성장할 때 사회 구성원으로서의 사회적 책무도 함께 커진다. 창업 이념의 약속을 실천함으로써 기업 성장의 모태가 되어준 사회에 의무를 다할 때 얻어지는 존경이 기업의 열매다. 성장시킨 기업을 잘 운용해 의무를 실행하고 기업 성장의 결실을 맺는 것이다. 사과나무도 사과를 맺기 위해 성장하지 않은가.

성숙기는 기존 사업이 성장 변곡점에 이르러 성장기를 마감하고 제2 창업으로 새로운 도약의 씨앗을 뿌리는 시기다. 결실기에 새로운 성장곡선을 그려 내지 못하면 도태되는 것이 자연법칙이다. 성장기에 키워온 기존 사업의 제품과 기술을 어떻게 잘 운용해 새로운 사업으로 진화시켜 내는지 여부가 제2 창업의 역량에 달려 있다. 2차 도약을 위한 새로운 씨앗은 새로운 기술과 아이템이 아니라 기존 사업의 결실로 잉태되기 때문이다.

[기업 성장과정]

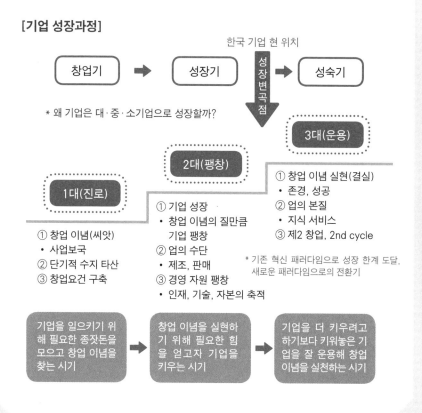

진화와 관성의 법칙

만물은 진화한다. 국가 발전도 기업 성장도 생명주기를 따라 진화
한다. 생명주기를 따라 새로운 패러다임을 찾아내면 진화에 성공하
고 지속 가능하지만 그렇지 못하면 도태된다.

지금 국가 경제는 주력 산업이, 기업은 주력 사업이 성장기를 지
나 성숙기로 전환되는 변곡점에 와 있다. 변곡점은 성장기의 기업
운영 패러다임이 시효를 다하고 역기능이 순기능을 압도해 모순과
한계를 드러내는 시기다. 새로운 패러다임으로 갈아타야만 한계 돌
파, 즉 관성을 극복하고 2차 도약을 할 수 있다. 하지만 변곡점은 기
존의 성공방식을 고수하려는 관성이 극에 달해 가장 변화를 일으키
기 어려운 시기이기도 하다. 따라서 기업에 있어 가장 위험한 시기
이며 '도태냐, 재도약이냐?'의 기로다. 우리 기업이 지금 어려운 것
은 창업기, 성장기의 1~2단계를 거친 후에 성숙기인 3단계로 진화
할 새로운 패러다임을 찾지 못하고 있기 때문이다.

사회과학법칙, 인간은 사회적 존재(Social Being)

'사회적 존재'라 함은 개인이든, 기업이든 모든 사회 구성원은 사
회를 위해서, 즉 사회적 책임을 다하는 존재라는 뜻이기도 하다. 즉,
인간은 사익보다 공익을 우선하는 사회인으로, 기업은 사회적 기
업으로 진화할 때 완성되는 것이다. 인류는 '씨족 사회→부족 사

회→국가→지역 공동체→지구촌 공동체'로 진화해왔다. 사회 구성원은 공동체에 기여하는 분업화된 역할이 있을 때, 즉 일자리가 있을 때 삶의 의미를 찾는다. 서로 역할을 나눠 의존하며 살아가는 것이다. 잘 살고 못 살고는 사회 구성원으로서 어떤 역할을 하는지에 따라 보상 메카니즘이 작동한 결과다. 경제적 부와 사회적 인정은 역할에 대한 보상이다.

기업은 법인이다. 법적으로 인정된 사회 구성원이다. 기업도 기업의 역할인 사업분야가 얼마나 차별성이 있는지에 따라 매출과 수익성이 결정된다. 국제 사회도 마찬가지다. 국가는 국제 사회의 일원으로 국가의 역할, 즉 주력 산업이 살아 있을 때 국부는 성장한다. 미국은 세계의 리더 역할, 싱가포르는 동남아의 허브 역할 등 지구촌의 모든 선진국은 예외 없이 차별화된 역할을 갖고 있다.

* * *

기업도 살아 있는 생명체다. 기업의 흥망도 결국 자연 현상의 일부이므로 자연법칙에 따라 기업 운영 패러다임을 진화 발전시켜 나가는 데 달려 있다.

왜 기업은 대기업, 중견기업,
중소기업으로 성장하는가?

삼성, 현대, 두산, 유한양행 등은 모두 70~80년의 업력을 갖고 있지만 오늘날 기업 규모는 천양지차다. 일본의 유니클로, 스페인의 자라는 모두 작은 옷가게에서 출발해 연간 수십조 원의 매출을 올리는 글로벌 의류 기업으로 성장했다. 자라는 창업가 아만시오 오르테가 회장이 1975년 중학교 자퇴 후 옷가게 '자라'를 연 것이 시작이다. 유니클로 창업자 야나이 다다시 회장도 부친에게 물려받은 남성 의류판매점이 출발점이다.

무쇠솥을 만드는 대장간과 포스코는 같은 업이다. 박태준 회장의 제철보국의 큰 뜻과 의지가 오늘날의 포스코로 키워낸 것이다. 어떤 가게는 길거리의 작은 전파사로 출발해 세계적인 전자 회사가 되고, 금을 매입하던 전당포로 시작해 굴지의 금융 회사로 발돋움하기도 한다. 자본금 3만 원으로 시작한 정미소 삼성상회가 산업의 쌀을 생산하는 글로벌 반도체 기업으로 성장했다. 나이키가 매출 100조 원 규모의 회사로 크는 동안 한국 신발업체는 하청업체 신세로 전락했다. 일본 교토에는 수백 년이 된 가게가 많다. 우동가게, 스시가게, 부채가게 등 장인정신으로 전통을 고수하면서 제품을 끊임없이 혁신해온 결과, 가업 외형을 크게 키우지는 않았지만 수백 년 동안 장수하고 있다.

글로벌 금융 회사로 발돋움한 전당포와 수백 년 동안 장수하는 일본의 가게에는 어떤 비결이 숨어 있을까? 수십 년간 장수하면서 지속적으로 성장하는 기업은 창업가의 창업 이념이 시대 변화에 맞게 재해석되어 여전히 조직 내에 살아 있다는 공통점을 갖고 있다. 장수하는 가게가 대기업으로의 외형 성장을 추구하지 않고 가업의 전문성을 살려 더욱 전통을 지키고 발전하는 데 목표를 둔 반면, 전당포 주인은 전당포에 머무르지 않고 지속적으로 업을 성장시키겠다는 목표의식을 갖고 있었기 때문에 오늘날 금융 회사로 성장한 것이다.

기업은 사업 아이템이 아니라 창업 이념의 크기만큼 성장한다

창업 이념은 사회 구성원으로서 기업의 존재 이유다. 기업은 창업가의 목적의식인 창업 이념의 질적 크기에 따라 성장 규모가 결정된다. 창업주가 생계형 이념을 가졌다면 기업과 같은 큰 조직으로 성장할 수는 없다. 예를 들어 전당포 주인이 생계를 위해 가게를 운영한다면 수십 년이 지나도 동네 전당포 수준에 머무를 것이다. 반면 전당포 주인이 '급한 융통이 필요한 사람들에게 급전을 공급하는 역할'로 전당포의 업을 정의한 다음, 사람들이 돈 걱정 없이 살도록 돈 관리를 대신해주는 서비스를 제공하겠다는 목적의식을 항상 마음에 새기고 가게를 운영했다면 이 가게는 어떻게 변신했을까? 오늘날 투자 대행업, 융자업의 금융 회사가 탄생한 배경이다.

자라의 오르테가 회장은 '누구나 살 수 있는 의류를 만들어야 한다', '이를 위해서는 광고비 같이 의류 외에 들어가는 비용을 최소화하고 유행을 좇아야지 유행을 만들려고 해서는 안 된다'라는 사업 이념으로 세계 최고의 의류 기업을 키워냈다. '사회에 어떻게 기여할 것인지'에 대한 뜻과 의지의 질(質)과 크기만큼 기업이 성장하는 것이다.

삼성은 사업보국, 매일유업은 낙농보국, 동원은 수산보국, 오뚜기는 식품보국 등 6·25 전쟁 이후 폐허가 된 조국의 가난과 배고픔의 시대에 창업가들은 모두 창업 이념에 국가를 앞세우고 각자의 사업으로 굶주린 국민을 가난으로부터 해방시키려는 의지와 소망을 품었다.

이병철 회장은 정미소에서 출발해 의류, 설탕 등 의식주 수입을 대체하기 위해 소비재 사업으로 진출하고 계속 중공업, 전자, 반도체로 이어지는 신산업을 창업해왔다. 수송보국의 창업 이념으로 한평생 수송 외길을 걸어온 기업인으로 조중훈 회장이 있다. 그의 수송보국 이념은 한진그룹이 글로벌 물류 회사로 성장하는 토대가 되었다. 조 회장은 '밑지면서도 계속 해야 하는 사업이 있다'라고 하며 당시 만성적자 기업인 대한항공공사를 인수했다. 돈벌이만 생각했다면 비합리적인 결정이다. 두 회사 모두 대기업으로 성장했지만 사업보국과 수송보국이라는 창업 이념의 차이가 훗날 기업 규모의 격차를 가져왔다.

▌창업 이념은 기업의 씨앗과 열매다

우리 사회는 개념 진화가 정체되어 이념을 이데올로기적 논생 성도로 치부하는 경향이 있다. 하지만 기업 이념은 기업이 존재하는 가장 근본적 존재 목적이며 기업 운용 원칙이자 기본 철학이다. 사업 진화 혁신의 원천, 사회 신뢰의 근간, 인재와 자본 유입의 동기, 기업 생멸의 근본 에너지 모두를 담고 있다. 창업 이념은 사업가가 사업을 펼치는 목적의식이자 사명의식이며 창업가 본인이 난관을 극복하는 열정의 원천이다. 창업 이념(또는 기업 이념, 사업 이념, 경영 이념)은 조직의 구심점이고 기업가의 가치관이다. 또한 인재와 기술을 끌어들여 기업을 성장시키는 기본 토대다. 기업이 사회 구성원으로서 '어떤 역할로, 즉 어떤 사업 내용으로 공동체에 기여하겠다'라는 기업가의 의지와 뜻의 집합체다. 따라서 창업 이념은 기업과 사업의 씨앗이자 열매다.

기업의 사회적 책임을 운운하는 것이 마치 경제 논리를 무시하는 시각으로 보는 지식인도 있다. 개인이 해결할 수 없는 일을 하라고 사회는 여러 사람이 조직화된 기업을 만든다. 즉, 사회적 책임이

기업의 본질적 역할이다. 기업이 성장하는 것도 힘을 키워 사회에 더 큰 역할을 하기 위한 과정이다. 따라서 모든 창업 이념은 태생적으로 사회적 가치를 지향한다. 기업이 이익을 추구하는 집단임에는 분명하나 이익은 수단일 뿐, 궁극적인 존재 목적은 기업이 추구하고자 하는 목적의식, 사회적 가치에 있다. 이는 '기업은 왜 사업을 하고 기업이란 조직이 가치를 어디에 두느냐?'라는 본질적 질문에 대한 답이다. 창업가가 사업을 추진하는 목적을 구체적으로 세울수록 사회에 공헌하는 바가 분명하게 드러나고 사업의 성공 가능성은 높아진다.

사회적 가치를 담고 있는 창업 이념 사례를 보자. 구글의 사명은 '전 세계의 정보를 체계화해 누구나 편하게 쓸 수 있게 하자'이다. 인도 타타그룹의 라탄 나발 타타 회장은 비 오는 날 스쿠터 한 대에 네 명의 가족이 위험하게 타고 가는 것을 보고, '가난한 이들이 비를 맞지 않고 안전하게 이동할 수 있게 해주고 싶다'라는 일념으로 200만 원대 자동차인 '나노'를 출시했다. 테슬라 CEO인 일론 머스크는 '어떻게 하면 지구를 환경오염과 자원 고갈의 위험으로부터 보호할 수 있을까?'를 고민한 끝에 테슬라를 창업하고 전기차 사업에 뛰어들었다. 중국판 우버인 디디추싱을 창업한 청웨이도 중국의 열악한 대중교통을 어떻게 해결할지 고민하다가 스마트폰을 활용한 차량 공유 서비스를 개발하게 되었다. 디디추싱은 4년 만에 중국 시장 80퍼센트를 점유했고 400개 도시에서 3억 명이 사용하고 있다.

'어떻게 하면 사람들이 불편과 고통에서 해방되어 좀 더 인간다운 삶을 살 수 있을까?', '어떻게 하면 사람들이 좀 더 재미있고 품격 있게 살 수 있을까?' 등과 같은 끝없는 고민이 창업 이념으로 표출된 것이다.

그렇다면 좋은 기업 이념이란 무엇일까? 첫째, 공익성, 사회성, 차별성이다. 사회 구성원으로서 기업의 역할을 제시하는 차별성 높은 사회적 명분이나 직원과 소비자로부터 공감을 얻을 수 있는 고객 문제 해결 및 소비자 편익이 분명한 실용적 가치를 담고 있어야 하고 이를 사회와 소통할 수 있어야 한다. 둘째, 필요한 기술, 자금, 인재를 끌어들여 실현 가능해야 한다. 셋째, 기업 이념의 공헌 범위에 따라 지역 기업, 국내 기업, 글로벌 기업으로 성장 규모가 결정된다.

이건희 회장은 선대회장의 창업 이념인 사업보국의 공헌 범위를 글로벌로 확장시켜 '인류 사회 공헌'으로 재해석해냈다. 삼성이 국내 1등이 된 것이 이병철 회장의 사업보국 이념에 기인한다면 글로벌 1등이 된 것은 이건희 회장의 '인류 사회 공헌'이 토대가 되었다고 할 수 있다.

회사 비전의 뿌리는 기업 이념이다. 우리나라 기업들이 내세우는 회사 비전들을 보면 일류 기업, 리딩 기업, 고객 만족 1등 기업, 최고 기업 등 경쟁적이며 추상적이고 선언적인 용어들로 구성되어 있다. 이런 회사 비전에는 '타사와 달리 어떤 역할을 하고 있는지', '무슨 일을 하고 있는지' 등 기업 이념의 정체성이 드러나지 않는다. 기업 이념이 불분명한 추상적인 비전은 이를 달성하기 위해 어떤 노력을 해야 하는지 구체적인 혁신 아이디어를 얻기가 어렵다.

좋은 비전의 예로 미국 케네디 전 대통령의 "앞으로 10년 내 미국은 사람을 달에 올려놓겠다"가 있다. 만약 그가 "미국은 우주 개발의 초일류 국가가 되겠다"라는 식으로 모호한 비전을 제시했다면 그 효과는 반감되었을 것이다. 비전은 구체적인 지향점이 구성원의 머릿속에 그려져야 한다.

질 높은 이념, 명분, 비전은 자사만의 강점을 활용하거나 전통을 시발점으로 해서 차별성을 확보한다. 또한 어떤 사회 문제를 해결할 것인지에 특화되어 공익성을 확보한다. 자동차 기업을 예로 들어보자. 테슬라는 '2020년까지 기가팩토리(Gigafactory, 미국 네바다 주에 건설하고 있는 세계 최대의 리튬 이온 전지공장)를 통해 연 50만 대의 전기차를 생산하겠다'라고 밝혔고, 아우디는 '완벽한 무인 자동차를 만들겠다'라고 선언했다. 그리고 BMW는 '모든 차를 탄소 섬유로 만들겠다'라고, 푸조 시트로엥은 '2리터로 100킬로미터를 달리게 하겠다'라고, 볼보는 '교통사고 사망자를 0명으로 만들겠다'라고 선포했다. 그렇다면 한국의 현대차는 무슨 차별화된 자동차 사업 이념과 비전으로 사회와 소통하고 있는가?

인류 사회에 존재하는 모든 조직은 이념을 바탕으로 한다. 국가가 조직화되는 것도, 우리 사회가 유지되는 것도 모두 사회 구성원들이 공유하는 가치, 질서, 안전 등 공동체의 이념을 공유하고 있기에 가능하다. 흔히 기업이 난관에 부닥쳤을 때 '초심으로 돌아가라'는 메시지는 바로 창업 이념을 잊지 말라는 뜻이다. 초심을 되살림으로써 혁신에 성공한 레고를 보자. 회사가 어려워지자 자신의 정체성을 깨닫고 가장 잘 쓸 수 있는 무기를 다시 꺼내든 것이 '쌓기 놀이'다. 블록 쌓기를 통한 '놀이와 교육'이라는 핵심 가치, 즉 창업 이념을 되살려낸 것이다. '레고가 이 땅에서 사라지면 사람들은 무엇을 그리워할까? 레고의 시작이자 핵심인 블록으로 돌아가자'를 구조 개혁 비전으로 제시했다. 단, 온라인, 개방, 클라우드 등 새로운 기술 트렌드는 적극적으로 수용해서 융합했다. 어린이들이 레고의 블록을 쌓으며 놀다가 홈페이지에 접속해 동영상 및 온라인 게임 등 관련 콘텐츠를 즐기도록 한 것이다. 무조건 새로운 것으로 바꾸기보다는 핵심을 지킨 채 세상의 변화를 수용하는 혁신을 택한 것이다.

창업 이념은 내부적으로는 직원의 동기 유발 원천이자 직원 성장의 지향점이며 외부적으로는 사회적 공감을 얻는, 즉 고객을 얻고 인재를 얻는 기업 경쟁력의 원천이다. 창업 이념을 견지한다는 것은 창업 이념이 달성되고 있는지 지속적으로 확인한다는 뜻이다. 창업 이념을 담은 비전을 수립하고 이를 달성하기 위해 구체적인 전략을 추진하고 있는가? 기업 비전을 사회와 충분히 소통하고 있는가? 기업 이념과 비전은 모든 조직의 최고 상위 개념 가치관을 대변한다. 기업의 경영 전략이나 성장 전략이 비전과는 상관없이 수익성에만 초점이 맞춰져 있다면 장기적으로 소비자와 사회로부터 기업 신뢰와 사업 명분을 얻기는 쉽지 않다. 기업에 가치 있는 목적 설정이 그만큼 중요하며 기업은 기업가의 목적의식만큼 성장한다.

기업은 창업 이념이 끌어들인 인재, 기술, 자본만큼 성장한다

온라인으로 책을 팔던 아마존의 창업자 제프 베조스가 우주 정거장 개발에 나서고, 온라인 결제 시스템인 페이팔 사업을 하던 일론 머스크가 테슬라를 세워 전기차 혁신을 주도하고 있다. 구글, 알리바바, 우버, 에어비앤비 등 이 시대 선도 기업들의 출발은 특별한 하드웨어 기술을 새로 개발한 것도 아니고 하드웨어 제품을 직접 생산하지도 않지만 미래 산업을 주도하고 있다. 어떻게 이런 일이 가능할까?

흔히 사업의 성패를 결정하는 실무 역량은 해결하고 싶은 문제에 대한 정확한 비전과 아이디어, 필요한 자금과 인재를 모아 회사를 만드는 역량, 제품을 팔아 돈을 버는 경영 능력이라고 정의한다. 이 중 첫째 조건이 바로 창업 이념이다. 둘째와 셋째 역량도 기본 토대는 첫째 역량에서 나온다.

시장에서 필요로 하는 것이 있고 내가 그것을 해결할 수 있어야 비로소 사업 기회가 생겨난다. 먼저 풀고 싶어 하는 문제에 대한 정확한 비전이 있어야 한다는 뜻이다. 모든 창업은 기회를 발견하는 것에서부터 시작한다. 즉, 창업 이념이 출발점이다.

일례로 존 지머 리프트 회장의 비전은 '차량 무소유 시대'를 여는 것이다. '미국 고속도로를 달리는 자동차의 80퍼센트는 자리가 빈 상태에서 운행한다. 다른 운송방식으로 혁신하면 운행 비용을 줄일 수 있고 환경오염을 줄이는 데 크게 기여할 수 있다'라는 생각이 그가 차량 공유업체 리프트를 창업하게 이끈 이념이다. 델컴퓨터의 창업자인 마이클 델은 '부품을 다 합하면 600달러밖에 안 되는데도 대당 2,500~3,000달러씩 하는 비싼 컴퓨터를 좀 더 저렴하고 자신에 맞게 맞춤형으로 제공하고 싶다'라는 일념으로 델컴퓨터를 설립하고 3분의 1 가격대의 컴퓨터를 출시했다.

어떤 사회 문제를 해결할 것인지 비전을 선점하는 것이 곧 사업 이념의 경쟁력이다. 창업가의 사업 이념과 비전이 전 세계로부터 인재와 기술과 자금을 끌어들이는 시대이기 때문이다. 지금은 기술을 경쟁하는 시대가 아니다. 생산 효율과 원가 경쟁력을 경쟁하는 시대도 아니다. 성장기에는 기술 경쟁력, 성숙기에는 사업 이념 경쟁력이 기업 성패를 좌우한다. 사업 이념이 최고의 전략이고 경쟁력인 것이다.

'융합의 시대에 어떻게 융합할 것이냐?'는 서로 다른 이해관계자들이 공감하는 사업 이념에 관한 질문이다. 공동체의 문제를 해결하려는 사회적 역할을 사업 이념으로 삼아야 어떤 기술이 필요하고, 어디에 필요한 기술이 있으며 어떻게 융합할 것인지 아이디어가 모인다. 예를 들어보자. 사물인터넷 시대를 누가 지배할 것인가? 전통적인 전자 기기 제조업체인 애플인가, 삼성인가? 구글이나 아마존 같은 플랫폼 기업인가? 아니면 ARM을 인수한 소프트뱅크 같은 투자 회사인가?

누가 먼저 사물인터넷이 가져올 미래 비전을 선명하게 제시하고 세계의 인재들로부터 공감을 살 사업 이념을 선점하는지 여부에 달려 있다. 아마존의 제프 베조스는 "모든 공장을 대기권 밖으로 옮겨야 한다"라고 주장하면서 '주거는 지구에, 공장은 우주에'라는 비전을 제시했다. "인류가 우주로 나가야 지구를 지킬 수 있다"고도 주장한다. 구글, 아마존, 애플 등 글로벌 기업들은 인공지능 등 4차 산업혁명 관련 기술이 필요하면 인수 및 합병으로 확보한다. 패러다임 전환기에 조직의 창의 생산성 또한 사업 이념에서 나온다. 마이크로소프트 CEO인 사티아 나델라는 "인공지능을 게임이 아닌 사회의 시급한 문제를 해결하기 위한 도구로 사용해야 한다"라고 하면서 구글의 알파고에 대비되는 마이크로소프트의 인공지능 개발 방향, 즉 사업 이념을 제시하고 있다.

4차 산업혁명의 본질은 융합이다. 융합은 협업, 즉 팀워크에서 나오는 경쟁력이다. 일하는 방식으로 경쟁이 아닌 협업 이념을 요구하며 협업의 구심점은 사업 이념이다. 고도로 진화된 현대 사회에서 새로운 해결책은 단품이나 개별 회사의 역량만으로는 불가능하며 여러 회사가 각자의 역량을 합해야만 솔루션이 나오는 시대다.

일례로 몸에 이식하는 치료용 전자장치인 전자약 개발 사례를 보자. '매일 약을 복용해야 하는 불편을 없애는 방법은 없을까?'라는 질문으로 문제를 정의하고, 신경에 전기신호를 보내는 전자장치가 약효를 대신하는 솔루션을 찾자는 연구를 시작한다. 전자약 개발을 위해서는 뇌과학, 생명과학, 전자공학, 인터넷, 통신기술의 융합이 필수다. 최근 구글과 제약사인 GSK가 손을 잡은 것도 같은 목적이다. 21세기 복잡다단한 사회에 임팩트를 줄 수 있는 혁신은 특정 기업 혼자서 감당할 수 없다. 오픈 플랫폼과 표준을 만들어 국내뿐만 아니라 글로벌하게 협력하고 협업해야 한다. 사업 이념을 사회에 널리 소통해야 이런 융합이 가능하다. 이념을 공유할 때 기술과 인재가 모여 융합이 일어난다. 기업은 사업 이념이 끌어들인 인재와 기술, 자본만큼 성장한다.

기업은 창업 이념이 불러일으키는 혁신 영감만큼 성장한다

옷가게 주인이 생계를 위해 가게를 열었다면 그의 관심은 '어떤 옷을 얼마에 사와서 얼마에 팔아 얼마의 이익을 남길까?'에 머무른다. 하지만 그가 '고객에게 멋진 옷을 공급해 개성을 살려주겠다'라고 마음먹었다면 그의 아이디어는 차원이 달라진다.

▎기업 이념은 직원 동기 부여의 원천

모든 기업이 혁신을 추진하지만 성과 차이는 어디에서 올까? 직원들의 동참 여부에 달려 있다. 직원들이 동참하지 않는 이유는 '사업 이념 공유'가 되지 않기 때문이다. 성장기 때에는 '1등 하자', '30퍼센트 성장하자', '수익성을 30퍼센트 개선하자' 등 매출, 이익 성장 목표, 금전적 또는 물질적 보상으로 직원들을 독려할 수 있었다. 하지만 이제는 물질적 보상만으로는 충분하지가 않다. 직원의 자아실현 욕구까지 만족시킬 수 있어야 한다.

직원이 사업 이념에 공감할 때 자발적인 동참이 이뤄진다. 조직의 역량을 결집시킬 수 있는 힘은 질 높은 이념과 비전을 통해서만 가능하다. 청년이 중소기업을 기피하는 이유도 함께 성장할 수 있는 미래를 보여주지 못한 탓이 크다. 이는 부실한 기업 이념의 문제다.

특히 밀레니엄 세대(1981~2000년 사이에 태어난 세대)는 세상을 바꾸는 일에 적극적인 회사에서 일하고 싶어 한다. 한국경영자총연합회가 2014년 전국 405개 회사를 조사한 결과를 보면, 입사 1년도 안 돼 퇴사한 인력이 25퍼센트에 이르며 주된 이유는 맡은 일이나 회사에서 흥미, 의미, 비전을 찾지 못했기 때문이라고 한다. 밀레니엄 세대의 특징이다. 이들은 베이비 붐 세대의 부모 밑에서 유복하게 자라 현재 신입사원이나 과장급의 위치에 있다. 이들은 '우리 회사는 다닐 만한 가치가 있는가?', '내가 하는 일의 의미는 무엇인가?'에 대해 스스로 묻는다.

미국의 금융 서비스 회사인 웰스파고는 고객이 대출받은 돈을 어떻게 활용해 가정을 살렸는지 등 감동적인 이야기를 동영상으로 제작해 직원들에게 보여줘서 직원 스스로 내 업무가 어떤 가치를 갖는지 이해하고 사명감을 갖게 한다. 한국 기업인 에스티유니타스는 사교육 기업이지만 교육 격차를 없애는 데 기여한다는 비전으로 출발했다. 1퍼센트 소수가 누리는 혜택을 나머지 99퍼센트도 누릴 수 있게 해주자는 비전 아래 교육 빈부 격차를 없애는 일을 사업의 제1목표로 정했다. 즉, 돈이 없어도 공부할 수 있는 세상을 만들자는 사업 이념이다.

기업이 가치 있는 비전을 갖고 있어야 직원들이 자긍심을 갖게 되고 일에 보람을 느낀다. 우리 회사는 어떤 사업 비전을 갖고 있는가? 그 비전은 소비자가 봤을 때 어떤 가치가 있는가? 비전이 우리 회사의 차별화된 정체성을 반영하고 있는가?

월급쟁이라는 단어가 말해주듯이 현대판 노예로 전락한 삭막한 직장 사회, 직원을 소모품처럼 취급하는 기업주나 상사의 횡포, 협력업체를 쥐어짜는 것이 마치 경쟁력 유지와 기업 생존을 위해 불가피한 일인 것처럼 여기는 일그러진 기업 문화는 모두 기업 이념을 상실한 데서 초래된 결과들이다.

▋ 매스코와 이케아, 두 회사의 성과 차이는 어디에서 오는가?

하버드 경영대학원 신시아 몽고메리 교수는 매스코와 이케아가 가구 시장에서 보여준 성패를 연구한 결과, 가구 시장에 진출한 사업 목적의 차이가 다른 결과를 낳았다고 주장한다.

매스코는 본업인 수도, 욕실, 주방용품 사업에서 얻은 수익을 갖고 가구 시장으로 진출해 사업을 다각화하면서 이익의 원천을 다변화하고자 했다. 즉, 매스코가 가구 사업을 시작한 동기는 추가 돈벌이 아이템 개발이다.

반면 이케아 창업자 잉그바르 캄프라드는 스웨덴의 모든 아이가 이케아의 책상과 의자에서 즐겁게 공부하는 것을 바라며 가난한 사람들도 구입할 수 있는 좋은 품질의 가구 생산을 사업 이념으로 정했다. 사업 이념, 즉 사업 목적이 구체적이고 분명한 만큼 이를 달성하기 위한 목표나 전략도 체계적으로 수립할 수 있었다. 저렴한 가격, 세련된 디자인, 높은 기능성의 가구를 공급한다는 목표가 명확하게 세워졌고 조립형 모델, 플랫 팩[Flat—pack, 납작한 상자에 부품을 넣어서 파는 자가(自家) 조립용 가구] 방식의 제조 및 유통, 소비자의 직접 운반 및 설치 등 이케아의 특성들이 치밀한 경영 전략으로 구현되어 높은 성과를 거둘 수 있었다.

존경받는 장수 기업과 일반 기업 간의 관점 차이가 혁신 역량의 차이로 이어진다. 사업을 매출이나 이익 극대화의 관점에서 바라볼 때 혁신 기회는 제한된다. 일례로 VOC(Voice of Customer, 콜센터에 접수되는 고객 불만사항의 접수부터 처리가 완료될 때까지 상황을 실시간으로 관리하고 결과를 관서별로 지표화하여 관리 및 평가함으로써 고객의 체감 서비스를 향상시키는 고객 관리 시스템)를 '고객을 위한 혁신 기회로 볼 것이냐?', '처리 비용을 줄이는 쪽으로 볼 것이냐?'에 따라 혁신 성과는 달라진다. 얼마나 질 높은 혁신 기회를 찾아내는지가 기업 간의 격차를 부른다.

아마존이 기존 유통구조를 송두리째 혁신하고 있다. 아마존의 혁신 역량은 어디에서 나올까? CEO인 제프 베조스는 직원들에게 경쟁보다 고객에게 집중할 것을 주문한다. 고객이 좋아할 만한 일을 계속 만들어 나갈 것을 독려한다. 이렇게 하면서 기존 유통구조를 파괴해 편리하고 저렴한 쇼핑 서비스를 계속 개발해내고 있다. 제프 베조스는 1994년 창업 이래 '장기적 관점에서 고객에 집착한다'라는 창업 이념을 20년 이상 고수하고 있다. 그는 주주에게 보내는 편지에 20년째 기업 이념을 동봉해 초심을 잊지 않겠다는 각오를 되새기고 있다. 20여 년간 거의 이익을 내지 못한 것은 클라우드, AI 스피커, 무인 점포 등 계속 고객을 위해 장기적인 투자를 해왔기 때문이다. 기업이 발전하는 원동력은 창업 이념이다. 직원의 마음속에 창업 이념이 살아 있을 때 혁신적인 아이디어는 결코 고갈되지 않는다.

왜 대기업으로 성장한 기업이
지속하지 못하고 망하는가?

삼성이 소니와 노키아만 바라보고 뛰던 시절이 있었다. 2006년 삼성의 텔레비전은 소니를 제압하고 세계 1등으로 올라섰다. 이후 11년째 텔레비전분야에서 1등을 유지하고 있다. 스마트폰은 2012년에 글로벌 1등을 달성했다.

필자는 2010년 초반에 아프리카 대륙에서 중국 기업이 무섭게 한국 기업을 추격하는 것을 목격했다. 1등이 되는 그 순간부터 위기가 시작되는 것이다. 애플이 스마트폰으로 게임을 바꾸자 노키아는 순식간에 시장에서 사라져 버렸다. 노키아와 소니는 왜 갑자기 도태되었을까? 혁신을 게을리해서 그런가? 유행에 민감한 IT업종의 한계인가? 아니면 기존 사업의 판을 바꿀 게임 체인저가 등장했기 때문인가?

'3대 가는 부자 없다'라는 경구는 무엇을 경고하는 것일까? 미국 재벌들은 1870년대에 등장해 70여 년간 영향력을 행사하다가 상속세가 70퍼센트로 강화되면서 해체되었다. 최대 재벌인 록펠러는 여러 개 회사로 쪼개져 전문 경영인이 경영하고 있고 록펠러가(家)는 재단을 만들어 사회 사업을 벌이고 있다. 미쓰비시그룹 같은 일본 재벌도 1868년 메이지 유신 이후에 등장했다가 2차 대전이 지나 연합사령부에 의해 해체되었으며 70여 년 만에 소유와 경영이 분리되었다.

한국에서도 재벌 기업이 탄생한 지 70~80년이 지나가는 가운데 사회 전반에 반기업 정서가 팽배해지고 있다. 재벌이 적폐 대상이 되고 재벌 총수가 연일 검찰 수사 대상에 오르내리고 있다. 왜 대기업들은 영속하지 못하고 해체되거나 망하는 것일까?

미국 자산컨설팅업체 윌리엄스그룹의 조사에 따르면, 미국의 슈퍼 리치 가문의 70퍼센트는 2대에서, 90퍼센트는 3대에서 집안 자산 모두를 탕진하며 겨우 10퍼센트 정도만 3대까지 생존했다고 한다.

기업의 3단계 생애주기를 창업 가문에 비교해보면, 1대 창업기와 2대 성장기는 연장선상에 있지만 3대 성숙기 때에는 기존 사업이 성장 변곡점에 이르게 되어 외형적 성장을 마감하므로 질적으로 성숙시켜 새로운 생명곡선을 준비해야 하는 시기임을 알 수 있다. 창업기와 성장기의 1~2대와는 전혀 다른 새로운 기업 운영체제로 바꿔야 한다는 뜻이다. 이는 수성이 창업보다 어렵다는 경구의 배경이다.

매출과 이익 성장에 매여 창업 이념을 상실해 망한다

"창업자 가문의 숨결과 정신이 5대째 내려왔기 때문에 기업이 발전할 수 있었습니다. 창업정신은 쉽게 대체할 수 있는 게 아니니까요."

스웨덴 발렌베리그룹의 페테르 발렌베리 주니어 회장이 밝힌 기업의 장수 비결이다. 그는 창업정신이 전해져 오지 않았다면 지금의 발렌베리그룹은 없었을 것이라고 단언한다.

그는 25년 전 휴대전화기를 만들어 팔던 에릭슨(발렌베리그룹 계열사)이 현재 5G 통신 시대를 선도하는 기업이 된 배경에는 창업 이념을 잊지 않고 시대 변화에 맞춰 재해석해 혁신 아이디어를 얻어 지속적으로 사업을 진화시켰기 때문이라고 설명한다.

기업이 성장기를 거치면서 외형 성장에만 매달린 채 2~3대로 내려오면 선대의 창업 이념을 잊어버리게 되고 존속 위기가 닥쳐온다. 창업 초기에는 기업 이념이 명확하지만 시간이 지나면서 창업가정신을 상실한다.

기업의 두 기둥은 직원의 애사심과 사회로부터의 지지다. 창업 이념이 직원에게 살아 있지 못하면 혁신 역량도 퇴보한다. 기업 이념에 이끌려 모여든 인재들이 하나둘 떠나기 시작한다. 기업이 사회 구성원으로서의 존재 명분을 잃게 되면 사회로부터의 지지도 사라진다. 기업의 근간이 흔들리는 것이다. 직원의 애사심 또한 사회적 지지에 바탕을 두고 있다. 사업보국을 실천하는 기업가를 국민이 지탄하지는 않는다. 사업보국을 실천하는 회사에 직원이 등을 돌리지도 않는다. 오늘날 대기업에 대한 반기업 정서는 사회적 지지가 철회되고 있다는 뜻이다. 사회로부터 인정받지 못하는 기업은 인재들이 자긍심을 느낄 수 없다. 인재가 떠나는 이유다.

▌기업이 망하는 근본 원인은 경쟁력 상실이 아니라 창업 이념 상실이다

유니레버는 1880년대 영국 리버풀에서 첫 브랜드 비누인 썬라이트를 출시했다. 창업자인 윌리엄과 제임스 레버 형제는 당시 민곤과 불결한 환경 때문에 만연했던 전염병과 소아 사망을 근절하기 위해 비누를 만들었다고 밝혔다. 그의 창업 이념이다. 이 같은 소명 의식이 130여 년이 지난 오늘날까지 이어지고 있다. 유니레버 경영자들은 '창업 당시의 참혹했던 상황이 사하라 이남 아프리카 지역과 인도에는 여전히 남아 있다'라는 시각을 아직도 견지하고 있다.

100년 장수 기업에는 한 가지 공통점이 있다. 창업 이념을 잊지 않고 이를 시대에 맞게 재해석해 사업을 끊임없이 진화시킨다는 점이다. CEO가 외부에서 영입되어 들어와도 이를 유지한다. 창업 이념의 유산이 혁신의 원천이 되는 것이다.

한국의 재벌 그룹들이 2~3대로 내려오면서 기업 성장에만 매여 창업 이념을 잃어버린 결과가 오늘날 재도약의 길을 찾지 못해 정체하고 반기업 정서의 역풍을 맞고 있는 근본 원인이다. 기업이 성장기에 팽창하는 것은 창업 이념을 실현하기 위한 힘을 기르는 과정이고 수단이다. 창업 이념을 잊지 않고 실현할 때 사회로부터 존경받고 성공한 기업으로 거듭나 지속 성장이 가능하다.

팬택이 힘들어진 원인은 애초에 창업 이념이 불분명한 탓이 크다. 스마트폰 시장이 급성장하고 있으니 차별화된 사업 명분도 없이 뛰어든 것이다. 한진해운이 해체된 원인도 수송보국의 창업 이념을 잃어버렸기 때문이다. 회사가 사업 이념을 잃어버리면 기존 사업의 성장 변곡점에 이르러 제2 창업의 혁신 비전을 찾을 수 없다. 회사의 지속 가능성을 평가할 때 사업 이념이 조직 속에 살아 있는지를 먼저 봐야 하는 이유다. 애플이 주가를 유지하기 위한 매출과 이익 성장에 연연하지 않고 창업주의 이념인 'Think Different(다르게 생각하라)'를 잊지 않는다면 혁신 아이디어는 지속적으로 조직 내에서 창출될 것이다.

성장 패러다임에서 운용 패러다임으로 진화하지 못해 망한다

일본에서 '경영의 신(神)'으로 추앙받는 마쓰시타 고노스케는 일찍이 비즈니스는 환경 적응업이라고 갈파했다. 한 마리의 생물이 사회라는 정글 속에서 살아가는 것과 같다. 레고의 CEO 에르겐 비그 크누스토르프도 "기업의 생존 비법은 상황에 맞게 진화를 거듭하는 것"이라고 말했다.

기업이 패러다임 진화 없이 기존에 해오던 혁신 노력을 계속한다고 생존이 보장되는 것은 아니다. 생명주기의 단계별로 기업 운영의 패러다임을 한 단계 높은 수준으로 궤도를 바꿔 타지 못하면 지속할 수 없다.

기업은 3단계 수명주기에 따라 '창업→영리 기업→사회적 기업'으로 진화한다. 기업의 진화단계에 따라 기업 운영 패러다임은 기본 토대를 만드는 장사단계, 기업 성장을 효율적으로 관리하는 경영단계, 성장시킨 기업을 잘 운용해 제2 창업, 즉 새로운 생명주기를 일으키는 사업단계로 옮겨간다. 장사와 경영단계는 성장과정의 연장선상에 있지만 키워놓은 기업을 운용하는 사업단계는 차원이 다른 뉴 패러다임을 필요로 한다.

시장이 성장기에 있을 경우에는 수요가 공급을 초과해 누구든 장사로 돈을 벌 수 있었지만 시장이 성숙기에 이르면 장사단계에 머물러서는 더 이상 미래가 없다. 아무리 규모가 큰 기업이라도 차별화된 사업 명분과 소비자 경험을 제공하지 못하면서 그저 제품만 팔고 있다면 매출 규모와 상관없이 장사단계를 벗어나지 못하고 있다는 방증이다.

기존 사업이 성장 변곡점에 이르러 매출 성장이 정체되면 성숙기로 패러다임을 전환해야 한다. 경영단계가 매출과 이익을 극대화시키면서 기업을 키우는 것이라면 사업단계는 성장시킨 기업을 잘 운용해 사회적 가치를 지닌 사회 사업을 펼침으로써 사회로부터 존경받는 기업으로 진화하는 것이다. 즉, 기업 운영 패러다임이 키워온 자산과 역량을 잘 '운용'해 창업 이념을 실천하는 것으로 바뀌어지는 것이다. 이는 창업기에 꿈꾸던 이념을 마침내 실현해 보람과 성공을 얻는 일이다. 기업이 성장하는 데 도움을 준 사회와 고객에게 보은하는 것이다. 그 일을 해낼 때 고객과 사회로부터 공감과 지지를 얻고, 2차 도약의 토대가 만들어지며 기업의 생명 사이클이 완성된다. 샤프 창업자인 하야카와 도쿠지는 "사업은 개인의 야심이나 자기만족으로는 완성될 수 없다. 사업이 갖고 있는 공공성이라는 측면에서 볼 때 사업의 궁극적인 목표는 좀 더 높은 곳에 있다. 그것은 사회에 봉사하고 사회 구성원들에게 감사의 마음을 표시하는 것이다"라고 말했다. 샤프가 세계 액정기술의 최고 기업이 되고서도 외국 기업에 팔린 것은 경영자들이 그의 창업 이념을 잃어버려 제때에 기업을 진화시키지 못하고 기존 사업에 매달린 까닭이다.

[진화단계별 기업 운영 패러다임]

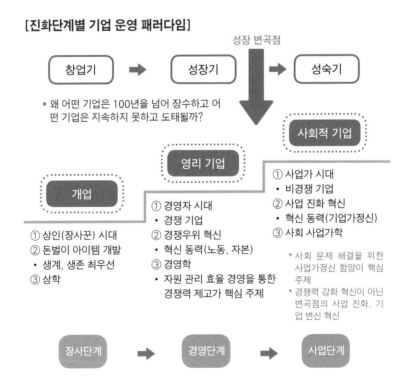

노키아는 휴대전화 정상에 오른 후 10년 동안 1위 위치를 지키려고만 했다. 삼성전자가 텔레비전 사업을 두고 유사한 행태를 보이고 있다. 10년째 세계 1등 시장 점유율을 홍보하고 있으니 말이다.

수많은 1등 기업들이 사라져 버린 근본 원인은 성장기 패러다임에 매여 장사단계와 경영단계에 머물고 사업단계로 진화하지 못했기 때문이다. 즉, 성장 변곡점까지 기업을 잘 키워놓고 운용하지 못해 망하는 것이다. 앞에서 사례로 든 미국이나 일본 재벌 가문이 해체된 것도 시대 변화에 따라 기업 운영 패러다임을 바꾸지 못한 탓이다. 성장기를 거치면서 거대한 대기업으로 성장하고도 성숙기에 접어들어 패러다임을 진화시키지 못하면 곧바로 위기에 봉착하게 된다. 기업을 키우는 데 함몰되어 창업 이념을 상실하고 기존 사업의 경쟁력 유지에만 매달리다가 사업 진화를 제때에 못하기 때문이다. 과거 성공 모델에서 벗어나지 못해 시대 흐름을 역행하다가 망하는 것이다. 기업이 지속 가능한 사이클을 만들 수 있는지는 '성숙기에 기업을 어떻게 운용하느냐'에 달려 있다.

성장 변곡점에서 제2 창업 시기를 놓쳐 망한다

기업의 성장 변곡점, 즉 정체기는 새로운 씨앗을 뿌려서 새로운 생명주기 사이클을 만들어 2차 도약을 준비하는 시기다. 따라서 기존 사업의 매출과 이익을 더 키우려는 혁신이 아니라 키워놓은 사업을 잘 운용해 2차 도약을 이뤄내는 운용 혁신이 관건이다. 운용 혁신은 곧 제2 창업의 혁신 패러다임을 의미한다. 기존 사업으로 축적한 기술과 역량을 잘 활용해 새로운 사업으로 진화하는 것이다. 사업 진화를 이뤄내지 못하면 도태된다. 제2 창업은 기존 사업을 버리고 새로운 아이템을 찾는 데 있지 않고 기존 사업을 시대에 맞게 재해석해 창업 이념을 실천하는 것이다.

3대의 리스크란, 수명이 다해가는 사업을 물려받았으나 성장기의 관성이 극에 달해 궤도 수정을 시도하기가 가장 어려운 시기라는 점이다. 새로운 생명주기 사이클을 만들어 내야 하는데 현 수준을 지키려고만 들다가 제2 창업의 적기를 놓치고 망하는 것이다. 지금 이 시점에 사회가 필요로 하는 것이 무엇인지를 찾아 시대 변화에 따라 창업 이념을 재해석하여 사업을 진화시켜야 하는데 현재 사업을 1등으로 만들고 이를 유지하는 것에만 전력한 결과다. 이는 오너 경영체제에서 단기 실적에만 매달려 기업 성장과 함께 안목이 진화하지 못한 경영자의 한계이기도 하다. 사업을 1등으로 키워낸 탁월한 경영자가 빠지기 쉬운 함정이 바로 변곡점이다.

도요타는 창업자인 도요타 사키치가 1918년 24시간 돌아가는 자동 직조기를 발명한 것이 근간이다. 2대인 도요타 기이치로는 1933년에 직조 기기에 들어가는 엔진과 각종 부품을 활용해 자동차를 개발했다. 3대인 도요타 아키오는 "이제 자동차 회사를 넘어 사람들의 다양한 이동을 도와주는 모빌리티 기업으로 변신하겠다"라고 선언했다. 도요타의 경쟁 상대는 더 이상 자동차 기업이 아니라 구글, 애플, 페이스북 같은 플랫폼 기업이라는 것이다. 모빌리티 서비스 기업으로의 과감한 전환이다. 독자적인 자율주행 플랫폼을 구현한다는 계획도 갖고 있다. 피자헛, 아마존, 디디추싱, 우버 등과 제휴도 맺었다. 신선 채소 배송, 의료 서비스, 엔터테인먼트 등도 자율주행 플랫폼으로 끌어들일 계획이다. 이미 모빌리티 플랫폼 생태계 구축에 나서고 있는 것이다.

도요타는 자동차업계 1위 기업이지만 데이터 기업과 플랫폼 기업들이 경제를 이끌어가는 시대임을 간파하고 제조업에서 서비스업으로 변신하고자 제2 창업을 시도하고 있는 것이다.

성장 변곡점 도달은 기존 혁신으로는 지속 성장이 불가능한 단계다. 대기업이 성장기를 보낸 후 다음 단계로의 진화 비전을 찾지 못하면 해체 위기에 놓이게 된다. 변곡점에 필요한 혁신은 제2 창업 혁신이다. 제2 창업은 기존 사업을 진화시켜 재창조하고 새로운 성장곡선을 만드는 사업 진화, 기업 진화의 혁신이어야 한다. 사업 이념, 사업 모델, 사업 내용 모두를 재정의하는 혁신이다. 기존 사업의 경쟁력 제고 혁신에서 사업 자체를 변신시키는 혁신이다. 이는 효율 혁신이 아닌 창업 혁신이고, 제품 혁신이 아닌 사업 모델 자체의 혁신이다.

제2 창업은 기존 사업이 아직 경쟁력을 유지하고 있을 때 선제적으로 해야 성공할 수 있다. 외환위기 당시의 구조조정처럼 외부의 환경 변화로 어쩔 수 없이 해야 하는 상황이 닥치기 전에 미리 착수해야 한다는 뜻이다. 주력 사업이 성장 정체를 겪고 있는 우리 기업들은 이미 적기를 놓치고 있다. 기존 사업이 캐시 카우 역할을 충실히 하면서 사내 이익금이 쌓일 때가 바로 제2 창업을 할 수 있는 적기다.

일반적으로 기업은 사업 환경과 사업 전략이 조화를 이룰 때 성공한다. 실패하는 기업은 산업 환경의 근본적인 패러다임 변화와 일시적인 현상을 구별하지 못하고 과거 혁신 전략을 취한 결과다. 조금만 버티면 호황이 올 것으로 착각하고 비용을 줄이면서 근본적인 사업 진화의 혁신을 미룬 채 버티는 기업들에게는 단연코 미래가 없다. 기존 사업을 그대로 두고 덩치 키우기 합종연횡, 구조조정, 원가 절감, 내실 경영 등은 모두 구식 대책이다. 프리미엄 제품 집중, 대규모 자본 투자(반도체 등)와 생산 공정 개선 등 제조 이익에 주력하는 것도 마찬가지다.

이미 우리 기업은 1997년과 2008년, 두 번의 기회를 놓쳤다. 경기 사이클 회복을 기다리며 구조 개혁(체질 개혁)을 지연시키고 시간 낭비를 하고 있다. 기존 사업을 영위하는 동시에 사업의 생명주기를 파악해 적절한 시기에 사업 변신 기회를 포착하면서 새로운 자산을 만들고 기업 가치를 키워야 한다. 기존 사업의 이익과 성장에만 매진한 결과가 지금의 어려움이다.

기업은 어떤 모습으로 진화할 때 존경받고 영속 가능한가?

아이폰이 출시 10년째를 맞아 성장이 정체되고 있다. 애플의 혁신 역량이 한계에 다다랐다는 시각과 업계 내 리더십을 계속 이어갈 것이라는 전망이 엇갈리고 있다. 스웨덴의 발렌베리그룹은 국민적 존경과 사랑을 받으며 5대째 전통을 이어오고 있는 대표적인 장수 기업이다. 발렌베리그룹의 장수 비결이 지속적인 기술 혁신에 기인한 것일까?

변곡점에서 제2 창업으로 2차 도약에 성공할 때 지속 가능하다

검독수리는 70년까지 산다고 한다. 단, 환골탈태하여 제2의 생을 시작할 때 그렇다. 30년 가까이 살면 생의 한계, 즉 변곡점에 이른다. 부리가 자라 목 안쪽으로 파고들고 깃털이 무거워져 날기 어렵다. 발톱도 날카로움을 상실한다. 사냥이 어렵게 되면 '죽느냐, 사느냐'의 기로에 선다. 둥지에서 부리를 깨고 새 부리가 돋기 시작하면 깃털을 뽑고 발톱도 뽑는다. 기업도 마찬가지다. 사업이 성장의 변곡점에 이른 기업은 기존의 (혁신) 패러다임 한계를 극복할 수 있는 새로운 혁신 패러다임을 찾을 때만이 변곡점 함정을 극복하고 2차 도약이 가능하다.

기업이 성장 변곡점에 이르렀음은 어떻게 알 수 있을까? 위기는 1등과 함께 찾아온다. 일례로 한국 조선업은 2000년대 초, 삼성전자 텔레비전은 2006년에 외형적인 1등을 달성하면서 위기가 시작되었다고 봐야 한다. 변곡점을 이해한다면 1등을 한 다음, 무엇을 할 것인지 뉴 패러다임을 찾아 다음 단계로 진화의 씨앗을 뿌렸어야 했다. 지금 10년째 1등을 자랑하고 있는 우리나라 주력 산업들은 모두 냄비 속의 개구리 신세와 다를 바 없다. 이건희 회장은 2010년 "앞으로 10년 내에 삼성의 1등 사업은 모두 사라질 것이다"라고 했다. 사업의 수명주기를 이해한다면 그의 말은 미래를 내다보는 혜안이나 위기의식을 불러일으키려는 수사적 경고가 아니라 극히 상식적 진단임을 알 수 있다. 1등을 유지하려고 하는 노력 자체가 쇠퇴의 길이고, 승자의 저주다. 변곡점 도달을 제때 파악하고 사업을 진화시키면 기업은 영속할 수 있다.

2차 도약 여부는 변곡점 함정 극복에 달려 있다. 전통적인 농업이 어떻게 진화해왔는지를 예로 들어 변곡점 한계와 패러다임 진화를 비교해보자.

농업의 1단계 때에는 농작물을 재배하고 수확물을 판매한다. 2단계 때에는 농산물 재배에 그치지 않고 농산물을 원재료로 다양한 식품을 제조 및 판매해 부가가치를 높인다. 3단계 때에는 농업과 관련된 생활 문화를 체험하는 농업관광산업으로 진화한다. 소위 6차 산업의 탄생이다. 농부가 농작물 재배와 판매라는 1단계 패러다임을 고수하면서 토지 매입을 위한 추가 투자, 좀 더 효율적인 농법 개발, 부가가치가 높은 품종으로 농작물을 바꾸는 등의 혁신적인 노력을 기울여도 2단계에 비하면 부가가치 제고에 명백한 한계가 있다. 패러다임을 전환할 때만이 획기적인 도약이 가능하다는 뜻이다.

▌생애주기 3단계의 진화 비전을 찾아 순환을 반복할 때 지속 가능하다

만물은 생명주기의 각 단계별로 패러다임을 전환시킴으로써 한 단계 높은 수준으로 진화하고 발전한다. 일례로 전화기는 '유선전화→무선전화→스마트폰'으로, 자동차는 '내연기관→전자 제어→커넥티드 카'로 진화하고 있다. 전화기도, 자동차도 3차례의 변곡점을 지나면서 3단계로 진화하고 있다. 각각의 단계는 변곡점을 맞이하며 해당 변곡점에서 어떤 방향을 선택하는지가 생존을 결정한다.

기업 활동을 3단계 진화에 비춰보면, 1단계에서는 남을 모방하면서 생존 토대를 구축하고, 2단계에서는 동일부문에서 남다른 경쟁 우위를 다져 1등에 도전한다. 3단계에서는 1등에 오른 시장 장악력과 규모로 자기만의 영역을 새롭게 개척한다. 이때 혁신의 패러다임도 1단계에서는 따라가기, 즉 패스트 팔로잉 혁신으로, 2단계에

서는 남보다 더 잘하고 앞서가기, 즉 경쟁우위 혁신으로, 3단계에서
는 나만의 역할을 개발하는 혁신으로 진화한다고 정의할 수 있다.

이를 제조업에 적용해보면 '1단계 양적 수요를 충족시키기 위한
양산과 원가 경쟁→2단계 기술을 숙성시키는 품질 경쟁→3단계 숙
성된 기술과 제품을 활용하는 서비스단계'로 진화한다. 제조 기업
은 원가 혁신, 기술 혁신, 제품 혁신을 거쳐 더 이상 기술로 차별화
하기가 어려워지면 브랜드를 강조해 개성을 파는 시대로 옮겨가
는 것이다. 그러나 제품이라는 수단을 활용해 업의 본질인 서비스
가 나오면 제조는 하청화가 된다. 일례로 자동차업계가 'GM→벤츠,
BMW→우버'로 주도권이 이동하는 것과 같다.

왜 제조업이 제조와 기술의 경쟁우위만으로는 지속할 수 없는지
매슬로우의 인간 욕구 5단계와 비교해 설명해보자. 1단계에서는 생
존에 필요한 의식주를 포함한 기본 도구에 대한 수요가 폭발한다.
양적 수요를 충족시킬 경쟁 기업들이 대거 등장한다. 누가 더 큰 규
모의 경제를 구축하는지 여부에 따라 원가우위를 얻는 양산 규모
게임단계다. 기술이 아직 미숙해 품질수준이 낮다. 2단계에서는 공
급이 수요를 초과하면서 소비자가 더 좋은 기술과 품질을 선택한
다. 생존 문제가 해결된 이후 소비자는 좀 더 안전하고 건강을 지켜
주는 상위 욕구단계로 옮겨가므로 더 좋은 품질을 요구한다. 품질
경쟁, 기술 경쟁의 단계다. 곧이어 기술은 숙성되고 소비자의 품질
기대치를 만족시킨다. 그러면 '완성된 기술과 도구를 어떻게 잘 활
용하느냐?'의 3단계 게임으로 옮겨간다. 즉, 도구 성능 중심에서 좀

더 인간 중심적 욕구로 옮겨가는 것이다. 개인 맞춤형, 개성 추구형, 제품과 기술을 활용한 서비스, 소프트 사업으로 진화한다. 제품을 활용해 서비스를 제공하는 3단계 사업 모델로 진화한 가장 대표적인 모습이 플랫폼 기업이다. 플랫폼 기업이 나타나면 제조업은 하청업체로 전락할 위기에 처한다.

한국의 CTV 사업은 글로벌 1등으로 성장했다. 1단계인 흑백텔레비전으로 시작해서 시장의 급성장과 함께 가성비를 앞세워 일본 기업을 따라잡았다. 2단계 때에는 고품질 CTV, 디지털 LCD 기술로의 전환을 선도하며 일본 기업을 추월했다. 하지만 수년 전부터 매출은 정체되고 수익은 악화되고 있다. 세계적으로 영상 기술이 표준화되면서 중국 업체의 추격이 시작되었다. 그리고 OLED, QLED와 같은 신기술이 계속 개발되고 있지만 소비자 관점에서는 이미 화질 기술은 차이를 느낄 수 없을 정도로 성숙단계에 이르렀다. 만약 CTV 제조업계가 3단계로 진화할 비전을 찾지 못하면 곧 출혈 경쟁에 이르고 도태될 것은 자명하다.

기술 제조 기업의 3단계 진화는 더 품질 좋은 기기를 만들려는 기술 중심에서 '기기와 기술을 활용해 어떤 새로운 가치를 만들 수 있느냐?'에 답해야 할 시점이다. 즉, TV라는 그릇을 더 잘 만드는 게임에서 벗어나 영상 기술과 영상 기기를 활용해 어떻게 새로운 가치를 만들어 낼지, TV라는 그릇에 어떤 콘텐츠를 담아낼 것인지 등의 새로운 패러다임을 찾아 사업 진화를 해야만 지속 가능하다. 1, 2단계가 업의 수단에 해당된다면 3단계는 업의 본질로 옮겨가는 것이다.

앞에서 애플을 예로 든 스마트폰 시장도 성장 변곡점에 도달했다. 이는 기기 중심의 혁신으로는 성장을 지속할 수 없다는 뜻이다. 새로운 혁신은 기기가 아니라 기기와 스마트폰 기술을 활용하고 응용해 어떤 새로운 문제를 해결할 것인지에 달려 있다. 즉, 좀 더 본질적 차원으로 스마트폰 사업을 진화시키는 일이다.

기술과 제품은 목표가 아니라 수단이다. 본질은 문제 해결을 원하는 소비자다. 애플은 최근에 애플스토어를 버리고 새로운 형태의 매장인 타운스퀘어를 오픈할 예정이라고 발표했다. 타운스퀘어는 리테일 매장을 사람 중심으로 꾸민 것이다. 제품보다 고객에 포커스를 맞춘 매장 설계다. 고객들이 모이고 네트워킹을 하는 장소 개념으로 운영된다. 서로 영감을 교환하는 장소, 지식을 나누고 배우며 얻을 수 있는 다양한 오프라인 커뮤니티로 만들겠다는 구상이다. 제품을 판매하는 공간에서 사람들이 모이는 장소로 바꿔 나가는 것이다. 애플이 구상하는 리테일 매장의 넥스트 패러다임이다.

3단계 진화 사례를 몇 가지 더 들어보자. 미국 가정에 비디오를 빌려주던 전통 렌털 숍인 넷플릭스는 3단계 진화를 통해 21세기 미국의 최대 콘텐츠 기업으로 재탄생했다. 1단계 사업 모델은 소비자가 직접 렌털 숍에 가서 빌려 오던 것을 DVD 배달로 바꾼 것이고 2단계는 다운로드에서 스트리밍으로, 3단계는 극장 상영 후에서 동시 상영으로, 리니어 텔레비전에서 맞춤형 콘텐츠로 변신하고 있다. 섬유 산업도 3단계로 진화하고 있다. 전통 합성 섬유 중심의 1.0 시대에서 기능성 섬유 중심의 2.0 시대를 지나 지능형 전자 섬유 중심의 3.0 시대로 발전하고 있다. 아디다스는 지능형 섬유를 활용해 운동선수의 심장 박동 정보를 코치에게 무선으로 보내주는 운동복을 개발했다. 3단계 진화 패러다임은 기업에 '사양 산업은 없으며 다만 시대 변화에 따라 진화만이 있을 뿐'이라는 사실을 알려주고 있다.

3단계 진화는 기업뿐만 아니라 국가 정책에도 해당된다. 한국 경제가 저성장이 장기화되자 경제정책을 두고 좌우로 나뉘어져 갈등을 일으키고 있다. 우리 경제도 3단계 변곡점을 거처 진화 및 발전하고 있다. 경공업으로 태동한 한국의 산업화는 1980년대 중반 1차 변곡점을 맞는다. 경공업에서 중화학공업으로의 전환이 일어난다. 2차 전환기에서는 중화학공업으로의 패러다임 전환에 힘입어 1980년대 중반에서 1997년 외환위기 때까지 고도 성장기가 이어진다. 국가 주도 개발 경제에서 시장 중심, 개방 경제로 전환되면서 성장 관리를 제대로 못해 현금 유동성 문제로 발생한 흑자 도산 경험이 외환위기다. 일종의 성장통인 셈이다. 3차 전환기는 2000년대부터 금융위기를 거처 최근까지 10여 년 이상 지속되고 있다. 한국의 경제구조가 성숙단계에 접어들고 주력 산업이 성장 변곡점에 이르러 사업 변신을 해야 할 시기인데, 이를 놓치고 있다. 한국 경제가 3단계로 진화하기 위해 필요한 새로운 경제체제 비전은 무엇인가?

복합 위기를 겪고 있는 우리 사회도 제반분야에서 3단계 뉴 패러다임으로 진화해야 한다. 일례로 과거 우리는 대량 교통수단 건설과 수요 관리에 중점을 둔 1, 2단계 교통정책을 펼쳐왔다. 오늘날 우리 사회는 좀 더 '이용자 중심의 교통정책'을 요구하고 있다. 대학교는 연구 중심 대학에서 기업가정신을 키워주는 대학으로, 연구기관은 연구 분야 중심 투자에서 연구자 중심 투자로의 변신을 요구받고 있다. 이와 같이 만물은 진화 발전한다는 자연법칙을 상기한다면 우리 사회가 과거의 성공과 실패에 매여 대립하기보다 다음 단계로의 진화 비전을 찾는 데 지혜를 모아야 한다. 뉴 패러다임을 찾으려면 무엇보다 리더가 시대 변화를 읽는 안목이 성장해야만 가능하다. 지금 어떤 회사나 단체가 수년간 정체에 빠져 있다면 기존의 혁신 노력을 접고 3단계로의 진화 패러다임부터 먼저 찾아야 한다.

[3단계 패러다임 진화 비교(기업 경영부문)]

창업 이념 유산을 실천하는 사회적 기업이 될 때 지속 가능하다

기업의 씨앗은 '창업 이념'이고 기업의 열매는 창업 이념을 실현함으로써 얻는 '사회적 존경'이다. 무슨 사업을 할 때, 사회에 어떤 일을 할 때 존경받을 수 있는가? 파워 브랜드에서 존경받는 브랜드가 되게 하는 그 어떤 사업이 바로 재도약의 씨앗이다.

기업의 성숙기는 새로운 수익 사업을 찾는 게 아니라 기업의 씨앗인 창업 이념을 실천하는 시기다. 창업 이념의 유산을 계속 이어오면서 실천할 때 기업은 존경받는다. 사회로부터 존경받는 기업은 사회적 기업이고 국민 기업이다. 사회적 기업은 사회적 가치를 창출하는 창업을 지향한다. 수익만을 쫓는 창업과는 다르다. 기업을 성장시키겠다, 즉 매출과 이익을 극대화하겠다는 경영관점에서 우리 회사가 사회의 무슨 문제를 해결하겠다는 사업관점으로 옮겨감으로써 사회 사업에서 새로운 성장 기회를 지속적으로 발굴할 수 있다. 즉, 수익 중심 사업에서 사회 임팩트(Impact) 사업 중심으로 옮겨간다는 뜻이다.

기업은 이윤 추구와 주주 이익 극대화를 최대 목표로 삼는 영리 기업에서 사회적 기업으로 진화할 때 비로소 기업 사이클을 완성한다. 사회적 기업은 사회 문제 해결, 즉 사회 사업을 펼쳐 기업의 존재 목적을 이루는 단계다. '사회적 기업이냐, 아니냐?'의 척도는 사회적 존경이다. 반기업 정서는 그 반대다. 기업이 사회로부터 받는 존경은 그 자체가 기업을 지속시키는 힘이다. 소비자의 호응은 브랜드 파워로 이어지고 임직원의 자긍심은 높은 동기 부여와 애사심으로 연결된다. 사회로부터 지지를 받으면 인재와 기술이 모이고 매출과 이익은 저절로 따라오는 구조가 만들어진다.

직원이 일꾼이 아닌 인재로 성장하는 만큼 지속 가능하다

기업은 변곡점에서 사업 이념을 재해석해 새로운 사업 사이클을 만들어야 지속 가능하다. 이는 기업이 사회 구성원으로서 사회 문제를 읽어 내고 정의할 수 있는 안목을 가져야만 가능하다는 뜻이다. 기업은 결국 직원의 역량만큼 영위되는 조직이다.

기업이 정체를 겪고 있는 원인은 제품 환경 변화, 혁신적 기술 출현, 경쟁업체의 등장과 같은 외부적 요인도 있지만 시대 변화를 따라가는 인재를 제때 준비하지 못한 내부적 요인이 더 크다. 직원이 인재로 성장하지 못한 결과가 성장 정체. 명예퇴직과 구조조정, 노사 갈등의 근본 원인도 직원 성장 실패에서 비롯된다. 명품 직원을 길러 내야 명품 제품과 명품 서비스가 나온다. 정치꾼이 정치가로 발전하듯이 일꾼인 노동자가 혁신 의지와 혁신 역량을 갖춘 인재로 성장할 때 기업은 지속 가능하다. 미래 안목을 가진 미래 인재를 키워내야 미래 사업으로 진화할 수 있다. 사회 사업에서 새로운 성장 기회가 생겨나는 오늘날, 신사업을 발굴해내는 역량은 모두 직원의 사회 안목에 달려 있다. 당장의 기업 성장에만 매달려 직원의 미래 안목을 키워주지 못한 결과가 기업의 위기다.

오늘날에는 토지, 자본과 같은 전통적 자원의 중요성이 기업 경쟁력 내에서 점점 줄어들고 있다. 노동과 자본 투입에 의한 생산성 증대가 한계를 맞고 있는 것이다. 주어진 업무 처리에 필요한 기술을 갖춘 표준화된 인재보다는 문제 해결 능력을 발휘하는 창의적 인재, 기업가정신으로 무장한 인재 보유 유무가 기업의 경쟁력을 결정하는 시대다. 산업화 시대의 육체 노동, 곧 자원 중심의 경영으로부터 사람 중심의 경영으로 거듭나야 지속 경영이 가능한 이유다. 지식 기반 경제에서는 기업 성장 중심이 아니라 직원이 지식 연구원으로, 성숙한 사회인으로 성장하도록 직원 성장 중심의 조직 문화를 가진 기업이어야 지속 가능하다. 기업 영속성의 본질은 단기적 매출 성장이 아니라 장기적 직원 성장에 있다.

3장

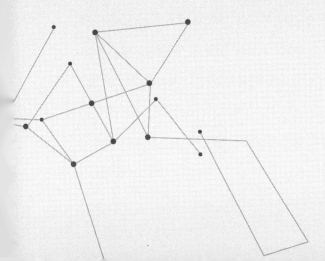

제2 창업으로

·

사회적 대타협과

·

반기업 정서 해소

왜 이 시대에 제2 창업인가?

1~2대가 키워온 주력 사업이 모두 변곡점에 이르렀다

포스코는 창업 50주년을 맞아 '새로운 50년을 어떻게 준비할 것인가?'라는 화두를 던지고 있다. 기존 사업으로는 회사의 지속 가능성이 담보되지 않는 까닭이다. 아무리 독보적 경쟁력을 가진 사업일지라도 생애주기상 성장의 변곡점을 맞이하게 되고 기존 제품과 기술 혁신은 한계에 도달한다.

1987년 총수에 오른 이건희 회장은 이듬해 창립 50주년을 맞아 '제2 창업'을 선언하면서 '세계 초일류 기업을 지향하는 새로운 삼성'을 비전으로 내세웠다. 이건희 회장이 선언한 제2 창업은 삼성을 글로벌 기업으로 만들었지만 사업 내용 자체가 바뀌는 실질적인 제2 창업은 아직 이뤄지지 않았다. 그가 직접 새로운 사업을 창업해 오늘에 이르게 한 사업은 없다. 2대의 역할은 선대가 창업한 사업을 키워내는 일이기 때문이다. 그는 선대가 일으킨 사업을 잘 경영해 국내 제일의 기업을 글로벌 일류 기업으로 성장시켰다.

오늘날 창업주가 일으킨 사업들은 모두 2대를 거치면서 생명주기곡선(Sigmoid Curve)상 성장의 변곡점에 이르렀다. 지금이야말로 제2 창업이 필요한 시점이다. 이제 제2 창업 혁신은 선택이 아니라 필수다. 이 시대는 생존과 성장이 화두가 아니라 새로운 탄생이 화두가 되어야 한다. 제2 창업으로 사업 변신을 해서 뉴 삼성, 뉴 현대차, 뉴 SK, 뉴 롯데로 재탄생해야 할 때다. 그 어느 때보다 3대에게 기업가정신이 필요한 이유다. CJ는 선대로부터 물려받은 제일제당을 시대 변화에 맞춰 콘텐츠 문화 기업으로 탈바꿈시켜 뉴 CJ로 재탄생했다.

4차 산업혁명은 융합 시대이며 문어발 창업 시대다

4차 산업혁명 시대를 맞아 산업 간, 기술 간 융합으로 신산업 벤처 창업의 기회가 봇물처럼 터져 나오고 있다. 전 세계적으로 창업 붐이 불고 있다. 이른바 문어발 창업 시대의 도래다.

유니콘[Unicorn, 원래 머리에 뿔이 하나 달린 신화 속의 동물을 일컫는데 경제분야에서는 기업 가치가 10억 달러 이상인 비상장 신생 기업(Start up)을 말한다] 기업들이 대거 등장하고 있다. 기존 기업이 성장 변곡점에 이르고 시대 변화에 부응하는 제2 창업으로 진화하지 못하고 있기 때문에 창업 벤처가 기존 기업을 대체하고 있는 것이다. 일례로 자동차 제조 기업이 진화를 못하고 있는 사이 우버 같은 벤처가 나타나 공유 서비스를 제공하고 있다. 제조업이 자체적으로 다음 단계로 진화하지 못하니까 벤처 기업들이 나타나 그 역할을 대신하면서 제조업을 하청 기업으로 만들고 있는 것이다.

일부 지식인은 침체에 빠진 한국 기업의 성장 해법으로 교토 장수 기업의 장인정신, 장기 불황을 견디고 있는 일본 기업 배우기, 벤처 창업, 4차 산업혁명 신기술 경쟁 등에서 답을 찾고 있다. 이것이 우리 기업들에게 맞는 답일까? 400년 된 초밥집 등 수백 년 동안 대대로 한 우물만 판 사례들로부터 무엇을 배울 것인가? 겨우 40년 만에 산업화를 이룬 신흥 개도국 한국이 넘봐서도 안 될 일이고 넘볼 가치가 있는 것도 아니다. 오히려 일본의 잃어버린 20년을 초래한 원인이 전통이라는 명분에 사로잡혀 국내 시장에서 벗어나지 못한 결과일 수도 있다. 밖으로 떨치고 나가 크게 성장하지 못하고 한곳에만 머무르는 문화 탓도 있다.

무쇠솥을 만드는 대장간이 포스코로, 쌀가게와 국수가게가 글로벌 일류 자동차 회사와 전자 회사로 성장한 것이 한국 기업이 가진 야성이다. 문어발 확장으로 비난받으면서 사세를 키워온 선대 기업가의 유전자야말로 한국 기업이 오늘에 되살려야 할 제2 창업의 기업가정신이다.

왜 청년 벤처 창업보다 기존 기업의 제2 창업이 더 중요한가?

정부가 청년 실업을 의식해 벤처 창업을 장려하고 있다. 우리 사회에 창업, 벤처의 주역이 청년들인가? 돈도, 경험도 없는 청년이 창업에 유리한가? 돈과 인재를 모두 가진 기존 기업이 유리한가? 창업, 벤처를 사회 초년생들에게 기대하기보다는 기존 기업이 제2 창업에 나설 수 있도록 사회 환경을 조성해주는 것이 먼저다. 더욱이 재벌 대기업이 제 일을 하지 못해나 사회 지탄의 대상이 되고 있지 않은가. 이들이 제2 창업에 적극적으로 나서야 일자리를 대규모로 만들어낼 수 있고 글로벌하게 경쟁력을 가진 신산업을 일으키는 데 유리하다. 재벌 대기업이 가진 자본과 인재와 글로벌 네트워크가 벤처 창업의 최대 자산이기 때문이다. 우리 사회는 지금 청년 창업가보다 재벌 오너 2~3세가 창업가로 거듭나는 것이 더 시급하다는 뜻이다.

국가 경제의 재도약을 위해서는 벤처 창업도 필요하지만 주력 산업의 2차 도약과 산업별 앵커 기업인 대기업의 제2 창업 혁신이 더 중요하다. 그 이유를 들어보자.

첫째, 대기업이 주력 산업에서 제2 창업을 통해 신산업으로 옮겨가야 중소기업에도 성장 기회가 생겨난다. 대기업이 신산업을 창업하면 중소기업도 사업을 변신해 신산업에 올라탈 수 있다. 중소기업에 비해 대기업의 고용이 상대적으로 적다면서 중소기업 중심의 성장을 주장하는 인사도 있다. 하지만 상당수 중소기업이 대기업 협력업체로 연결되어 있는 산업 생태계를 이해한다면 대기업과 동떨어진 중소기업 중심 성장은 현실성이 떨어진다는 점을 인정할 수밖에 없다.

둘째, 국가 주력 산업을 통해 창출한 국부가 쌓여 있는 것이 바로 대기업의 유보금이다. 대기업의 잉여 현금 흐름은 국가 신산업을 창출하는 데 사용될 국민의 미래 투자 자산이다. 대기업이 제2 창업 비전을 제시하지 못하니까 통상 임금 조정, 최저 임금 인상, 자사주 매입 소각, 배당 등 주주 환원 확대 형식으로 나눠 먹기 요구가 확대되고 있다. 소중한 국민 자산이 이렇게 소진된다면 국가의 미래는 없다고 해도 과언이 아니다.

셋째, 우리 국민에게 일자리를 제공하는 주력 산업을 재도약시켜 기존 일자리를 지키는 것이 새로 일자리를 만드는 것보다 중요하다. 즉, 기존 기업의 재생과 재도약이 더 시급한 과제다. 기존 기업이 도산하면 그동안 쌓은 인프라와 인력 자산을 사장시키고 활용할 기회를 놓치게 되니 그 기회 비용과 피해는 벤처 기업의 도산과 비교되지 않는다. 양질의 일자리를 제공하는 대기업들이 긴축 경영이 아닌 제2 창업에 나서야 일자리 감축을 막을 수 있다.

넷째, 어느 나라가 4차 산업혁명 시대를 선점하는지를 두고 국가 간의 경쟁이 치열하다. 글로벌 경쟁력을 갖춘 신산업을 선점하느냐는 결국 국가별 대표 선수이자 거대 자본과 네트워크를 갖춘 글로벌 기업들에 의해 좌우되는 게임이다. 오늘날 글로벌 기업들이 자본력을 동원해 신기술 M&A 등 신산업 선점에 적극 뛰어들고 있는 배경이다. 특히 중소기업의 자생적 생태계가 취약한 우리나라에서는 주력 산업별 앵커 기업인 재벌 대기업의 역할이 중요할 수밖에 없다.

왜 우리 기업은
제2 창업 시도에 계속 실패할까?

삼성은 자동차 사업에 도전했지만 실패로 끝났다. 2010년 발표한 LED, 태양광, 자동차 배터리, 바이오, 의료 기기 등 5대 신사업 중 2017년 기준으로 복제약을 제조하는 바이오 외에는 이미 포기했거나 아직 미래가 불투명하다. 최근에도 삼성은 하만, 스마트싱스 등을 인수하면서 신사업 진출에 적극적인 행보를 보이고 있지만 차세대 성장 동력으로 가시화될지는 미지수다.

2017년 근로자 50인 이상의 1만 2,472개 회사를 대상으로 통계청이 조사한 결과를 보면, 국내 기업 가운데 신사업에 진출하는 기업은 전체의 1.9퍼센트에 불과했다. 특히 4차 산업혁명 관련 분야에 뛰어든 기업은 91개로 0.65퍼센트에 그쳤다. 우리 기업들은 현실 안주 성향이 강해지면서 비용 축소와 이익 확보로 기업 유지에 급급한 형국이다. 삼성은 시도라도 계속하고 있지만 상당수 기업들은 제2 창업 시도조차 못하고 있는 실정이다. 왜 그러한가?

미래 먹거리, 돈벌이 아이템만 찾고 있으니 경쟁 사업만 보인다

우리 기업들이 신규 사업을 찾고는 있지만 기존 사업을 대체할 만한 제2 창업 사업 비전을 내놓지는 못하고 있다. 모두 미래 먹거리를 찾는다며 새로운 아이템 발굴에 나서고 있다. 창업 이념을 도외시한 채 돈벌이 사업만 찾고 있다면 다른 회사가 이미 하고 있는 경쟁 사업만 눈에 들어올 뿐이다.

성장기에 CEO가 매출구조, 손익구조, CFO가 재무구조에 매달리다 창업 이념을 잃어버리면 변곡점에서 혁신 원천이 사라진다. 일례로 전통 자동차 제조업체들이 재무 관리, 손익 관리, 경쟁우위에 매여 있으면 모빌리티 시대가 오고 있음을 보지 못한다. 사업보국, 수송보국, 제철보국 등 1세대 창업가의 창업 이념을 잊어버린 결과가 오늘날 대기업 위기의 본질이다. 즉, 기존 사업의 성장 변곡점에서 사업 진화를 이끌 비전을 가진 리더가 부재한 것이 한국 기업의 최대 위기다.

3세대 오너가 선대로부터 창업 이념을 물려받지 못하고 물리적인 기업만 물려받았다면 제2 창업 비전을 찾기란 쉽지 않다. 제2 창업의 원천은 혁신 기법에 있는 것이 아니라 창업 이념에 있다. 일례로 포스코는 제철보국의 창업 이념을 신산업 조류에 맞게 재해석해서 산업의 기초 소재인 철강에서 리튬, 양극재, 니켈 등 비철강으로 사업을 옮겨가고 있다. 그러나 이 역시 경쟁 사업에 한정되어 있다. 한진해운이 선대의 수송보국을 계승했다면 해상 운송의 출혈 경쟁에서 벗어나 물류 혁명의 리더로 거듭날 수 있었을 것이다. 오늘날과 같은 온라인 쇼핑 시대에 급팽창하는 택배 서비스는 벤처 기업이 아닌 한진해운이 선도했을 것이다.

기업의 씨앗인 창업 이념을 상실한 기업은 창발(創發)에 제한적이다. 기업 이념이 사업 창발의 원천이기 때문이다. 기업 승계의 핵심은 기업 자산이 아니라 선대의 창업 정신, 즉 이념 유산이다. 선대의 창업 이념이 가르치는 창업의 목적에 눈을 떠야 새로운 창업 기회가 보인다.

제2 창업은 전문 경영인이 아니라 창업 가문의 몫

오늘날 우리 기업들은 CEO와 오너 경영진 모두가 사업 진화 비전을 찾지 못해 위기의식과 혁신 담론만 되풀이하고 있다. 제2 창업을 책임질 주요 그룹 총수들의 메시지를 보자. "허리띠를 다시 졸라매자. 긴장의 끈을 놓지 않고 더욱 도전적인 하반기를 시작해 달라 (즉, 단기 성과에 집중해 달라)", "틀을 깨지 않으면 미래가 없다", "서든 데스(Sudden Death, 운동 경기에서 승부를 가리지 못해 연장전을 하는 경우 먼저 득점하는 팀이 승리하는 방식) 시대다. 고강도 개혁이 필요하다. 못 바꾸면 무너진다", "좀 더 많은 노력과 각고의 노력을 해달라", "조직 문화를 실리콘 벨리처럼 스타트업 문화로 바꾸자" 등 재벌 그룹 총수들은 연일 변화와 혁신을 강조하고 있다. 머리부터 발끝까지 혁신 또 혁신을 외치지만 공허하다. 끝없이 위기를 강조하지만 모두 식상한 구식 메시지다. 불조심성 총론과 구호성 멘트가 난무하는 말의 성찬에 불과하다. 제2 창업이 지연되는 이유는 그룹 총수가 '사업 진화 비전'을 내놓지 못하고 전문 경영인들이 경비 절감이나 구조조정에 매달려 있기 때문이다. 기업이 돈을 쌓아두고도 투자를 하지 못하고 있는 근본 원인이다.

한국식 재벌 경영 풍토에서는 엄밀히 말해 일급쟁이 사장들은 기존 사업의 경영 성과 극대화에 훈련된 경영자들이다. 20년, 40년 동안 한 분야에서 오래 쌓은 전문 경영인의 경력이 기술적 숙달 차원을 넘어 수준 높음으로 이어지지는 않는다는 뜻이다. 기존 사업이 성장 변곡점에 이를 때 어떻게 사업 진화를 시켜야 할지는 전문 경영인에게 주어진 숙제가 아니다. 이는 선대의 창업 이념을 물려받은 재벌 오너가의 2~3세에게 주어진 과제다. 선대가 창업한 사업을 2대가 성장시켜 이제 변곡점에 이르러 정체기를 맞게 된 이때에 제2 창업을 통해 새로운 성장곡선을 그려내는 일이다. 즉, 3대에게 주어진 사명은 기업을 재탄생시키는 일이다.

▍변곡점 함정을 극복할 새로운 비전 없이는 제2 창업 불가

성장 정체를 겪고 있는 우리 기업들이 인력을 줄이고 비용을 줄이는 과거식 구조조정으로 살아남을 수 있을까? 모두가 구조 개혁을 외치고 있지만 구체적인 체질 변화의 비전은 보이지 않고 위기와 비상 경영만 외치고 있어 골든 타임을 놓치고 있다. 4차 산업혁명은 곧 디지털 기술에 의해 촉발된 산업 대전환이다. 산업 변화의 변곡점은 기존 질서의 연속선상에 있는 경기 순환적 불황이 아니라 새로운 산업으로 재편되는 구조적 변화가 본질이다. 일시적 현상이면 임시방편 처방이 가능하지만 구조적인 문제는 오직 패러다임 혁신을 통해서만 해결이 가능하다.

모든 분야에서 새로운 사업 기회는 새로운 비전에서 열린다. 누가 먼저 넥스트 진화 비전을 찾는지가 승부를 가른다. 변곡점에서 뉴 패러다임 비전을 찾은 사례들을 보자. 자동차가 수송수단에서 이동하는 생활공간으로, 보험 회사가 의료와 바이오와 보험 등을 융합한 건강 산업, 즉 헬스 케어 산업으로, 실어 나르기만 하던 운송에서 항공과 철도와 도로 간의 연계 서비스로, 전기를 파는 회사에서 빅데이터를 활용한 에너지 컨설팅 회사로 진화하는 등 패러다임이 바뀌고 있다.

뉴욕도 1970년대에는 의류가 주력 산업이었지만 패러다임을 전환해 오늘날의 금융 산업으로 변모했다. 벌채와 조림 중심의 산림 경영도 산림의 소득화와 탄소 흡수원 최대화로 발전하고 있다. 화폐가 카드로 대체되더니 이제는 무현금과 무카드 시대로 옮겨가고 있다. 화폐와 카드라는 수단에서 결제라는 본질로 진화한 것이다. 은행은 수단이고 금융이 본질인 것과 같다.

이와 같이 변곡점 혁신은 곧 기존 혁신과는 차원이 다른 뉴 패러다임 혁신이다. 한계 상황에서 업의 본질을 찾아 새로운 순환을 시작하는 혁신이다. 스마트폰을 더 잘 만드는 것은 기존 사업 연장선 상의 기술 혁신이지만 스마트폰을 활용해 금융 서비스를 해주는 핀테크 사업을 펼친다면 이는 패러다임 전환이다. 사람들이 살아가는 방식을 바꾸는 것, 즉 미래에 우리의 삶을 바꾸는 그 무엇이 패러다임 혁신이다. 스티브 잡스는 음악을 소유하는 개념에서 콘텐츠에 대한 접근으로 패러다임을 전환했다. 고려대는 무시험 감독으로 신뢰를, 무상대 평가로 경쟁 대신 협력을, 무출석 확인으로 자율성을 보장하는 등 3무 혁신을 추진하고 있다. 학사 관리의 뉴 패러다임 혁신이다.

기업의 모든 기능조직에서도 뉴 패러다임을 찾아 진화할 때다. 예를 들면 연구 개발(이하 'R&D')팀은 신기술 개발에서 기술 활용으로, 관리팀은 성과 관리에서 미래 투자 기회 관리로, 영업팀은 장사에서 사업 변신을 위한 사업 기회 발굴로, 인사팀은 노사 관리에서 사람 성장으로, 혁신팀은 개선에서 변신으로, 제조팀은 내재화에서 글로벌 가치 사슬로 진화하는 것이다. 경쟁우위 게임도 진화해야 한다. 예컨대 삼성과 LG가 더 좋은 텔레비전을 만들기 위해 경쟁하는 것은 텔레비전 시장이 성장기에 있을 때 서로를 자극하는 기술 발전의 동력으로 작용하지만 시장이 포화된 성숙기에도 같은 게임을 계속한다면 출혈 경쟁에 빠지게 된다. 삼성과 LG가 서로 중복되는 미래 성장 동력인 OLED 사업과 배터리 R&D를 융합하고 협업하기로 한 것은 시대 변화에 부응한 융합 패러다임으로 전환하고 있다는 뜻이다.

일본의 잃어버린 20년은 구조 개혁이 지연된 결과다. 일본 기업이 구조 개혁을 지연한 이유는 성장기의 경기 호황과 불황의식에서 벗어나지 못했기 때문이다. 즉, 산업의 변곡점을 인식하지 못했고 불황기의 혁신에 매달린 결과다. 대표적으로 기존 산업의 기술 경쟁을 계속했다. 변곡점의 사업 진화 혁신을 깨닫는 데 20여 년이 소요되었다.

지금의 경제 위기는 구(舊)패러다임, 즉 사회 운영규칙이 시효를 다한 것에 기인한다. 패러다임의 변동기에는 기존 상식과 통념과 논리를 뛰어넘는, 경계와 한계와 벽을 뛰어넘는, 궤도를 바꿔 모두를 아우르는 융합적 대안을 찾아내야 한다. 기업의 리더들은 현재 위기의 성격이 산업 전 부문에 걸쳐 판이 바뀌는 변화에 직면해 있다는 것에 공감한다. 판을 바꾸는 변화는 바로 패러다임 전환을 의미한다. 낡은 혁신체제를 개혁하는 것이 곧 변곡점 혁신이고 이것이 바로 제2 창업 혁신이다.

뉴 패러다임의 비전은 시대 변화를 읽어내는 리더의 안목에서 나온다. 바이두 창업자 리옌훙 회장은 인터넷 발전단계가 'PC 인터넷→모바일 인터넷→AI 인터넷 시대'로 발전하고 있다고 주장한다. PC 인터넷 시대가 15년 동안 지속되었고, 이어 모바일 인터넷 시대는 4~5년 후 이미 성숙기에 진입해 더 이상 유니콘 기업이 나오지 않고 있다는 점과 자율주행, 동시통역, 사물인터넷, 빅데이터 등의 기술이 결합함으로써 AI 인터넷 시대가 열리고 있음을 간파하고 선제적으로 기업을 바꿔나가고 있는 것이다. 35조 원을 들여 영국의 반도체 설계 회사 ARM 인수를 성사시킨 손정의 회장은 "인류 역사상 가장 큰 패러다임 전환이 일어나고 있다"라고 하면서 "사물인터넷분야를 주도하겠다"라는 소프트 뱅크의 새로운 비전과 야망을 밝히고 있다.

기업은 1~2대에 걸친 성장단계에서 3대에 이르러서는 도약단계로 넘어간다. 도약은 오직 새로운 패러다임으로 새로운 궤도로 바꿔 탈 때만이 가능하다. 지금 이 시대는 리더의 자질이 가장 잘 드러나는 시기다. 고도 성장기의 기업 성장에 가려져 있던 리너들의 실력이 적나라하게 드러나는 시대라는 말이다. 사업 재편 비전을 제시하지 못하고 구식 메시지만 반복하는 리더는 사이비다. 기업이라는 사회 공기(公器)를 이끄는 기업인은 사회에 사업 비전을 소통해야 할 고유한 책무를 갖고 있다. 기업이 사업 재편에 성공하지 못해 부실화되면 직원은 일자리를 잃고 그 부작용은 고스란히 사회와 국가의 부담으로 전가되기 때문이다. 우리 사회가 2~3세 오너의 자격 검증을 요구하는 이유다. 우리 사회 어느 재벌 오너와 CEO가 새로운 사업 비전을 사회와 소통하고 있는가? 우리 사회에 사업 재편을 이끌 롤 모델이 될 리더는 누구인가?

정부의 과도한 규제가 혁신을 가로막는 면도 있지만 사업 진화의 비전을 찾지 못하는 기업 내부 요인이 제2 창업에 실패하는 가장 큰 요인이다. 기업이 돈을 쌓아두고도 투자를 하지 못하는 근본 원인이 비전 부재이기 때문이다. 기존 사업의 매출을 늘리려는 시도나 기존 사업의 경쟁력을 유지하려는 시도가 제2 창업 비전이 될 수는 없다. 양질의 사업 진화 비전만 내놓을 수 있다면 필요한 기술은 인수나 합병, 또는 협업으로 얼마든지 확보할 수 있는 시대다. 끊임없이 새로운 사업을 일으키는 현대판 문어발 기업인 구글, 아마존, 테슬라, 페이스북 등을 보라. 이제 기업 내부에 무슨 기술을 가지고 있느냐는 중요하지가 않다. 사회로부터 공감을 얻는 새로운 사업 비전만 나온다면 그에 필요한 기술과 인재, 자금은 전 세계로부터 몰려온다.

기존의 혁신 관성과 규제에 매여 시대 흐름에 역행

"국내 일부 그룹이 계열사 간 분산돼 있던 사업 역량을 통합하고 재분배하는 사업 조정을 추진하고 있다. 국내 기업을 글로벌 기업으로 키우기 위해 글로벌 경쟁력 강화에 나선 것이다. 이는 일시적으로 경쟁력 강화 효과는 있을지언정 사업 자체의 체질을 바꾸는 제2 창업이라고는 할 수 없다."

우리 기업들이 변곡점에서 제2 창업 및 사업 진화 혁신이 지지부진한 원인은 거함 유지에 급급해 매출 및 이익 목표에 올인하고 있다는 점, 경비 절감형 구조조정에 매여 생존 우선의 버티기 전략을 취하고 있다는 점, 성장기 관성인 기술 지상주의와 경쟁우위 사업모델의 함정에 빠져 있기 때문이다. 즉, 기술과 제조 중심의 사업 모델에 집착해 프리미엄, 기술 경쟁, 제품 혁신, 생산성 개선 중심의 프레임에서 벗어나지 못하고 있다. 진정한 구조 개혁은 사업의 고부가가치화, 즉 제품과 서비스의 가치를 높여 노후화, 사양화를 극복하는 사업 변신에 있다. 비용을 더 낮춰 이익을 확보하는 방식은 단기적이다. 후자에 머물러 있는 것이 불황형 흑자이며 이로 인해 실업률은 올라가고 양극화 및 소득 격차는 확대된다. 구조 혁신이 지연되면 구조조정으로 해고된 인력의 재고용도, 노동 환경의 유연화도 일어나지 않는다. 1등과 자사 경쟁우위에 집착하면 국내 기업과 협업해 새로운 가치를 창출할 수 있는 4차 산업혁명의 융·복합 기회도 놓칠 수 있다

글로벌 공급 과잉과 기술 평준화로 가치 사슬(밸류 체인)상 부가가치가 제조 생산에서 서비스 운용업으로 옮겨가고 있다. 이를 감지한 기업 총수들이 이구동성으로 사업구조, 사업방식을 다 바꾸라고 주문하지만 국내 기업의 투자 전략은 아직도 생산 시대에 머물러 있다. 제2 창업을 한다면서 설비 투자, 제조 투자에 매달리고 있다. 10년, 20년 후 신사업 비전은 보이지 않고 투자 70퍼센트가 아직도 기존 사업 관련 설비 투자에 들어가고 있는 것이다. 삼성의 반도체 설비 투자, 현대자동차의 친환경 스마트카, 핵심 부품 원천 기술 등 자체 기술 개발 투자가 대표적인 사례다.

글로벌 창업 붐 시대에 한국 대기업의 신사업 진출은 문어발 확장이라며 각종 규제로 견제받고 있다. 강성 노조 때문에 사업 구조조정에도 어려움을 겪고 있다. 대기업이 돈을 쌓아두고도 일자리를 창출하는 신규 사업을 찾지 못하고 인력 줄이기의 구조조정만 하고 있으니 반기업 정서가 확대된다. 자본주의는 자본을 가진 자가 투

자해서 고용을 일으키는 구조가 아닌가. 기업이 투자를 하지 않고 이익을 쌓아두는 것은 사회적 책임을 다하지 못하고 있다는 반증이기도 하다. 기업들은 반기업 정서를 의식해 주식 소각, 배당금 확대 등 주주 친화정책을 잇달아 내놓고 있다. 연구 개발에 투자하는 대신 구조조정에 나서는 기업, 내일을 희생해 오늘을 살아가는 근시안적 행태 등 모두 성장기에 신성시되던 효율성 이데올로기가 가져온 부작용이다.

어떻게 제2 창업을 이룰 것인가?

녹십자는 필수의약품 국산화의 사업 이념으로 출발했다. 창업 50년을 맞아 새 비전을 글로벌 건강 산업 리더로 정하고 신약 개발에 뛰어들었다. 보령제약의 전신인 보령약품은 60년 전 종로 5가에 약국을 열고 한국 최초로 약국 진열대를 설치해 박리다매 전략을 취했다. 더 많은 사람에게 의약품 혜택을 주겠다는 사업 이념으로 출발해 연 매출 8,000억 원, 8개 계열사를 거느린 보령제약그룹으로 성장했다. 이제 창업 60년차를 맞이한 보령제약은 창립 100년을 내다보며 글로벌 라이프 타임 케어 기업으로의 도약을 새로운 비전으로 설정하고 의약, 컨슈머, 디지털 중심으로 사업 다각화를 추진하겠다고 밝혔다.

한샘은 7평짜리 공장에서 부엌 가구를 만드는 목공소로 출발했다. 당시 '1조 원 기업을 바라본다'라는 성장 비전을 세웠고 2015년 기준으로 1조 7,000억 원 매출을 달성했다. 지금은 '좋은 주거공간 제공, 주(宙)에 관한 모든 걸 혁신하는 기업이 되는 것'을 새로운 비전으로 제시하고 있다. 이들 기업들이 과연 제2 창업에 성공해 2차 도약을 이뤄낼 것인가? 어떤 기준으로 이들의 제2 창업 혁신을 평가할 것인가?

▮제2 창업은 무엇을 목표로 하는가?

제2 창업은 기업 자체와 기존 사업 모두를 한 단계 업그레이드시키는 진화 혁신이다. 환경 변화에 맞게 사업 내용도 진화시키고 사업 모델 또한 새로운 가치를 수익화할 수 있는 형태로 진화시킨다. 일례로 전통적인 제조 기업으로 항공기 엔진을 제조하는 GE가 서비스 기업으로 진화하고 있다. 포스코는 기술 판매를 위한 교육 컨설팅 서비스업 진출을 선언했다. 모두 제조, 판매 모델에서 서비스 운용업, 플랫폼 모델로 진화하고 있는 것이다.

우리나라 1차 창업 세대가 사업보국, 제철보국, 수송보국 등 모두 창업 이념으로 '보국'을 내세운 것은 기업을 키워서 국가에 이바지하겠다는 의지를 반영한 것이다. 기업은 성장기에는 매출과 이익 성장에 매진하지만 성숙기에 이르면 성장할 수 있도록 발판을 마련해준 지역 사회에 공헌하는 사회적 책임을 실천함으로써 사회에 보답한다. 보국하는 기업이 국민 기업이고 사회적 기업이다. 기업은 제2 창업을 통해 의무를 실행하는 2막을 열고 2차 도약을 이룬다. 의무를 다하지 못하면 도태된다. 지속 가능한 기업의 원천이 바로 여기에 있다. 반기업 정서는 국민 기업으로 진화하지 못한 책임을 국민이 기업에 묻는 것이다. 결국 제2 창업은 플랫폼, 디지털화 같은 사업 모델 혁신 차원을 넘어 기업 운영 패러다임 자체를 사회적 기업으로 재탄생시키는 일이다.

소규모 개방 경제인 한국의 내수 기업들은 2차 도약을 위해서라면 글로벌 진출이 숙명이다. 국내에서 성장해 우물 안 개구리 신세가 되어 정체된 내수 시장을 두고 출혈 경쟁을 벌이고 있는 국내 기업이 살 길은 오직 해외로 나가는 것밖에 없다. 그러나 글로벌 시장은 보호 무역이 강화되는 가운데 과거와는 다른 교역 패러다임을 요구하고 있다. 글로벌 저성장을 극복하기 위한 신흥 시장의 잠재 수요 개발, 보호 무역을 극복하기 위한 상대국과의 원원형 교역 패러다임으로의 진화가 한국 기업에 필수 불가결한 제2 창업의 목표다.

▮새로운 아이템과 기술이 아니라 본업을 잘 운용해 새로운 가치를 창출

제2 창업 혁신이 기존 산업을 버리고 신산업에 과감하게 진출하는 도전으로 보는 시각은 옳지 않다. 주력 사업이 사양화, 노후화되었다고 해서 지난 30여 년간 축적해온 경쟁력을 버리고 전혀 기반이 없는 새로운 사업에 뛰어드는 것은 무모하다. 도시바가 원전 사업에 뛰어든 결과, 어떻게 되었는가?

지금까지 키워온 핵심 경쟁력은 무엇인지, 이를 활용해 무엇을 할 수 있는지, 다른 기술과 융합해 무슨 가치를 만들 수 있는지, 우리 회사 제품과 서비스의 본질적 가치는 무엇인지 등을 새롭게 정리해 신가치를 만들어 내는 것이 제2 창업의 사업 진화다.

따라서 제2 창업 비전은 '어떤 기술이 미래에 유망할까?'에서 찾는 것이 아니라 '자사가 갖고 있는 기술로 어떤 문제를 해결할 수 있을까?'에서 찾는다. 기술보다 사회 문제를 읽어내는 문제의식이 더 중요하다. 결론적으로 제2 창업은 새로운 기술과 아이템에 있지 않고 기존 사업을 어떻게 재창조하느냐가 핵심이며 이를 위해 사업 재편 비전이 최우선이다. 사업 재편에 대한 방향과 목표가 있어야 필요한 기술, 인재, 자금을 확보해 나갈 수 있기 때문이다.

창업 이념의 실천, 시대 변화를 반영한 창업 이념 재해석

먼저 창업 이념을 오늘날에 맞게 재해석함으로써 혁신 기회를 발굴한다. 사업보국, 제철보국, 수송보국의 창업 이념을 이 시대의 사회 필요에 맞게 어떻게 되살릴 것인가? 돈을 벌려고 벌이는 사업이 아니라 사회가 필요로 하는 사업을 펼치는 기업으로 진화한다. 사업이 사회적 공감을 얻으면 돈은 저절로 따라온다. 굶주리고 헐벗은 국민을 먹이고 입히겠다는 이병철 회장의 사업보국을 글로벌 기업으로 성장한 삼성이 어떻게 되살릴 수 있을까? 사업보국의 정신을 지구촌으로 확장시킨다면 모든 신흥국과 극빈국을 대상으로 '지구촌 사업보국'을 제2 창업 비전으로 내세울 수도 있다. CJ는 제일제당의 식품 사업 경험을 활용한 한류 세계화를 제2 창업 비전으로 내걸고 라이프 스타일과 문화 콘텐츠 기업으로 변신했다. 신세계는 스타필드 하남 등 새로운 유통 문화를 비전으로 제시하면서 사회와의 소통에 적극 나서고 있다. 마크 저커버그 페이스북 CEO는 SNS(소셜 네트워크 서비스) 사업을 창업하면서 지구촌의 가족과 친구들을 연결하는 '연결된 세상'을 페이스북의 역할이자 창업 비전으로 제시했다. 2017년에는 자신들이 구축한 플랫폼을 활용해 전 세계를 하나로 묶는 사회적 인프라스트럭처를 구축하겠다(Building Global Community)는 새로운 비전을 제2 창업 이념으로 제시했나. SNS의 사회적 책임을 강조한 것이다.

창업 이념의 시공간적 재해석이 기업 진화 혁신의 원천이다. 2000년 교육 기업 메가스터디는 'The Knowledge Partner for a Better Future(더 나은 미래를 위한 지식 파트너)'를 창업 이념으로 내세웠다. 고객에게 더 나은 미래를 위해 필요한 지식을 제공하는 지식 파트너를 궁극의 목표로 정했다. 그러나 시대가 변해 더 나은 미래를 위해 필요한 지식이 바뀌었다. 이제 한 개인의 미래는 어떤 지식을 쌓았는지가 아니라 어떤 가치를 창출하는지에 따라 결정된다고 보고 '가치 파트너'로 사업 이념을 재정립해 노량진에 있는 공시족(공무원 시험 준비생)을 위해 노량진을 '생애 가치의 공간'으로 바꾸겠다는 이념을 제시했다. 사업 이념의 진화이자 애초에 가졌던 창업 이념의 실천 사례다.

업의 특성이 반영된 사회 공헌에서 제2 창업 비전을 찾는다

기업에 대한 사회적 기대감이 커지면서 기업 대부분은 사회 공헌 활동을 늘리고 있다. 국내 모 그룹은 "기업은 물건 잘 만들고 마케팅 잘해서 많이 팔면 된다. 사회 공헌이 필요하면 돈으로 기부하면 되지, 굳이 기업이 나서서 사회 공헌 활동을 하거나 문화 사업을 할 필요는 없다"면서 외부 단체가 아이디어를 제시하면 이를 심사해 후원하는 형식으로 사회 공헌을 위탁하기로 했다고 한다. 일견 실용주의적 사고라 보이겠지만 기업이 사회 공헌을 바라보는 시각의 한계다.

성장기 때의 기업은 새로운 사업 기회를 찾아내기가 쉽지 않다. 임직원 모두가 성과 극대화를 위한 단기 현안에 집중하기 때문이다. 그러다 기존 사업이 성장 변곡점에 이르면 내부에서 2차 도약 기회를 발견하기가 어려운 배경이다. 기업 활동 중 유일하게 임직원이 사회 문제를 파악할 수 있는 기회가 사회 공헌 활동이다.

CSR(Corporate Social Responsibility, 기업의 사회적 책임) 활동은 기업 이익을 사회로 환원시키는 방법을 진화시켜왔다. '사회 공헌 1.0'은 단순한 기부 행위나 임직원의 노력 봉사단계라 할 수 있다. 고아원 방문, 달동네 연탄 배달 등이 해당된다. '사회 공헌 2.0'은 회사별로 업의 특성을 반영해 차별화를 시도하는 단계다. 삼성전자가 전자업의 기술을 활용해 오지에 스마트 스쿨을 제공하는 것이 일례다. 그렇다면 '사회 공헌 3.0'의 뉴 패러다임은 무엇이어야 할까?

필자는 사업과 사회 공헌 활동이 하나가 되는 단계라고 본다. 유니레버는 2009년 CSR 전담부서를 해체했다. 환경이나 빈곤 문제를 CSR로 분리해 사업과 별개로 운영하는 것에 반대 입장을 표명하고 있다. 사회 문제 해결은 일개 부서의 업무가 아니라 유니레버의 모든 직원과 모든 사업부가 추구할 공동의 목표라고 믿기 때문이다. 창업 이념을 실천하는 사업 비전이 곧 사회 공헌이 되는 단계다. 즉, 사회 공헌의 진화가 사회 사업이다. 기업 존재의 본질은 사회 공헌이기 때문이다. 사회 공헌과 사회적 기업이 성숙기의 기업 본질인데 개념 진화를 하지 못하니 사업 기회가 보이지 않는 것이다. 오늘날 많은 대기업이 제2 창업 비전을 내놓지 못하고 있는 이유다. 사회 사업 기회와 비전을 찾아내는 안목이 진정한 사업가정신이다. 사회 공헌은 기업 이익을 사회에 환원하는 일이다. 문제는 '어떻게 환원하느냐?'라는 방법론이다. 사회 환원, 즉 사회 공헌 활동을 사업 차원으로 진화 및 발전시킨 기업이 진정한 사회적 기업이다.

사회 공헌 활동은 제2 창업 비전의 보고(寶庫)다. 삼성은 1995년 국내 기업 최초로 삼성전자사회봉사단을 창단하고 사회 문제 해결에 나섰다. 사회 문제 해결을 위한 프로젝트를 다양하게 발굴하고 있지만 사업으로 진화 및 발전시키지는 못하고 있다. 일례로 휠체어 사용자의 승강기 안전사고 예방을 위해 고안한 볼록 거울 프로젝트는 전국 지하철 63개, 승강기 121개에 부착됐고, 루게릭병 환자의 의사 표현을 돕는 달력형 의사소통판은 현재 루게릭병 환자 가족 70가구 이상이 사용하고 있다. 달력형 의사 소통판은 스마트

AAC(Advanced Audio Coding, 고급 오디오 부호화)로 발전되어 의사소통에 장애가 있는 사람들에게 보급이 진행 중이다.

이런 사례는 해외에도 많다. 전기와 인터넷 연결이 되지 않는 아프리카 오지에 이동식 태양광 학교를 보급하고 태블릿, 텔레비전 등 멀티미디어 기기를 활용한 디지털 교육 사업을 추진해 여러 국가로부터 B2G(Business to Government, 기업과 정부 간의 상거래) 기회를 얻기도 했다. 그런데도 이러한 사회 공헌 활동 중에서 실제 수익 사업화가 된 사례는 많지 않다. 사업성이 없어서일까? 그렇지 않다. 사회 공헌은 공익사업이고 비영리여야 한다는 고정관념에 사로잡혀 연구 개발로 이어지지 않아 질과 격을 갖춘 사업 기회로 발전시키지 못할 뿐이다. 단, 사회 문제를 해결한다고 모두 사회 사업 후보가 될 수는 없다. 앞에서 말한 승강기 안전사고 예방처럼 정부가 복지 차원에서 국민 세금으로 할 수 있는 사업과는 구분할 필요가 있다.

기업은 정부가 할 수 없는 분야에서 자사의 주특기를 활용해 해결책을 제시하는 사회 공헌 사업을 펼칠 때 더욱 빛난다. 기업의 사회 공헌이 물질적인 헌금이나 노력 봉사에 그치지 않고 사회 문제를 연구하고 해결책을 찾는 연구 중심의 활동을 전개하면 개별 기업마다 차별화되고 질 높은 사업 기회로 발전시킬 수 있다. 기업의 사회 공헌 활동은 사회적 기업으로 진화하기 위한 제2 창업의 첫걸음이다. 자사의 업의 특성을 살린 사회 공헌 사업이 바로 미래 사업이 될 수 있기 때문이다.

모든 기업은 사기업에서 공익 기업으로 진화한다. 사회 공헌은 공익 기업, 곧 사회적 기업으로 진화하기 위한 연습 활동이다. 사회 공헌은 사회 현안을 해결하는 일이고, 이는 사회적 기업의 역할이다. 임직원은 사회 공헌 활동을 통해 담당 업무를 떠나 사회 속으로 들어가 사회를 연구할 기회를 얻는다. 자사의 사업과 기술이 사회 속에서 가지는 의미가 무엇인지를 객관적으로 바라볼 수 있는 기회다. 이 지점에서 새로운 사업 기회가 보이기 시작한다. 모든 공익 사업의 경우 사회적 명분은 물론 수익 사업으로서이 잠재력도 내포하고 있다. 사회 공헌 사업은 수익을 창출할 수 있는 사업 모델로 발전시킬 때 수혜 범위도 확대할 수 있고 사업 또한 지속 가능하다. 일례로 김희중 대주교는 우리나라 대기업들이 어촌을 위한 양식업장 오염 문제 해결, 농산물 가격 안정 차원의 2차 상품화방안을 농민들을 위해 연구해줄 것을 필자에게 요청한 바 있다. 이들 과제들은 모두 글로벌 시장에서 사업화할 수 있는 분야다.

도요타는 클라우드를 기반으로 하는 농업 IT 관리 솔루션으로 풍작 계획이라는 농업 벤처 시범 사업을 운영하고 있다. 농민들을 위한 사회 사업이다.

사회적 대타협 비전을 담은 제2 창업

롯데그룹은 창립 50주년을 맞아 향후 50년 동안의 뉴 롯데 비전으로 'Lifetime Value Creator'를 선언했다. 성장 방향도 매출과 순위 목표를 제시하지 않으며 양적 성장에서 질적 성장으로 전환하겠다고 밝혔다. 돈이 되는 사업이라고 무조건 뛰어들지 않고 사회적 가치에 부합하는 성장을 하겠다는 포부다. 영업 이익 수치로만 CEO를 평가하지 않고 사회적 가치를 얼마나 창출했는지도 같이 평가하겠다고 한다. 협력사나 지역 사회와의 동반 성장도 약속했다.

SK그룹도 경제적 가치와 더불어 사회적 가치를 CEO 평가에 반영하겠다고 한다. 재벌 대기업들이 구체적인 성장 목표를 숫자로 제시하던 과거와 달라진 이유는 무엇인가? 기존 기업들의 비전과 확연하게 차별화되는 이유는 무엇인가? 저성장으로 더 이상 외형 성장을 담보할 수 없기 때문일까?

이 시대의 제2 창업은 반기업 정서를 해소할 수 있는 사회적 대타협 비전을 담고 있어야 한다. 제2 창업을 통해 시대가 요구하는 사회적 책임을 다하는 기업만이 국민 신뢰를 회복하고 진정한 국민 기업으로의 2차 도약이 가능하기 때문이다.

▌정치권의 재벌 개혁과 기업의 제2 창업 과제의 시대적 절대성

삼성이 법적 승소를 한다고 삼성 사태는 해결되는가? 정치권이 삼성 총수를 단죄했다고 재벌 개혁이 완성되는가?

뿌리인 반재벌 정서가 해소되지 않는 한, 양측 모두에게 성공은 없다. 반기업 정서를 해소하려고 재벌도 고민하고 정치권도 재벌 개혁 카드를 꺼내 들었지만 효과는 불투명하다. 국민이 키워온 대기업은 우리 모두의 자산인데 어느 누가 대기업을 사회악으로 몰아갈 것인가? 또한 한국 재벌 중에서 어느 누가 혼자 힘으로 오늘의 대기업을 키웠다고 할 수 있는가?

대기업은 국민에게 빚을 갚을 의무가 있고 국가는 대기업을 국민 자산으로 활용할 수 있어야 한다. 이권을 쫓는 정경유착이 아니라 국민을 살리는 정경협업이 필요한 시대다. 재벌 총수가 대기업 성장 배경을 올바르게 이해하고 반기업 정서의 본질을 알고 나면 대기업이 재벌 오너 개인의 소유가 아니라 국가 자산이고, 정치권도 대기업이 견제 대상이 아니라 국가 경제를 위한 활용 대상임을 이해할 수 있다. 정치권과 재벌 간 사회적 대타협을 만들어 내기 위한 접점이다.

우리 사회 일부는 정치권이 반기업 정서에 편승해 표를 얻고자 재벌 때리기에 나선다고 비난한다. 또 한편에서는 정경유착, 계열사 간 일감 몰아주기, 납품업체 단가 후려치기 등 재벌을 사회악의 주범으로 지목하고 있다.

우리 경제가 재도약하기 위해서는 재벌 개혁이 최우선 과제임은 분명하지만 일부 정치인이 외치는 재벌 개혁의 방향은 본질에서 크게 벗어나 있다. 경제민주화나 재벌 규제, 총수 벌주기로는 결코 재벌 개혁에 성공할 수 없다.

재벌 개혁의 본질은 지배구조, 경영의 투명성 등 외형에 있지 않다. 재벌이 국민 경제에 어떻게 기여할지가 핵심이다. 재벌 기업 중심의 경제구조를 바꾸자는 것으로만 재벌 개혁을 몰아가면 자칫 견제로만 흐를 수 있다.

정치권은 재벌 개혁을 추진하면서 재벌의 권한과 책임을 일치시키는 것을 1차 목표라고 한다. 과연 국민 기대에 부응하는 목표인가? 재벌 개혁을 추진하는 정치권도 한국 경제의 소중한 자산이 재벌의 생산력이라고 강조하면서도 재벌 활용방안은 선뜻 제시하지 못하고 있다. 자칫 국민 정서에 반할 수 있고 국민을 설득할 만한 자신 있는 비전이 없기 때문이다.

재벌 개혁의 본질은 재벌 단죄가 아니다. 국가 경제에 재벌 대기업이 주도적 역할을 하게 함으로써 2차 도약의 토대를 만드는 것이 재벌 개혁의 완성이다. 정치권은 규제 개혁을 통해 기업의 제2 창업을 유도해주고 기업은 제2 창업을 통해 반기업 정서의 뿌리인 양극화를 해결하는 데 앞장서 신뢰를 회복하고 국민 기업으로 재탄생하는 것이다. 반기업 정서를 해소하려면 정치권이 국민과 재벌 사이에서 사회적 대타협 비전을 제시하고 적극적인 넛지 역할에 나서야 한다.

[정치권, 재벌 개혁은 양극화 해소를 위한 시대적 과제]

양극화 해소를 위해 정부가 시장 개입을 강화하고 있다. 정부 개입을 최소화하고 경제적 자유를 확대하는 것이 시장을 활성화시키는 방향이지만 기업이 본연의 사회적 책무를 다하지 못하고 있으니 이를 자초한 측면도 있다. 당초 기업이 일자리 문제나 중소기업 살리기와 같은 사회 문제 해결에 적극적으로 앞장섰더라면 정부가 나설 명분이 없었을 것이다.

정치권이 추진 중인 대주주의 영향을 축소하기 위한 상법 개정안, 오너 지배를 제한하는 공정거래법 등 소위 경제민주화 관련 법안들은 우리 기업이 성장기에 잉태한 모순을 해결하고, 좀 더 성숙해지기 위한 불가피한 선택이라고 본다. 다만 이러한 법안들이 우리 기업이 글로벌 기업으로 성장하는데 충분조건이 될 수는 없다. FTA로 경제 영토가 세계로 확장된 오늘날은 내수 시장에서의 경제 정의도 중요하지만 글로벌 시장에서 우리 기업이 경쟁력을 확보할 수 있는 기업 환경을 제공하고 있느냐가 더욱 중요하다. '국가 단위의 기업 완성 경쟁력' 관점에서 규제정책을 추진해야 한다는 뜻이다.

규제에 발목 잡힌 국내 기업은 해외 시장에서도 힘든 싸움을 해야 한다. 기업 성장이 위축된 경제는 저성장과 양극화를 피할 길이 없다. 대기업을 견제하려는 규제정책을 철폐하고 중소기업 지원제도를 성장 중심의 기업 지원정책으로 전환시켜야 하는 이유다. 국가 대표 기업들을 위축시키지 않으면서 재벌 개혁을 할 수 있는 방법은 무엇인가? 대기업과 중소기업이 성장 기회를 함께 발굴하는 파트너십을 국가 차원에서 결성할 수 있다면 진정한 동반 성장의 길을 열 수 있을 것이다.

[주력 산업의 성장 변곡점 도래로 기업은 제2 창업 없이는 생존 불가능]
주력 사업 변곡점에서 힘겨운 버티기를 하고 있는 한국 기업에 제2 창업이 시급하다. 하지만 반기업 정서와 규제로 위축된 기업들은 제2 창업에 나서지 못하고 있다. 재벌 대기업이 일자리 창출과

신산업을 일으키지 못하니 대기업 곳간에 쌓인 이익금을 분배하자는 목소리가 커지고 있다. 기아차 노조는 통상 임금 소송으로 그동안 회사를 위해 일한 노동자들에게 이익금을 돌려주라고 요구하고 있다. 삼성전자는 자사주 매입 및 소각, 배당 등 수십조 원에 이르는 주주 환원 계획을 발표했다.

대기업이 보유한 현금은 우리 국민이 먹고 살아가야 할 신산업을 일으킬 미래 투자 자산이다. 곳간을 털어 분배하자는 것은 종자 씨앗을 나눠 먹고 끝내자는 것이나 다름없다. 대기업이 벌어들인 이익금을 활용하여 제때 제2 창업에 나서고 중소기업이 함께 성장할 수 있는 신산업 생태계의 방향을 잡으면서 새로운 일자리를 만들고 양극화 해소에 기여했더라면 곳간을 풀자는 여론이나 포퓰리즘은 일어나지 않았을 것이다.

[양측 과제 목표를 일치시키는 비전, 국가 경제 재도약과 제2 창업 연계]
촛불 여론으로 탄생한 현 정권에 있어 여론을 의식한 재벌 개혁은 피할 수 없는 과제가 되었다. 또한 주력 산업이 성장 변곡점에 이른 재벌 대기업에게 있어 제2 창업은 2차 도약을 위해 가장 시급한 절대적 과제다.

두 과제를 동시에 풀어낼 비전을 찾을 수만 있다면 양측이 대립을 넘어 협업으로 갈 수 있다. 정치권과 재벌이 대타협을 이뤄 내려면 양쪽 모두가 명분을 얻을 대타협과 빅딜의 비전이 있어야 한다. '규제공화국 대 재벌공화국'의 대립구조를 해소시킬 새로운 국가 비전이 필요하다.

우리 경제가 1인당 국민 소득 3만 달러 시대에 머물지 않고 계속 성장하려면, 그리고 4차 산업혁명 시대에 뒤처지지 않으려면 정치권은 규제를 과감히 없애고 기업은 신산업과 새로운 시장 개척에 적극 나서야 한다. 이를 위해 규제의 뿌리인 반기업 정서를 해소할 기업과 정치권의 사회적 대타협 비전은 더욱 절실한 것이다. 사회적 대타협은 선진국 진입을 위해 꼭 필요한 사회적 자본을 확충하는 과정이기도 하다. 우리 사회에서 '사회적 대타협'이라고 하면 강성 노조와 대기업 경영진 간의 대타협을 우선적으로 떠올리는데, 사실 더 시급한 사회적 대타협 프레임은 최대 사회 문제인 양극화를 해소할 양극 간 대타협이다.

양극화의 양극은 재벌 대기업과 중소기업이다. 절대 다수 국민이 생계를 의존하는 중소기업의 어려움이 곧 국민 여론을 대변한다고 해도 과언이 아니다. 따라서 중소기업과 재벌기업 간의 타협이 우선이다. 이는 국민 여론을 대변하는 정치권과 재벌 대기업 간의 타협이다. 노사 간 타협도 그 속에서 해결될 수 있다. 대타협은 양측이 공유할 수 있는 대타협 비전이 있어야 가능하다. 이는 중소기업과 재벌 대기업이 함께 추구할 수 있는 동반 성장의 비전이어야 한다.

▌국민 모두가 승자가 되는 재벌 개혁, 한국판 뉴딜

[압축 성장의 빛과 그림자, 재벌의 빛으로 이 사회의 그림자를 지운다]

재벌 대기업이 국부를 만들어 온 1등 공신임은 부인할 수 없다.

재벌 대기업이 한국 경제 개발에 주도적 역할과 기여를 할 수 있었던 배경에는 국가적, 국민적 지원도 부인할 수 없다. 짧은 시간에 글로벌 대기업을 대표 선수로 키워낸 빛의 이면에는 재벌 대기업이 우리 사회에 드리운 그림자 또한 깊다. 중소기업 문제는 우리 사회의 대표적인 그림자다. 그림자를 걷어 내고 밝은 빛을 우리 사회에 골고루 퍼지게 하는 데는 역시 대표 선수의 빛을 활용할 수밖에 없다. 재벌로 잉태된 사회 문제는 재벌을 활용해 푸는 것이 가장 효율적이기 때문이다.

지금과 같은 규제와 분배 중심의 양극화 해소 노력만으로 과연 한국 경제의 재도약이 가능할까? 양극화 해소는 필요조건은 될 수 있어도 재도약을 위한 충분조건은 될 수 없다. 양극화를 해소하기 위해서는 중소기업이 성장 기회를 다시 얻어야 하며 이는 국가 경제 재도약 과제로 직결된다. 양극화를 해소하면서 경제 재도약도 이룰 수 있는 길은 무엇인가?

[양극화 해소와 재벌 개혁 완성의 길]

국가 경제 재도약을 위해 온 국민이 함께 뛰어야 할 시기인데 정작 경제의 주축인 재벌 그룹들이 반기업 정서로 손발이 묶여 있다. 규제프리존특별법 등 규제 개혁이 대기업 봐주기나 대기업 지원용 정책으로 여겨지는 까닭은 무엇인가?

기업이 여론의 지지를 얻지 못하고 견제를 받게 되면 신사업을 벌일 수 없다. 글로벌 신사업을 펼칠 수 있는 역량을 가장 많이 가진 재벌을 묶으면 국가 발전 기회도 놓치는 것이다. 이는 국민의 피해로 돌아간다. 이러한 상황을 극복하려면 재벌과 정치권이 함께 나서야 한다. 재벌은 제2 창업 비전으로 사회 현안 해결에 앞장서고, 정치권은 국민들에게 재벌의 역할을 이해시켜야 한다. 반기업 정서가 심하면 규제 완화를 포함한 기업 경쟁력 강화 방안에 대한 국민 동의를 받기가 쉽지 않다.

2018년 초에 울산과 거제의 주력 산업 뿌리 격인 주물 산업 등 3D 업체가 대기업에 납품 단가 인상을 요구하며 단체 행동에 나섰다. 최저 임금 인상과 전기료 인상으로 생사의 기로에 서있기 때문이다. 대기업도 물량이 줄어서 영업 이익이 떨어지고 있는 상황이라 납품업체의 요구를 들어줄 수 있는 상황이 아니다. 양쪽 모두 어려움에 처해 있다. 어떻게 해결할 것인가?

대기업은 각 산업의 선도 기업이다. 선도 기업이 어려우면 그 피해는 고스란히 납품업체로 옮겨간다. 대기업이 나서서 무언가 해줄 것을 중소기업이 기대하는 것은 당연하다. 대기업이 우리 사회 난제를 해결해야 한다는 국민적 기대를 한 몸에 받는 이유다.

이 시대 최고 난제는 중소기업과 청년 일자리다. 반면 재벌 2~3세들은 기업가정신이 쇠퇴했을 뿐만 아니라 사회적 책임에도 무감각해지고 갑질만 일삼는 존재로 비난받고 있다. 일자리를 늘리려면 무엇이 필요한가? 자본을 가진 대기업이 신산업 창업에 나서야 한다. 하지만 기업들은 인건비 경쟁력, 노동 시장 경직성 등 국내에서는 투자 대비 적정 수익률을 보장받을 수 없기 때문에 창업에 소극적이다. 재벌 대기업에 사회적 책무를 다하라면서 윽박지른다고 투자와 고용이 늘어나거나 경제가 살아난다는 보장도 없다. 재벌 기업이 제2 창업에 나설 수 있도록 정치권이 어떻게 넛지 역할을 할 것인지가 관건이다.

[대기업과 중소기업의 동반 성장 기회를 개발하는 제2 창업 비전]

우리 사회가 반기업 정서로부터 해방되기 위해서는 30대 그룹을 대표하는 재벌과 중소기업, 곧 국민을 대표하는 정치권이 사회적 대타협을 이뤄야 한다. 반기업 정서를 원천적으로 해결하려면 뿌리인 양극화를 해소해야 한다. 국민에게 성장 기회, 즉 소득 증대를 가져오는 일자리를 제공하는 길 뿐이다. 대기업이 중소기업에 시혜를 베풀라는 말이 아니다. 중소기업이 내수 시장에 갇혀 죽어가고 있으니 다시 성장할 수 있는 기회를 찾는 플랫폼 역할을 하라는 것이다. 이는 온 국민이 글로벌 기업을 키워낸 목적이기도 하다.

일례로 대기업이 글로벌 브랜드와 네트워크, 자금력, 인력을 활용해 중소기업의 글로벌화를 이루고 함께 성장 기회를 개발하는 동반 성장을 제2 창업 비전으로 제시할 수 있다. 내수 시장 한계를 벗어나 신흥 개도국으로 동반 진출할 수 있다면 중소기업은 크게 환영할 것이다. 정부는 대기업이 중소기업을 이끌고 해외로 나가서 한국 기업 전용 맞춤형 산업단지와 같은 범국가적 융합 사업에 나서도록 적극 유도한다. 이는 팀 코리아의 글로벌 진출 플랫폼 사업이자 한국판 뉴딜이다. 중소기업은 기존 업종과 기술로도 성장 시장을 얻고, 대기업은 중소기업 업종을 융합해 현지의 인프라 사업과 자원 개발 사업 등으로 주력 사업 경쟁력을 회복할 수 있다.

30대 그룹마다 다른 강점과 협력업체를 갖고 있다. 현지 국가마다 필요한 것이 다르니 내수 시장에서 과잉 경쟁을 벌이고 있는 대기업들이 밖으로 나가면 경쟁이 아니라 서로 보완이 된다. 이를 프로젝트화시킨 구상이 산업한류다. 산업한류 프로젝트는 재벌 대기업이 어떻게 중소기업의 해외 진출을 돕는 플랫폼 역할을 할 수 있는지를 구체적으로 제시한다(필자가 쓴《산업한류 혁명》 참조).

공정 경제를 통해 부(富)가 대기업에서 중소기업으로 흘러내리는 선순환구조를 만든다는 발상은 현실성이 있는가? "대기업이 수명을 다했다. 중견기업이 희망이다. 벤처를 키워야 한다", "제조업 아닌 서비스업을 키워야 한다"는 목소리가 크다. 한편 "대기업이 망하면 협력업체, 근로자 실직, 금융기관 부실화, 지역 경제 파탄 등이 우려되니 정부가 지원할 수밖에 없었던 과거식 대마불사의 악순환을 깨자. 수명을 다한 대기업에 대한 구조조정 금융 지원을 버리고 중소기업과 벤처에 투자하자"라는 주장도 대세다. 하지만 한국 경제의 해법은 역설적으로 대기업과 주력 산업과 제조업을 자산으로 잘 활용하는 데 있다. 한국 경제를 선도하는 간판 대기업의 몰락은 한국 경제에 치명적이다. 도·소매, 운송 물류, 부동산 중개업 등 우리나라 저부가 서비스업은 오히려 제조업보다 생산성이 80퍼센트 수준으로 낮다. 임시직이 번성하는 이유다. 대기업과 중소기업 관련해서는 둘 중 하나를 선택하는 문제가 아니라 서로 협업해 상생하는 기회를 개발하는 것이 답이다.

지금이야말로 새로운 패러다임의 낙수 효과가 나타나야 할 때다. 주력 산업 변곡점의 '낙수 효과 2.0'은 재벌 대기업이 보유한 유보금을 제2 창업에 써 국가 신산업을 조성할 때 일어난다. 재벌 대기업이 쌓아둔 유보 이익을 활용해 제2 창업에 적극 나서 일자리를 창출하고 새로운 산업 생태계를 만들어 중소기업이 다시 성장할 수 있는 기회를 만들 때 생겨난다. 즉, 낙수 효과 2.0은 재벌 기업의 제2 창업이다.

4차 산업혁명 시대에는 모든 것을 자체적으로 개발하기보다 외부의 기술과 자원을 잘 활용하는 것이 유리하다. 오늘날 4차 산업혁명에서 앞서가는 많은 IT 기업들이 M&A를 적극적으로 추진하는 배경이다. 한국도 글로벌 시장에서 4차 산업혁명에 앞서서 가려면 현대차, 삼성, SK, LG와 같은 자금력을 갖춘 대기업이 M&A로 신기술을 선점하는 것이 가장 효과적이다. 4차 산업혁명은 일부 인사가 주장하듯 몸집 가벼운 중소기업에 유리한 것이 아니라 자금력과 글로벌 경쟁우위의 기존 사업을 갖춘 대기업들의 격전장이다. 구글이 네스트를 사면 더 이상 단순한 스타트업이 만든 기기가 아닌 것이 된다. 국가별 글로벌 대기업을 얼마나 레버리지로 활용하느냐가 4차 산업혁명 시대에 국가 신산업 경쟁력을 좌우한다. 대기업이라야 더 큰 문제 해결이 가능하다. 성공한 벤처 기업 몇 곳 있다고 고용이 크게 늘지 않는다. 핀란드가 노키아 도산 이후 청년 실업률이 20퍼센트대로 올라간 이유다. 노키아는 2만 5,000명을 고용했는데 핀란드 게임 산업의 고용 인원 전체를 다 합해도 3,000명이 되지 않는다. 유니콘 창업이 먼저인가? 아니면 유니콘 기업 인수가 먼저인가? 유니콘 기업은 과연 누가 인수할 수 있는가?

정부는 외환위기 이후 20년간 벤처 육성을 추진해왔다. 김대중 정부 시절부터 벤처 1만 개 육성, 창조기업센터, 혁신기업 생태계 조성 등 이름만 다를 뿐, 정권마다 벤처 육성책을 내놓았지만 글로벌 유니콘으로 성장한 벤처는 한 곳도 없다. 자금력 있는 재벌 대기업은 족쇄를 채워놓고, 새로운 벤처 기업을 양사하여 구네에시 익신 성장을 하겠다는 발상이 과연 유효할까? 대기업을 배제하고 중소기업과 벤처 기업에 초점을 맞춘 혁신 성장 전략은 대기업 수출 의존도가 높은 한국 경제에 악영향을 미칠 수 있다. 벤처 기업 육성, 중소기업 육성, 저출산 대책은 대표적으로 실패한 정책들이지만 지난 20년간 정권이 바뀔 때마다 이름만 바뀌면서 계속 반복되고 있다. 청년 창업보다 재벌 대기업의 제2 창업을 유도해 글로벌 시장에서 경쟁력 있는 벤처를 일으키고 신산업을 육성하는 것이 지름길인데도 말이다. 이 시대 일자리 창출을 청년 창업에 의존할 수는 없지 않은가.

▌사회적 대타협 시나리오

오늘날 한국 사회에서는 국민을 대표하는 정치권과 대기업을 대표하는 재벌이 맞서고 있다. 국민과 재벌이 싸우고 있는 형국이다. 재벌은 정치인이 아닌 국민을, 정치권은 재벌 총수가 아닌 대기업을 바라볼 때 해법이 보인다.

　재벌 개혁의 근원인 반기업 정서를 해소하기 위해서는 재벌 그룹이 먼저 양극화에 직접적인 책임이 있다는 것을 깨닫는 것이 출발점이다. 이 깨달음이 지연될수록 반기업 정서는 더욱 확대될 것이고, 재벌 그룹을 해체하라는 국민적 압박에 직면하게 될 것이다. 정치권은 국민 여론을 대변한다. 재벌은 반기업 정서를 정치권의 포퓰리즘으로만 바라보고 그 뿌리인 국민을 보지 못한다면 해답은 없다. 마찬가지로 정치권이 재벌 총수만 바라보고 대기업이라는 국민의 자산을 보지 못한다면 국민 기대에 부응하는 재벌 개혁은 난망이다. 정치권이 국민과 재벌 사이에서 사회적 대타협 비전을 찾아 적극적인 넛지 역할을 해야 하는 이유다.

　동서고금을 막론하고 위대한 지도자는 분열된 사회를 통합시키기 위한 사회적 대타협 비전을 제시했다. 넬슨 만델라 전 남아공 대통령이 흑백으로 분열된 남아프리카공화국을 통합하기 위해 보여준 대화합의 리더십은 세계적인 귀감이 되고 있다. 최근의 사례로는 인도네시아 조코위 대통령을 들 수 있다. 그는 대통령이 되자 암시장을 양성화해서 약 409조 원, GDP의 40퍼센트에 해당되는 규모의 도피자금을 자진 신고하도록 했다. 해외로 자금을 도피할 경우 최고 30퍼센트의 소득세와 25퍼센트의 법인세를 납부해야 하지만 자진 신고하는 경우에는 4~10퍼센트만 내도록 세금 혜택을 주고, 모든 법적 책임을 면하게 해줬다. 우리나라도 광복 70년을 맞아 분열된 사회를 통합하고 국가 재도약을 위해 국민의 힘을 한데 모으려면 상징적 조치로 범국가적 대사면을 취함으로써 대타협의 전기를 마련할 수 있다.

반기업 정서를 해소하기 위한 근본적인 해법으로 사회적 대타협의 시나리오를 보자. 30대 재벌 그룹이 사회 문제 해결을 담은 제2 창업 비전을 제시하고 일자리 창출, 양극화 해소에 주도적으로 나선다. 정치권은 재벌의 역량과 자산을 국가 재도약에 활용하도록 적극 호응한다. 재벌 대기업은 제2 창업을 통해 재벌에서 국민 기업으로 거듭난다. 정치권은 재벌 개혁을 통해 진정한 국민 기업의 시대를 열고, 국가 재도약의 틀을 마련했다는 평가를 받는다. 정치권은 재계의 숙원 사항인 노동 개혁, 상속세, 신산업에 대한 네거티브 규제 등의 개혁에 적극 나서고 대기업은 중소기업 해외 동반 진출 플랫폼 및 청장년 해외 일자리 창출 플랫폼 투자, 명예퇴직이나 해고 대신 정년연장 준수, 잉여 인력 재교육 및 재배치, 청년 해외 진출을 위한 글로벌 지역전문가 파견 등 일자리 해결에 앞장선다.

무엇보다 정치권은 우리나라가 재도약하려면 글로벌 시장에서 국가의 역할을 새롭게 재정립하고 글로벌 성장 기회를 다시 찾을 때 비로소 국내의 문제 해결도 가능하다는 점을 직시해야 한다. 국제적 역할을 찾으려면 국가가 그동안 키워낸 대기업을 국가 자산으로, 대표 선수로 활용할 수 있어야 한다.

세계 각국은 자국의 글로벌 기업들을 내세워 경제 전쟁 중이다. 오늘날 재벌 대기업은 모두 주력 산업 생태계를 선도하는 앵커 기업들이다. 재벌 대기업을 국가 경제 재도약의 레버리지로 활용하지

[반기업 정서 해법] (국가 재도약과 재벌 기업의 2차 도약은 하나다)

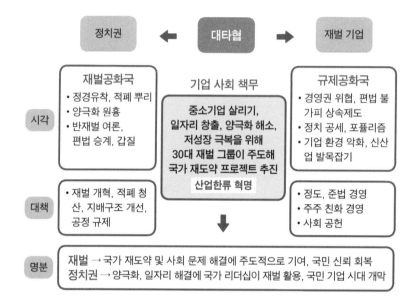

	재벌공화국	기업 사회 책무	규제공화국
시각	• 정경유착, 적폐 뿌리 • 양극화 원흉 • 반재벌 여론, 편법 승계, 갑질	**중소기업 살리기, 일자리 창출, 양극화 해소, 저성장 극복을 위해 30대 재벌 그룹이 주도해 국가 재도약 프로젝트 추진 산업한류 혁명**	• 경영권 위협, 편법 불가피 상속제도 • 정치 공세, 포퓰리즘 • 기업 환경 악화, 신산업 발목잡기
대책	• 재벌 개혁, 적폐 청산, 지배구조 개선, 공정 규제		• 정도, 준법 경영 • 주주 친화 경영 • 사회 공헌
명분	재벌 → 국가 재도약 및 사회 문제 해결에 주도적으로 기여, 국민 신뢰 회복 정치권 → 양극화, 일자리 해결에 국가 리더십이 재벌 활용, 국민 기업 시대 개막		

못한다면 지난 30~40년의 압축 성장 노고는 물거품이 되고 만다. 정치권이 재벌의 경제력 오남용을 규제하려는 시각에서 벗어나 재벌의 경제력을 활용할 방법을 찾아야 하는 이유다. 견제 차원에서 벗어나 더 적극적인 일자리 늘리기와 중소기업 살리기를 위한 새 성장 모델의 파트너로 활용하는 것이 진정한 재벌 개혁이다.

스웨덴 정부는 발렌베리그룹과 사회적 대타협을 이뤄냈다. 재벌 가문이 주도하는 재단 형태로 경영권을 물려받는 지배구조를 짜도록 승계과정에 정부가 물꼬를 터준 것이다. 이는 발렌베리그룹이 국민적 존경을 받았기에 가능했다.

발렌베리그룹은 스웨덴 GDP의 30퍼센트를 차지하는 거대 재벌이다. 스웨덴 전체 인구의 4.5퍼센트를 고용한다. 우리나라 재벌 대기업은 모두 합쳐도 7~8퍼센트의 고용 기여에 불과하다. 발렌베리 그룹이 스웨덴 경제에 미치는 영향은 우리나라의 삼성그룹과 현대차그룹을 합친 수준이다. SEB은행, 에릭슨, 일렉트로룩스, 사브 등 금융, 건설, 항공, 가전, 제약분야에 걸쳐 14개 대기업의 경영권을 소유하고 있는 문어발식 대재벌이기도 하다. 5대에 걸쳐 150년간 세습되고 있지만 아무도 거대 재벌을 견제의 대상으로 생각하지 않는다. 오히려 국민의 사랑과 존경을 한 몸에 받는 스웨덴의 자긍심으로 평가받는다.

국민으로부터 존경받는 이유를 흔히 후계구도가 엄정하고 직원들을 경영 파트너로 대우하며 세계 1,000대 부자 리스트에 한 번도 들지 않을 정도로 검소하게 사는 등 노블레스 오블리주(Noblesse Oblige)를 실천하는 것에서 찾지만 본질은 발렌베리 가문이 스웨덴 사회에 기여하는 역할이다. 우수한 박사 인력들이 대거 발렌베리재단의 후원으로 연구 활동을 하고 있고, 이들의 연구 성과가 곧 스웨덴 산업의 꺼지지 않는 혁신 엔진으로 작용한다. 스웨덴을 복지 강국으로 만드는 동시에 기초과학 및 기술 발전에 투자해 산업 강국으로 만드는 데 중추적 역할을 하고 있기 때문이다. 발렌베리그룹처럼 한국에서도 재벌들이 존경받는 국민 기업이 될 수 있게 하려면 어떻게 해야 하는가? 재벌 개혁을 '한국형 국민 기업' 육성에 둬야 한다. 이것이 진정한 재벌 개혁이고, 국가 경제 재도약의 지름길이다.

산업구조 개혁과 제2 창업

중국은 선진국 기술의 캐치 업(Catch Up, 따라잡기)과 M&A, 국영 기업 중심의 공급 측 개혁으로, 일본은 기업 간 자발적인 통폐합 중심으로 구조 개혁에 속도를 내고 있다. 한국은 기업 활력 제고를 위한 특별법, 8조 7,000억 원의 구조조정 지원자금, 신산업 진출 규제 개선 등의 정부 노력이 있지만 지지부진하다. 재벌 대기업 간 경쟁의식으로 자발적인 인수 및 합병도 어렵다. 규제 탓만 들린다.

누가 먼저 구조 개혁에 성공하느냐에 따라 미래의 동북아 경제 질서 헤게모니가 결정될 것이다. 구조 개혁 없이는 그다음 성장단계로 나아갈 수 없다. 우리나라는 외환위기 때 양적인 구조조정은 일부 되었어도 경제 체질을 진화시켜 성장 잠재력을 올려주는 본질적 구조 개혁은 이루지 못했다. 그러면 구조 개혁은 무엇부터 해야 하나? 4대 개혁, 재정 개혁, 연금 개혁, 정치 사회 시스템 개혁도 필요하다. 하지만 가장 핵심은 뭘 먹고살 것인지, 우리나라가 국제 사회 속에서 무슨 역할을 할 것인지에 답할 수 있는 국가 산업을 중심으로 한 경제구조 개혁이다. 구조 개혁의 최종 목표는 10～15년 후 잠재 성장률을 높이는 것이어야 한다.

전통 산업, 즉 주력 산업의 경쟁력을 유지하면서 새로운 산업을 발굴할 수 있어야 한다. 우리 기업이 처한 환경 변화는 세계 경제가 저성장 국면에 보호 무역이 강화되면서 세계 교역량이 축소되고 주력 업종이 변곡점에 이르러 수요 감소를 겪고 있는 것이나. 대기업 중심, 주력 업종 수출 주도, 제조 중심 경제구조가 중국 등 신흥 개도국에 대비해 경쟁력을 잃고 있다. 그렇다고 중후장대 산업을 포기할 것이 아니라 리모델링을 해서 새로운 가치를 창출해 시장을 만들어야 한다. 신산업이 궤도에 진입할 때까지는 주력 산업이 튼튼한 뒷받침을 해줄 수 있어야 구조 개혁에 성공할 수 있다.

우리는 1997년 외환위기, 2008년 금융위기를 거치면서 두 번의 기회를 놓친 뒤 지금 구조 개혁을 완성할 마지막 기회에 직면해 있다. 지난 10여 년간 우리 경제가 본격적인 전환기에 진입했는데도 산업 재편은커녕 조선, 해운 등 부실 기업 처리를 놓고 시간과 재정만 낭비하고 있다. 구조조정을 소극적으로 하다 보면 산업의 무게중심이 중국으로 옮겨가는 속도가 더 빨라질 것이다. 우리 기업 또한 투자 축소, 허리띠 졸라매기, 경비 절감 등 버티기 작전으로 경기가 좋아질 것이라고 기대하면서 체질 전환을 이루지 못하면 일본의 잃어버린 20년을 따라가는 것은 자명하다.

우리 경제가 아직 2~3퍼센트의 성장률을 보이고 있지만 반도체 공화국이라고 할 정도로 국가 경제 전체의 반도체 의존도가 높아지고 있다. 중국이 반도체공장을 본격적으로 가동하기 시작하면 제조 강국의 마지막 토치(Torch, 가스 용접이나 절단할 때 가스와 공기를 혼합하고 조절하여 불꽃을 만드는 기구)인 반도체의 불마저 꺼질 수 있다. 반도체를 이을 국가 신산업 구축과 구조 개혁 없이는 미래가 없다는 공감대가 확산되고 있다. 제조업 평균 가동률이 73.8퍼센트(2016년 7월 기준)에 그치면서 공급 과잉, 출혈 경쟁의 원인이 되고 있다. 100만 명에 육박하는 외국인 근로자가 사회 부적응으로 인해 야기할 잠재적 불안 요인은 별개로 치더라도 경쟁력 없는 저부가업종을 국내에 유지하는 것은 산업구조 개혁을 지연시키는 결과만 초래할 뿐이다.

한국수출입은행에 따르면, 국내 중소기업들의 2016년 해외 투자 금액은 60억 2,300만 달러로 1980년 이래 최고치다. 해외 법인 설립도 1,594개로 2008년 금융위기 이후 최대다. 특히 최근 3~4년 동안 중소기업의 해외 법인 설립과 투자금액이 계속 늘고 있다. 우리나라 기업의 해외 진출은 2000년대 초반부터 대기업 중심으로 저임금을 찾아 중국, 동남아시아 등으로 제조기지를 이전하면서 시작되었다. 한국 기업의 1단계 해외 진출이다. 요즘은 중소기업도 고비용구조에 인력난이 겹쳐 해외 진출을 가속화하고 있다. 화학, 금형, 전자 등 업종을 불문하고 해외로 이전 중이다. 이것이 국내 기업의 2단계 해외 진출이다. 시간이 갈수록 고비용 및 저부가화가 심화되어 국내에서 견딜 수 없는 기업들은 해외로 이전할 수밖에 없다.

중소기업의 해외 이전을 막을 수는 없다. 오히려 제조업의 해외 진출을 어떻게 활용할 것이냐가 열쇠다. 제조업의 빈자리에 어떤 산업을 새로 일으키느냐가 관건이다. 중소기업 해외 진출을 이대로 방치하면 중소기업발(發) 제조업 공동화 현상은 차치하고 제조업 공백을 메꾸지 못해 국가 전체의 산업 공동화로 이어질 것이다. 자연 발생적으로 확산되는 중소기업들의 해외 진출을 이대로 지켜만 볼 것인가?

구조조정 가속화는 잉여 설비 및 인력 출구에 달려 있다

지금 정부는 과감하게 부실 기업을 정리하려니 대규모 실업 등 역풍이 우려되고, 신속하게 구조조정을 하지 않으면 산업 전반이 회복 불가 상태에 빠질 수 있다는 위기감으로 인해 구조 개혁 딜레마에 빠져 있다. 출구가 없기 때문이다.

구조 개혁은 속도가 중요하다. 출구가 있어야 속도를 낼 수 있다. 외부로부터의 구조조정 레버리지가 절실하다. 예컨대 정부와 대기업 간의 협업으로 노후화된 업종과 잉여 인력을 해외로 진출시키는 플랫폼 사업을 추진할 수 있다.

중소기업의 신흥 개도국 진출은 저렴한 노동력 공급은 물론 성장 시장을 확보해 노동 집약 산업의 수익성을 높이는 계기가 된다. 기업 진출과 더불어 한국의 기술과 경영 인력의 고용 기회도 확대하게 된다. 특히 제조업의 근간인 6대 뿌리 산업이 그렇다. 제조업에 필요한 원료 조달이 용이한 지역에 생산 거점을 마련하고 유통 비용을 절감하면 한국 기업의 국제 경쟁력 강화로 이어진다. 우리 경제가 다시 성장하려면 정체된 내수 시장에 매이지 말고 성장기에 있는 신흥 시장으로 진출하는 길이 가장 효과적이다.

개발도상국의 노동력과 자원, 그리고 한국의 숙성된 기술의 결합이 최고의 경쟁력을 가져온다는 사실은 누구나 알고 있지만 문제는 어떻게 하느냐 하는 것이다. 지금 같은 해외 진출로는 인건비가 올라가면 모두 문을 닫고 더 싼 인건비를 찾아 옮겨 다니다 결국 철수하는 길밖에 없다. 현지 기업으로 제대로 뿌리내릴 수 있는 대안을 찾아야 한다. 저임금을 찾아 밖으로 나간다고 모든 기업이 성공한다는 보장도 없다. 이미 중국에 진출한 우리 기업의 실패 사례는 차고도 넘친다.

문제는 한국 기업의 해외 진출 모델이다. 각개전투식의 개별 기업의 진출에서 국내 기업을 그룹으로 묶어 한국형 산업기지를 구축하면 엄청난 시너지를 낼 수 있다. 산업단지는 제조업을 밖으로 이전시키는 것만이 궁극적인 목적이 아니다. 제조를 이전시킴으로써 우리 기업은 산업단지가 조성된 국가를 상대로 새로운 역할을 할 수 있다. 부가가치가 적은 조립 및 제조부문을 신흥 개도국으로 이전하고 설계, 개발, 핵심 부품으로 역할을 옮겨갈 수 있는 기회가 생긴다.

서강대 경제학과 허정 교수는 우리 기업의 해외 진출이 국내 일자리를 늘리는 데 도움이 된다는 연구결과를 발표했다. 해외로 진출한 기업들이 오히려 국내에 공장 등 사업체를 새로 설립하고 일자리도 늘리고 있는 것으로 조사되었다. 해외 진출 기업이 국내에 새로운 공장을 지을 확률은 국내에서만 사업하는 기업에 비해 평균 15.3퍼센트 높은 것으로 나타났다. 해외 진출 기업의 일자리 재분배율도 국내 기업에 비해 6.4퍼센트나 높았다. 일자리 재분배는 기업들이 생산성 향상을 위해 일자리를 만들고 없애는 구조조정을 얼마나 활발히 하고 있는지 보여주는 지표다. 국내 기업의 해외 신출이 산업 공동화의 주범이라는 기존 인식에 수정이 불가피하다. 저부가업종의 해외 이전이 구조조정의 출구가 될 수 있다는 방증이다.

더욱이 우리나라의 GDP 수준상 제조업이 더 이상 일자리의 중추가 아니다. 제조업 일자리는 계속해서 줄어들고 있다. 이는 선진국의 공통된 현상이다. 제조공장 일자리에만 집착할 것이 아니라 경제 수준에 맞게 서비스업에서 더 많은 일자리를 만들어야 하는데, 이는 역설적으로 제조업 일자리에서 해방되어야 비로소 서비스 일자리로 옮겨갈 수 있게 된다. 더욱이 투자처를 찾지 못해 떠돌고 있는 국내 1,000조 원의 부동자금을 성장하는 신흥 시장에 많이 투자해놓아야 신흥 개도국의 중산층 확대와 함께 우리에게도 성장 기회가 생긴다. 일본도 해외에 금융자산을 많이 투자한 덕분에 잃어버린 20년을 버틸 수 있었다.

정부가 과거처럼 경기가 좋아질 때까지 금융 지원으로 대기업의 대마불사식 버티기를 도와줄 수도 없다. 4차 산업혁명의 신산업이나 벤처, 중소기업으로 지원 대상을 전환하는 것도 한계가 있다. 재정 금융정책만으로는 구조조정이 어렵다. 기활법(기업 활력 제고를 위한 특별법) 등으로 구조 개혁을 기업에만 맡겨두지 말고 국가와 기업이 함께 성장 기회를 만드는 것이 필요하다. 경기 부양에만 매달리지 말고 구조조정 펀드, 실업 펀드 등을 활용해 조선, 철강, 화학 등 주력 산업별로 해외에 산업단지를 만들어 국내 기업의 과잉 설비를 이전하도록 출구를 마련해주면 산업 전체가 다시 성장 기회를 얻을 수 있다. 정부가 대기업, 중소기업 간의 넛지 역할을 자임해 구조조정이 필요한 기업에 출구를 제공하고 기업 간 융·복합 구조조정에도 적극 나서는 것이다.

▌조선업 구조 개혁 출구, 현대중공업의 제2 창업 비전 시나리오

현대중공업이 군산 조선소 가동을 중단한다. 대우조선해양도 구조조정이 진행 중이다. 3,000여 개의 중소 조선기자재 협력업체와 40년 이상 현장 노하우로 갈고 닦은 숙련된 근로자는 어떻게 할 것인가? 현대중공업은 세계 최대 석유회사 아람코와 사우디아라비아에 합작 조선소를 건립하고 조선 산업단지를 조성한다. 국내를 벗어나 글로벌 차원에서 가치 사슬을 재설계하고 가격 경쟁력에 의존하는 저부가 벌크선과 컨테이너선은 신흥 개도국으로 재배치한다는 전략이다. 현대중공업이 협력업체뿐 아니라 2~3차 도급업체와도 함께 해외로 나갈 수 있도록 한다면, 기술 인력과 설비를 패키지화시켜 국내 인력도 같이 진출시킨다면, 과잉 설비를 폐기하거나 인력을 해고하지 않고도 조선업 구조 개혁은 급물살을 탈 수 있다.

주력 산업 재도약과 산업별 앵커 기업의 제2 창업

주력 산업을 대체할 신산업을 단기간에 육성할 수는 없다. 최소한 10~15년이 걸리는 일이다. 전환기에 뒤를 받쳐줄 힘은 결국 기존 주력 산업에서 나온다. 몸통 산업인 제조업 살리기 대책을 제시하시 못한 채 4차 산업혁명에 대한 이야기만 늘어놓는 것은 공허하다. 구조 개혁의 최우선 목표는 주력 산업의 재도약이다. 4차 산업혁명의 영향을 가장 많이 받는 산업이 바로 제조업이다. 세계은행 자료에 따르면, 한국은 제조업의 산업 내 비중이 30퍼센트가 넘는 국가로(미국 12퍼센트, 일본 19퍼센트, 독일 23퍼센트, 중국 30퍼센트) 4차 산업혁명에 따른 영향을 가장 많이 받는 나라다.

4차 산업혁명의 도래로 주력 산업인 조선, 철강, 반도체 등의 제조 산업이 사라질 것이란 전망은 오해다. 4차 산업혁명이란 기존의 주력 산업에 신기술을 융합해 진화시키는 것이다. 즉, 주력 산업 재도약과 4차 산업혁명 대응은 연결되어 있다. 주력 산업 진화의 궁극적인 방향은 저부가의 제조 중심에서 고부가의 서비스 운영업 중심으로 거듭나는 것이다. 우리 기업이 제조업 일부를 신흥 개도국으로 이전하면 본사는 기술 수출의 서비스업으로 변신할 수 있다. 제조업에 기반을 둔 서비스업으로의 진화다. 4차 산업혁명 신기술은 제조업을 서비스 운용업으로 전환시키는 툴킷(Toolkit, 서로 다른 응용 프로그램을 만들 때 도움이 되는 각종 루틴 또는 보조 프로그램을 모은 집합체를 가리키는 컴퓨터 용어)이다.

제조업을 잘 활용해 시장 성장의 변곡점에 이른 주력 산업을 재도약시켜 내는 일이 진정한 4차 산업혁명이다. 신제품, 신기술 개발만이 혁신이 아니라 우리 사회가 가진 자산을 창조적으로 재구성할 때 혁신 기회는 무한히 확대된다.

4차 산업혁명으로 글로벌 분업구도가 요동치고 있다. 한국이 글로벌 분업구도(GVC)에서 밀려나면, 즉 한국의 역할을 재정립하지 못하면 어떻게 될 것인가? 현재 글로벌 분업체계는 미국 기업이 기획과 디자인, 한국과 일본과 독일의 기업이 부품 생산, 중국 기업이 조립, 아프리카 기업이 원자재 공급, 그리고 다시 미국 기업이 판매와 마케팅을 담당하는 순으로 구성되어 있다. 스마일 커브(Smile Curve)상 부가가치가 큰 분업을 차지하려는 국가 간 경쟁이 치열하게 펼쳐지고 있다. 현대차의 중국 합작사는 최근 현대차 계열사 중심의 협력사, 동반 진출한 800여 개 업체 대신 부품값이 30퍼센트 싼 중국 현지 부품사로 공급망을 교체해야 한다고 주장하고 있다.

새로운 기술과 제품을 새로 개발하고 생산하는 것이 아니라 고도성장기를 통해 축적한 내부 역량과 자산을 잘 활용해 사회 문제와 소비자 문제를 해결하는, 새로운 운용 가치를 만드는 것이 4차 산업혁명의 본질이고 시대정신이다. 우리의 산업화 경험과 기술로 신흥 개도국의 산업화를 지원하는 맞춤형 산업단지 사업도 국가 차원에서 4차 산업혁명의 시대정신을 반영한 운용 전략이다.

4차 산업혁명을 디지털 기술 활용 혁신으로 이해한다면 이에 대한 대응도 청년과 중소기업보다는 자금과 인재를 갖춘 대기업, 경험을 쌓은 베이비 붐 세대가 유리하다는 점을 이해할 수 있다. 우리나라 산업이 이만큼 발전하게 된 원동력은 무엇인가? 선진국이 개발한 원천 기술을 신속히 도입하고 활용해서 남보다 한발 앞서 상용화한 국민적 역량 덕분이다. 제조업 중심의 산업이 소프트웨어 산업으로 진화하는 것도 산업별 앵커 기업이 제2 창업을 통해 길을 터주어야 가능하다.

주력 산업의 재도약은 국내 기업 간, 유관 산업 간의 상생 융합 패러다임이 필수다. 구조조정 중인 조선, 철강, 해운 산업은 모두 글로벌 10위권이다. 우리나라 조선업과 조선기자재업은 세계 2위, 철강업은 5위, 해운업은 6위다. 세계 어느 경쟁국에도 없는 유관 산업을 가지고 있으나 시너지를 내지 못하고 있다. 개별 업종이 각자도생하고 있기 때문이다.

컨테이너사의 화주는 물류 회사이고 벌크선사의 화주는 철강사다. 현재 우리나라 총물동량 중 국적선 적하율은 20퍼센트 안팎에 불과하다. 국내 기업 중심으로 '금융—해운—철강—조선'이 연합하면 살 길이 생기는 이유다. 부처 칸막이를 없애고 유관 산업을 하나로 묶을 수 있는 국가 차원의 팀 코리아가 절실하다. 해운업을 살리지 못하면 조선업도 곧 죽는다. 산업 경영과 기업 경영은 다르다. 국가 산업을 경영하는 책임은 여전히 정부에 있다.

자율주행 자동차와 같은 신산업도 개별 회사가 추진하기에는 역부족이다. 단일 제품과 기술로는 경쟁력을 확보할 수 없는 국가 간 생태계 경쟁 시대다. 대기업을 앵커로 활용해 대기업과 중소기업 간 동반 성장형 생태계를 구축해야 한다. 정부가 넛지 역할을 해서 업계 간 융합 시스템을 구축하는 것이 긴요하다는 뜻이다.

상생 융합의 시대에 경제단체의 역할은 국내 기업 간의 융합 넛지의 구심점으로 거듭나야 한다. 경제단체가 사회적으로 역할을 인정받고 거듭날 수 있는 길은 오직 하나! 어려움에 처한 국내 기업들에게 과잉 경쟁, 출혈 경쟁의 틀에서 벗어나 상생 융합의 패러다임으로 기업 생태계를 재조성하는 데 앞장서는 것이다. 이미 일본은 자국 기업 간 생존을 위한 합종연횡이 자발적으로 일어나 구조 개편의 추동력이 되고 있다. 일본 기업들이 잃어버린 20년을 통해 얻은 값진 깨달음이다. 뭉쳐야만 살 수 있다는 것을 말이다! 일례로 국내 대기업을 대표하는 전경련이 중소기업의 활로를 위해 상생 역할을 할 수 있다면 국민으로부터 존경받게 될 것이다. 한국 기업의 생존은 좁은 국내에서 각자도생의 상호 경쟁을 멈추고 글로벌 시장으로 나가 협업의 시너지를 내는 데 있다.

국가 신산업과 제2 창업, '반도체공화국, 포스트 반도체는?'

주력 산업의 구조 개혁과 동시에 4차 산업혁명 시대의 신산업 비전 생태계를 구축한다. 온통 4차 산업혁명을 운운하지만 구호만 넘칠 뿐, 한국이 선점 및 특화하고 육성시킬 '신산업 비전'이 보이지 않는다. 독일의 인더스트리 4.0이나 중국의 중국제조2025처럼 국가 산업이 나아갈 방향을 제시하는, 사회적 합의와 공감을 얻은 산업 비전이 우리나라도 있는가? 많은 나라가 헬스 케어(보건 의료), 클린 테크(친환경 기술), 인공지능 등 잘하는 분야를 찾아 혁신 역량을 집중하고 있다. 우리도 이것저것 모두 따라할 것이 아니라 어느 분야에 우리가 강점을 가진 기회가 있을지 찾아내야 한다. 4차 산업혁명의 개별 신기술을 경쟁할 것이 아니라 어떻게 접목해 주력 산업을 재도약시킬 것인지, 어떻게 우리의 강점인 양산 기술을 활용해 상용화 시장을 선점할 것인지가 4차 산업혁명 시대에 맞는 한국형 차별화 전략이다.

한국만의 강점을 활용해 타국과 차별화하며 선점할 수 있는 대기업들이 신산업을 제2 창업 비전으로 제시할 수 있다. 대기업이 제2 창업으로 신산업 생태계를 구축해야 창업 및 벤처 토양이 조성되고 신산업의 중소기업 생태계가 생겨난다. 대기업이 가장 강력한 레버리지다. 한국의 미래 산업 기본 토대가 될 3대 신산업 후보분야로는 첫째, 기존 제조업의 강점을 활용한 신흥 개도국 대상의 맞춤형 산업화 플랫폼 사업과 둘째, 세계 최대 도시화율과 신도시 건설 경험을 활용한 4차 산업혁명의 신기술 집합체인 한국형 스마트 시티 사업과 셋째, 지구촌 한류를 레버리지로 활용해 21세기 교육 혁명을 선도하는 디지털 에듀테크 교육 플랫폼 사업을 들 수 있다.

▌① 신흥 개도국 맞춤형 산업화 플랫폼 사업

한국의 압축 성장 노하우를 활용한 신흥 개도국의 맞춤형 산업화 솔루션이다. 중소기업의 다양한 제조업종과 장년층 기술을 융합해 신흥 개도국의 경제 발전단계에 맞는 업종과 기술로 현지 맞춤형 산업화를 지원한다. 한국이 21세기 지구촌 허브국가가 되기 위한 플랫폼이다.

중소기업이 신흥 개도국으로 진출해 새로운 성장 기회를 얻으면 국내 본사는 4차 산업혁명에 대응해 고부가가치 신사업으로 변신을 꾀할 수 있다. 장년층의 아날로그적 경험 노하우와 청년 세대의 글로벌 감각과 능숙한 IT 기술의 융합이다. 이는 주력 산업을 재도약시키고 4차 산업혁명과 결합해 리모델링시키는 사업이다.

▌② 4차 산업혁명 신기술 상용화 선점, 스마트 시티 사업

스마트 시티는 4차 산업혁명의 플랫폼이다. 맥킨지는 스마트 시티 시장이 2025년 최대 1조 7,000억 달러까지 성장할 것으로 전망하고 있다. 스마트 시티는 드론, 자율주행 자동차, 인공지능 등 4차 산업혁명의 신기술을 모두 담아내는 플랫폼 역할을 하고 있다. 드론, 인공지능, 자율주행 자동차와 같은 4차 산업혁명의 신기술이 테스트되고 적용되는 곳이 바로 스마트 시티다. 따라서 스마트 시티는 4차 산업혁명의 개별 기술 요소로 접근하기보다는 이 개별 기술들을 구현하는 4차 산업 플랫폼으로 보는 것이 옳다. 국가 차원에서 완성된 형태의 스마트 시티를 만들면 개별 기술을 가진 글로벌 기업들이 몰려들고 관련 생태계가 한국 주도로 만들어질 수 있다. 더욱이 신흥 개도국 중심으로 신도시 수요가 급증하고 한국형 스마트 시티가 인기다. 기존 도시에 비해 새로 건설되는 신도시는 신기술 적용에도 유리하다. 한국 기업에 기회가 많다는 뜻이다.

우리나라가 선진국과의 4차 산업 신기술 격차를 좁히기 위해서는 테스트 베드가 가장 효과적이다. 신기술을 시험할 수 있는 공간을 선점하는 것이 4차 산업혁명 테스트 베드화 전략이다. 우리 기업들이 다양한 실험을 할 수 있는 여건이 조성되면 글로벌 기술 선도 업체를 유치하고 그들의 노하우에 대한 접근성을 높일 수 있기 때문이다. 한국이 4차 산업혁명을 선점할 특화부문이다.

▌③ 디지털 에듀테크 교육 플랫폼 사업

21세기 지식 산업 선점 및 지구촌 교육 혁명을 주도하는 디지털 교육 사업을 한국만이 가진 강점을 활용해 선점한다. 디지털 교육 콘텐츠 사업은 고용 효과가 높은 굴뚝 없는 공장의 대표적인 지식 산업이다. 현재 국부 창출의 1등 공신인 반도체를 이을 고부가 지식 IP(Intellectual Property, 지적 재산권) 사업이다. 맞춤형 디지털 교육 플랫폼은 제조 강국 한국이 소프트웨어 강국으로 변신하기 위한 특화 플랫폼분야다. 제조 중심의 중소기업 생태계를 소프트웨어 중심의 중소기업 생태계로 변신시키기 위한 앵커 신산업이다. 4차 산업 혁명기에 하드웨어와 소프트웨어의 적절한 조합이 가능한 분야가 바로 교육분야의 디지털 혁신이다.

특히 산업을 불문하고 빅데이터는 미래 부가가치 창출의 최고 원천자원으로 등장했다. 페이스북, 아마존, 구글과 같은 글로벌 IT 기업들이 검색, 전자상거래, 소셜, 클라우드 사업 등의 각 분야에서 빅데이터를 축적해 나가며 후발주자들과의 격차를 확대하고 있다. 소수 선도 기업들이 빅데이터를 독점화해 나가면 후발주자들은 모두 종속될 수밖에 없는 운명이다.

한국은 어느 분야에서 빅데이터를 선점할 것인가? 바로 개인 맞춤형 평생 교육분야다. 디지털 교육 사업은 한류와 결합하면 4차 산업혁명 시대에 한국의 신성장을 위한 대표적인 디지털 경제 모델이 될 수 있다.

양극화 해소 및 중소기업 해법과 제2 창업

양극화는 중소기업의 성장 기회 불평등이 근본 배경이다. 국내에서 성장한 중소기업은 이제 업종 대부분이 내수 포화로 과잉 경쟁 상태에 놓여 있다. 중소기업이 생존하려면, 한 단계 더 도약하려면 해외 시장으로 진출하는 길밖에는 없다. 대기업이 중소기업과 함께 신흥 시장으로 진출해 새로운 성장 기회를 개발하는 동반 성장 3.0은 국내 글로벌 기업의 제2 창업 비전으로 실현될 수 있다.

중소기업 해법이 곧 양극화 해법

중소기업 문제는 국민 일자리 문제와 직결된다. 매출의 87퍼센트를 내수 시장에 의존하는 중소기업은 성장이 정체된 안방 시장에서 과잉 경쟁과 출혈 경쟁에 시달리고 있다. 상당수 중소기업이 고

비용 및 저부가화로 생사의 기로에서 정책자금으로 연명하고 있다. 중소기업이 중국의 추격에 대비해 저가 제품이 아니라 프리미엄 시장을 겨냥해서 연구 개발에 과감히 투자했으면 상황은 달라졌을 것이다. 그러나 내수 시장이 너무 작아 한정된 수요층을 겨냥해 연구 개발 투자를 하자니 수익성이 떨어지고 해외 시장에 도전하자니 여력이 안 되는 상황이 이어지고 있다. 국내 시장에서 우수한 품질로 몸집을 키웠지만 글로벌 시장에 진출하지 못한 채 성장이 멈춰버린 중소기업이 많다.

연간 16조 6,000억 원에 달하는 중소기업 정책자금이 집행되지만 글로벌 경쟁력을 갖춘 중소기업과 중견기업은 많지 않다. 수출 중소기업은 8만 7,000개로 전체 중소기업의 1.6퍼센트에 그친다. 어떻게 중소기업의 자생력을 키워주고 세계 시장에 진출하도록 도울 것이냐가 중소기업 정책의 핵심이다. 중소기업이 좁은 내수 시장에 머물러서는 성장이 불가능하다는 이야기다. 중소기업을 글로벌 강소기업으로 키워내야 양질의 일자리를 창출하고 양극화를 해소하는 것이 가능하다.

정부 경제정책의 양축인 재벌 개혁과 중소 벤처 기업 육성을 보자. 한국은행은 2016년 전체 중소기업의 15퍼센트를 한계 기업으로 분류했다. 우리나라 중소기업 지원제도는 OECD의 34개국 중 1위지만 그 효과는 별로 없다. 중소기업 지원대책이 무려 270여 개에 달한다. 중소기업 지원정책을 아무리 내놓아도 생존에 급급한 중소기업은 자발적 구조조정이나 혁신적인 노력을 기울일 여력이 없다는 것이 현실이다. 중소기업이 정부 의지나 정책이 부족해서 성장을 못하는 것이 아니다. 규제, 상속세, 재벌 독식, 기업가정신 부재 등도 문제의 본질은 아니다. 중소기업 문제의 본질은 3무(無)에 있다. 성장 기회 부족, 자체 기술 부재, 독자 판매력 없이 대기업에 매여 있다는 점이다. 이들이 보유하고 있는 기술 또한 전통 기술이라서 미래가 없다.

〈조선일보〉가 한국상장회사협의회와 함께 2007년부터 2016년까지 국내 상장회사의 매출과 영업 이익을 전수(全數) 조사한 설과를 보면, 상장 대기업(242개)의 전체 매출 총액은 2016년 1,061조 6,240억 원으로, 10년 전(당시 593조 2,670억 원)에 비해 80퍼센트 정도 늘었다. 영업 이익은 10년 전보다 20조 원 이상 많아졌다. 반면 상장 중소기업(747개)의 매출 총액은 2016년 39조 3,970억 원으로 10년 전(당시 49조 5,030억 원)보다 오히려 줄었다. 영업 이익은 당시의 절반 수준으로 쪼그라들었다. 수도권 대표 중소기업 공업단지인 남동·반월·시화단지의 평균 공장 가동률은 정상 가동률(80퍼센트)에 못 미치는 70~75퍼센트에 머물고 있다. 특히 고용 인원 50인 미만 영세 기업은 가동률이 50퍼센트대로 뚝 떨어진다. 남동공단(54.8퍼센트)을 비롯해 온산(56.7퍼센트), 광양(54.5퍼센트), 대불(46퍼센트), 오송(44.3퍼센트), 석문(45.5퍼센트), 군산(49.5퍼센트) 등 주요 산업단지마다 폐업 위기에 직면한 영세 기업들이 수두룩하다. 대기업은 해외로 나가서 성장을 계속할 수 있었지만 대기업 납품업체로 성장해 온 중소기업들은 국내에 남겨져 생존 게임을 펼치고 있는 형국이다.

국내 중소기업의 대기업 대비 노동 생산성(인당 부가가치)은 프랑스(70퍼센트), 독일(60.8퍼센트), 영국(57.5퍼센트), 일본(56.5퍼센트) 등 OECD 국가보다 훨씬 뒤처지는 29.1퍼센트에 불과하다. 대기업 대비 국내 중소기업의 임금 수준은 62.9퍼센트로 미국(76.0퍼센트), 일본(79.0퍼센트), 독일(73.9퍼센트), 캐나다(71~78.2퍼센트)보다 10퍼센트포인트 이상 낮다. 염려스러운 점은 이 같은 임금 격차가 개선되지 않고 갈수록 벌어지고 있다는 것이다.

왜 그럴까? 대기업의 독식 때문인가? 아니다. 업종 자체가 고비용 대비 저부가화가 되어 임금 수준이 올라갈 수 없는 구조이기 때문이다. 이것이 바로 양극화의 본질이다. 그러면 저부가업종을 운영하고 있는 중소기업을 탓할 것인가? 그럴 수 없다. 양극화의 몸통은 중소기업이다. 중소기업의 낮은 생산성이 저임금으로 귀결되고, 이는 격차 확대의 진면목이다.

중소기업과 대기업의 임금 격차가 외환위기 이전 80퍼센트에서 지금은 50퍼센트대로 벌어졌다. 1차 원인은 대기업의 주력 사업이 사양화되면서 영업 이익률이 하락하자 하청업체인 부품사들의 납품 단가에도 영향을 미쳤기 때문이다. 앞으로 대기업이 조기에 사업 개편을 성공하지 못하고 버티기로 일관한다면 임금 격차는 더욱 확대될 것이다. 정규직 노조에 대한 과잉 보호, 노동 시장의 경직성 등이 격차 확대에 적지 않은 영향을 미치고 있지만 결국 격차는 주력 산업의 경쟁력 악화에서 비롯된 것이다. 중소기업이 구인난에 시달리는 가장 큰 요인은 대기업과의 임금 격차다. 중소기업은 하루하루 버티기도 힘든데 직원 급여를 올려줄 엄두나 내겠는가? 그렇다면 중소기업 취업을 장려하기 위해 각종 지원금을 제공하는 정책은 올바른 처방인가?

중소기업 살리기 근본 처방은 성장 기회 불평등 해소

중소기업 문제를 시장 관점에서 보면, 중소기업 대부분이 현재 보유한 업종과 기술이 국내에서는 시장 기회가 많지 않다는 점이다. 대기업의 독점도 개선할 부분이 있지만 성숙된 내수 시장에서 중소기업의 업종 자체가 경쟁력을 잃고 성장 기회가 줄어들고 있다는 점이 현실이다. 제한된 내수를 두고 출혈 경쟁을 벌이다 보니 덩치 큰 기업들에 비해 중소기업에 상대적인 불평등이 악화되고 있는 것이다. 성장 기회의 불평등이 양극화 확대의 주범이다.

임금 격차의 대부분은 생산성 격차와 비례한다. 중소기업의 생산성을 끌어올리지 않는 한 격차 해소는 쉽지 않다. 중소기업의 생산성을 올리는 길은 기존 사업의 성장 기회를 얻을 수 있는 새로운 시장 확보다. 부자에게 세금을 걷어 가난한 사람에게 나눠준다고 양극화가 해소되지 않는다. 약자에게 기회를 주고 성장할 수 있도록 힘이 되어주는 것이 진정한 양극화 해소다. 대기업에 납품해서 살아가고 있는 중소기업에 대기업이 납품 단가를 배려한다고 해서 중소기업 경쟁력이 살아나는 것이 아니지 않은가?

오늘날 청년 세대의 좌절도 부모 세대에 비해 기회가 많지 않다는 '기회의 불평등'이 근본 원인이다. 근원적인 격차 해소책은 사회 약자층에 어떻게 성장 기회를 제공할 것이냐가 관건이다. 즉, 격차 해소는 기회 불평등을 해소하기 위한 기회 제공이 직접적인 해법이다. 명예퇴직을 앞둔 700만 명의 베이비 붐 세대, 국내에서 일자리를 찾지 못한 100만 실업자(30만 명은 대졸), 특히 내수 정체로 출혈 경쟁에 시달리고 있는 중소기업 등 모두가 새로운 돌파구를 학수고대하고 있다.

노벨경제학상 수상자인 미국 프린스턴대학교 디턴 교수도 "격차 해소 관련해서는 누구나 성장에 참여할 수 있도록 기회를 주는 것이 중요하다. 불평등은 성장의 결과물이다. 불평등은 단순히 임금 격차, 소득 격차의 문제만이 아니다. 오히려 교육 기회 불평등 등 역량 문제가 더 클 수도 있으므로 재분배만으로는 해소되지 않을 것"이라고 주장했다. 결국 부의 재분배보다 뒤처진 집단에게 기회를 줘서 끌어올리는 것이 더 중요하다는 뜻이다. 분배로 양극화를 해소하는 것이 아니라 성장 기회를 제공해 스스로 소득을 올릴 수 있을 때 양극화는 해소된다.

내수 시장에서 나눌 파이가 제한되니 '대기업과 중소기업이 어떻게 더 공정하게 파이를 나눠 먹을까?'라는 공정 게임을 요구하는 목소리가 커지는 것은 당연하다. 이는 대기업과 중소기업 간에 견제를 낳고 규제를 낳았다. 한국이 규제공화국이 된 배경이다. 대기업을 규제한다고 중소기업이 성장하는 것은 아니다. 진정한 동반 성장은 대기업과 중소기업이 힘을 합쳐 성장 파이를 어떻게 키울 것이냐가 본질이다. 중소기업을 규제로 보호하기보다 성장 기회를 마련해주는 것이 근본 처방이다. 생존에 급급한 상황에서 성장 여력이 생길 때 비로소 저부가가치에서 고부가가치로 옮겨갈 수 있는 여력도 생겨난다. 중소기업 구조 개혁도 성장 기회를 조성하는 데 역점을 둬야 하는 이유다.

주조, 금형 등의 6대 뿌리 산업이 제조업의 근간임에도 3D업종이라 외국인 노동자들을 고용하고 있는데 이것들을 스마트 공장으로 바꾼다고 경쟁력이 살아날까? 우리 국민 수준에 맞지 않은 저부가업종을 국내에서 지키려는 발상 자체가 비효율적이다. 고비용 및 저부가의 기술업종은 이것들을 필요로 하는 신흥 개도국으로 이전시켜야 한다. 중소기업의 업종과 기술이 아직 성장 기회가 많은 신흥 개도국에서 시장 기회를 창출할 수 있도록 지원하는 플랫폼이 필요하다. 이는 대기업과 중소기업 간 격차의 근본 원인인 시장 기회의 불평등을 해소하는 가장 직접적인 대책이다. 중소기업을 FTA 경제 영토의 글로벌 무대로 이끌고 나가는 통로가 필요한 것이다. 예컨대 2016년 11월 카자흐스탄 정부는 한국의 중소기업 제품을 현지에 소개하면서 카자흐스탄 로컬 기업들이 제품을 현지화할 수 있도록 한국의 중소기업 유치를 희망하고 있다.

▌중소기업 지원정책의 방점, 성장 시장 진출 플랫폼 제공

중소기업 지원을 위한 대책으로 규제 완화, 연구 개발 지원, 고용 지원, 교육훈련 강화, 투자 환경 개선 등 여러 가지가 있지만 가장 중요한 것은 해외 시장의 개척 지원이다. 채용을 지원할 것이 아니라 중소기업이 성장할 수 있는 기회를 제공하는 것이 진정한 일자리정책이기도 하다. 국내에서 사양 산업이라도 해외로 가지고 나가면 반드시 성공할 수 있는 길이 있다. 중소기업 전성 시대를 열려면 정부의 각종 지원과 혜택이 아니라 시장 기회를 제공해야 한다. 중소기업 관련 정책의 관점을 지원보다 성장 사다리를 제공하는 것에 둬야 한다는 뜻이다. 따라서 친(親)중소기업정책의 핵심은 중소기업 판로 개척에 정부가 직접 나서는 것이다.

정부는 중견기업과 중소기업의 수출을 지원하기 위해 '종합상사 지원제도'를 부활시키기로 했다. '수출 감소세에 종지부를 찍기 위한 총력 대응'이라며 결연한 의지를 보이고 있다. 중소기업을 지원하기 위해 전문무역상사제도도 도입한다. 대기업의 브랜드 자산은 엄청나다. 종합상사는 바로 그 브랜드를 갖고 있다. 중소기업 제품에 직접 종합상사 브랜드를 붙이기에는 여러 가지 제약요건이 따르겠지만 종합상사라는 브랜드 신용으로 중소기업이 해외에 함께 진출할 수 있는 플랫폼을 만든다면 강력한 툴(Tool)이 될 수 있다.

대기업 종합상사 하나가 '한국 중소기업의 글로벌화를 위한 플랫폼 사업'을 제2 창업 비전으로 내걸고 다양한 형태의 플랫폼 사업을 펼칠 수 있다. 예컨대 1차적으로 유망한 중소기업 제품을 발굴해 지분을 투자하고 대기업 브랜드를 붙여 글로벌 시장에 진출시킬 수 있다. 단순히 제품을 모아 수출하는 과거의 종합상사 사업 모델에서 진화한 형태다. 유사한 사례로는 스타 마케팅 전문 기업인 스타 콜라보를 들 수 있다. 이 회사는 마케팅이나 매체 광고비가 부담스러운 중소기업을 위해 스타나 미디어와 협업해 제품이 팔리는 만큼의 수익을 로열티로 나누는 후불제 방식의 윈윈형 사업 모델을 도입했다.

2차적으로는 종합상사의 신용 아래 각국의 현지 유력 유통망과 합작하여 한국 중소기업 상품을 집단적으로 진출시키고 중소기업 제조를 한데 모아 산업단지를 조성한 다음, 현지 생산으로 납품하게 하는 방안도 가능하다.

중소기업 수출이 정체된 원인 중 하나는 정부의 마중물정책에도 있다. 중소기업에 대한 정부의 예산 지원이 제품 생산이나 개발 등 초기단계에 집중하다 보니 정작 해외 판로 개척과 마케팅 관련 비중은 전체의 10분의 1에도 미치지 못하고 있다. 중소기업의 수출 비중은 5년째 19퍼센트대를 벗어나지 못하고 있다. 수출하는 중소기업이 일자리의 열쇠이고, 중소기업의 열쇠는 수출에 있다. 즉, 글로벌 판로 개척에 달려 있다는 말이다. 정부의 정책자금 집행 방향을 글로벌로 진출할 수 있는 기회를 제공하는 플랫폼 구축 투자로 돌려야 하는 이유다. 내수 버티기를 돕는 것이 아니라 신흥 개도국으로 나가 다시 성장 기회를 찾도록 지원해주는 것이다. 중소기업에 연명이 아니라 장기적인 성장 활로를 열어주는 데 자금이 쓰여야 한다. 구조적 악순환을 해결하지 않고 정책자금만 지원하면 중소기업의 부채만 키울 뿐이다.

기업 스스로 혁신이 일어나도록 하려면 먼저 성장 기회를 얻어야 한다. 중소제조업, 좀비 기업들을 산업 공동화를 우려해 국내에 안고 있을수록 우리 산업은 고도화할 기회를 놓친다. 산업한류는 중소기업의 활로를 열어주는 프로젝트다.

중소기업 살리기는 대기업을 활용한 '동반 성장 3.0'에 있다

〈조선일보〉와 한국경제연구원의 여론조사 중에 한국 경제를 튼튼하게 하는 데 가장 시급한 과제가 무엇인지 묻는 질문이 있었다. 대기업과 중소기업의 상생이란 답변이 23.9퍼센트로 가장 많았다. 그런데 상생은 어떻게 이뤄지는가? 지금의 정부나 정치권의 상생정책은 대부분 적합 업종 선정 등 규제에 의한 대기업 견제와 중소기업 보호의 프레임이다. 보호하고 견제한다고 상생이 될까? 진정한 상생은 힘을 합쳐 새로운 성장 기회를 개발하는 데 있다.

출범한 지 6년째를 맞이한 동반성장위원회의 존립이 흔들리고 있다고 한다. 대기업과 중소기업의 상생을 위해 나섰지만 양측 모두에게 외면당하고 있다. 그동안 동반성장위원회가 정하는 중소기업 적합업종제도는 중소기업으로부터도 신뢰를 얻지 못했고, 대기업들은 동반성장지수가 획일적인 줄 세우기라고 불만을 제기해왔다. 불공정 거래 및 갑을관계 해소를 위한 벌점 부과 차원에서 벗어나지 못하고 있다. 공정 성장, 동반 성장, 포용적 성장 등 정치권의 화두와는 달리 왜 동반성장위원회는 대기업과 중소기업 모두로부터 외면받고 있는가? 동반 성장이라는 글자 그대로 대기업과 중소기업이 함께 힘을 합쳐 성장 파이를 어떻게 키울 것이냐 하는 문제의식보다는 대기업과 중소기업 간에 어떻게 파이를 나눠 먹느냐 하는 관점으로 출발한 것이 패착이다.

경제 성장기에는 기회가 많아 대기업과 중소기업이 함께 성장해 왔다. 대기업 수출이 중소기업의 동반 성장을 이끌던 성장 모델이 더 이상 먹히지 않고 있다. 중소기업이 대기업의 납품업체로 같이 성장하던 때가 동반 성장 1.0이라고 한다면 지금은 대기업이 글로벌 소싱(Sourcing, 조달)을 확대하면서 국내 중소기업에 대한 낙수 효과는 소멸되고 있다. 고도 성장기의 '대기업 물량 확대→중소기업 물량 증가→원가 인하→이익 확대' 선순환이 (대기업 완성품 사업이 성장 변곡점에 이른) 오늘날에는 '대기업 수주 감소→대기업 원가 악화→중소기업 물량 감소, 납품 단가 인하 압력→중소기업 수익 악화'의 악순환구조로 변질되었다. 우리 산업의 수직 계열화구조가 양극화 확대의 기폭제가 된 것이다. 중소기업 문제는 대기업의 폭리가 아니라 결국 주력 산업의 경쟁력 악화에서 비롯된다. 국내 대기업 납품 비중이 50퍼센트를 웃도는 매출구조를 수출 중심으로 바꾸지 않으면 중소기업의 미래는 어둡다. 한국의 주력 산업인 제조업이 개발도상국에 진출해 새로운 시장과 성장 기회를 얻지 못한다면 가까운 장래에 한국은 다른 나라의 하청기지나 소비 시장으로 전락하고 말 것이다. 미래의 한국 청년들이 세계를 전전하며 잡일을 하게 되지 않을까 우려된다.

최저 임금 인상이나 내수 시장 축소로 중소기업 제조 기반이 뿌리째 흔들리고 있다. 중소기업들이 고사하기 전에 해외로 나갈 수 있는 길을 찾아야 한다. 따라서 중소기업 살리기는 새로운 기술 개발 이전에 기존 기술과 업종의 해외 판로 개척이 우선이다. 해외 시장이 확보되고 출혈 경쟁이 완화되면 기술을 개발할 여력도 생겨난다. 중소기업이 새로운 아이템을 찾기에 앞서 현재 보유한 기술과 제품을 필요로 하는 지구촌 70퍼센트의 신흥 개도국으로 진출한다면 국내 업체와 경쟁하지 않고도 성장 기회가 열린다.

해외 판로 개척은 중소기업 독자적으로는 한계가 있다. 대기업을 키우는 데 기여한 중소기업의 활로와 기회 제공은 대기업이 브랜드 신용, 글로벌 네트워크를 활용해 할 수 있는 최선의 사회 공헌 사업이다. 중소기업이 그룹으로 해외로 나갈 수 있도록 앵커 기업 역할을 해주는 것이다. 삼성, LG 등 대기업이 국내 부품 협력업체인 중소 제조 기업을 중심으로 스마트 공장화를 지원하고 있지만 이보다 급한 것이 판로 확보를 통해 중소기업의 대기업 의존도를 줄이고 판매망을 다변화시켜주는 것이다. 중소기업이 하청업체에서 진정한 독립을 이룰 수 있는 길이기도 하다. 인프라 기업인 공기업을 활용한 중소기업 해외 진출도 가능하다.

다양한 제품과 기술을 가진 중소기업들이 그룹으로 모여 컨소시엄(Consortium, 동반자 간의 협력이나 동지를 뜻하는 라틴어에서 나온 말로 공동 목적을 위해 조직된 협회나 조합을 뜻함) 형태로 진출해야 힘을 얻는다. 영세한 개별 기업의 구조적 취약성을 보완해주도록 조합 형성 등 국내 기업 간의 협업이 필수적이다. 중소벤처기업부, 중소기업중앙회, IBK기업은행 등 국가 조직은 많으나 누가 12만 전통 제조 중소기업의 구심점 역할을 하고 있는가? 대한민국 중소기업을 하나로 묶어 줄 리더십이 보이지 않는다.

무엇보다 중소기업이 대규모로 해외에 진출하려면 앵커 기업이 필요하다. 양극화 문제는 대기업과 중소기업이 수직 계열화로 함께 성장해오던 과정에서 불가피하게 생겨난 것이므로 해결도 대기업과 중소기업의 협업에서 찾아야 한다. 국민이 키운 대기업, 국가의 기신인 내기업을 활용해 중소기업에 더 많은 성장 기회를 마련해주는 것이 본질적인 격차 해소방법이다. 삼성, LG 등 대기업은 해외 진출 시 협력업체 일부와 동반 진출하고 있다. 이를 민관협업으로 국가 차원에서 조직화하고 시스템화시켜 규모와 내용을 양국 간 쌍무 차원으로 끌어올린다. '같이 나누자'라는 동반 성장 2.0에서 '같이 성장 기회를 만들어 가자'라는 동반 성장 3.0으로의 진화는 융합 시대에 선택이 아니라 필수다.

시나리오 ③

일자리 창출과 제2 창업

우리 사회는 향후 3~5년간이 일자리 보릿고개다. 베이비 붐 세대의 정년 연장과 자녀 세대의 노동 시장 진출이 겹쳐 일자리 부족이 가장 심각하게 대두되고 청년과 장년 간 일자리 경쟁이 가장 치열해질 전망이다.

일자리 축소형 구조조정에서 일자리 창출형 구조 개혁으로

삼성전자가 하만을 인수해 미래 자동차 시장에 진출하고자 전장 사업에 뛰어들거나 포스코가 비철강분야인 전기자동차 배터리용 음극재 시장에 진출하는 등 대기업이 4차 산업혁명 시대에 대비해 관련 분야로 진출하고는 있지만 문제는 이들 신산업과 창업 및 벤처를 통해 만들어지는 일자리 증가 속도보다 몇 배나 빠르게 기존 일자리가 무너지고 있다는 데 있다. 더욱이 추격하는 중국 변수가 있어 새로운 제조분야에서의 승산은 더욱 불확실한 상태다. 4차 산업혁명의 분야라 할지라도 사업 모델 자체를 바꾸지 않고 제품만 바꾼 제조업으로는 중국 제조 기업의 추격에 얼마나 경쟁우위를 가져갈지 미지수다.

2016년 30대 대기업 그룹에서 일자리 2만 개가 사라졌다. 삼성, 현대중공업, 대우조선해양, 포스코 등 모두 우리나라 주력 산업을 담당하고 있는 기업들에서 줄어든 일자리다. 고용 절벽의 단초는 주력 신입의 앵커 기업인 대기업의 경쟁력 악화다. 기업들이 나름대로 적극적인 사업 재편을 추진하며 활로를 모색하고 있지만 성장과 일자리 창출은 느리기만 하다. 주력 사업이 성장 변곡점에 도달해 설비 확대 투자로는 더 이상 기회가 많지 않기 때문에 돈이 있어도 기존 사업만으로는 투자에 나서지 못하는 이유다. 기존 사업을 진화시켜 새로운 사업을 만들지 않는 한 일자리 창출 여지는 적다. 컴퓨터 제조업인 델컴퓨터는 데이터 저장업체 EMC를 인수했다. 기존의 제조 제품인 PC, 탭(Tab), PC 주변 기기와 서버, 스토리지, 네트워크 장비 시장의 성장 한계를 직시하고, IoT(Internet of Things, 사물인터넷), 클라우드 컴퓨팅, 사이버 보안, 통계를 이용한 예측 분석 등 모두 제조가 아닌 서비스 운영업인 신사업을 추진하려는 목적이다. 우리 기업도 델컴퓨터처럼 사업 변신을 통한 일자리 창출형 구조 개혁에 나서야만 일자리가 만들어진다.

대한상공회의소의 조사에 따르면, 최근 11년간(2005~2015년)

국내 제조 기업의 해외 이전으로 110만 개의 일자리가 해외로 나갔고 외자에 의한 일자리 유입은 7만 개에 그쳤다고 한다. 국내 제조업의 해외 이전은 돌이킬 수 없는 현상이다. 제조업이 비운 국내 일자리를 무엇으로 대체할 것인가? 결국 서비스 산업인데 수많은 서비스분야를 모두 글로벌 경쟁력을 가진 서비스로 키울 수는 없다. 제조가 신흥 개도국으로 이전하면서 서비스의 해외 진출도 늘어나겠지만 국내 일자리 공백을 메울 수 있는 서비스분야를 선정해 집중 육성해야 한다.

제조업에 상응하는 고용 효과와 성장 잠재력, 그리고 우리나라가 강점을 가진 서비스분야는 무엇일까? 앞에서 우리 기업의 제2 창업 신산업 비전 후보로 제시한 디지털 교육 산업은 한국이 강점을 가진 일자리 창출의 보고다. 이미 게임 개발로 가능성을 입증한 한국 청년들의 콘텐츠 개발 역량과 세계 최고의 사교육 시장을 만들어낸 국민적 교육열을 결합해 21세기형 맞춤형 디지털 교육 콘텐츠 시장을 선도할 수 있다. 한류와 결합된 디지털 교육 콘텐츠 시장은 무궁무진하다. 개발 인력이 무한대로 필요하다. 4차 산업혁명의 인공지능이나 로봇으로도 대체가 불가능한 일자리 영역이다(왜 교육 산업이 21세기형 일자리 창출의 보고인지는 필자가 집필한 《산업한류 혁명》에서 설명한 산업한류 7대 플랫폼 사업 중 디지털 교육 사업의 내용 참조).

또한 산업한류 7대 플랫폼 사업 중 하나인 스마트 시티 사업은 4차 산업혁명의 신기술 상용화 시장을 선점하기 위한 테스트 베드 전략이면서 외자 유치 전략이기도 하다. 제조 기업이 해외 이전으로 비운 공백을 외자 기업 유치로 일자리를 만들어야 한다. 외자 기업 유치는 지금과 같이 지자체 간 첨단 산업단지 조성 경쟁만으로는 효과가 없다. 신산업의 테스트 베드로서 확실한 비전, 인센티브, 규제 환경과 인프라를 선행적으로 구축할 때 외자 기업은 자연히 몰려온다. 싱가포르가 스마트 네이션(Smart Nation)이라는 국가 비전 전략을 내걸고 외자 기업 유치에 성공한 사례를 참고하기 바란다(필자가 집필한《산업한류 혁명》에서 설명한 6대 허브 역할 비전 중 4차 산업혁명 신산업 테스트 베드 허브의 내용 참조).

해외 국민 일자리 창출 30만 개, 산업과 청장년 연계 패키지

한국의 궁극적인 일자리 대책은 국내 일자리 창출의 구조적 한계를 인식하고 해외에 국민 일자리를 만드는 플랫폼 사업을 펼치는 데 있다. 국내 일자리는 2013년 43만 개, 2014년 28만 개, 2015년 35만 개 순증가에 그치고 있다. 신흥 개도국 30개국에 산업과 청장년 인력을 패키지로 묶은 맞춤형 산업단지를 30개 조성하면 30만 개의 국민 일자리를 해외에서 창출할 수 있다.

세계경제포럼이 130개국을 대상으로 인적 자본을 평가한 결과를 보면, 우리나라는 세계 최고의 우수한 청년 인적 자원을 갖고 있는데도 일자리를 만들지 못해 청년층의 노동 참여율이 최하위권이다. 우리나라 15~24세는 글을 읽고 쓰는 능력과 산술 능력은 만점을 받아 세계 1위지만 같은 나이대의 노동 참여율은 최하위권인 120

위다. 청년 일자리에 대한 명백한 국내 한계다. 연간 17조 원을 일자리 사업에 투입하고 있지만 실업률은 지속적으로 상승하고 있다. 정부는 지난 4년간 무려 52조 원의 일자리 예산을 투입하고 청년 고용대책을 열 차례 이상 내놓았지만 취업난을 해소하지 못하고 있다. 기존 방식으로는 일자리 문제를 해결할 수 없다는 뜻이다. 새로운 패러다임이 필요한 때다.

정부가 2016년에 투입한 청년 일자리 확충 예산은 2조 1,000억 원에 이르지만 청년층(15~29세) 취업자 증가 폭은 4만 8,000명에 불과하다. 청년 취업자 한 명을 늘리는 데 4,375만 원의 재정이 투입된 셈이다. 한편 4차 산업혁명의 선도국가가 되어 경제 재도약을 이루고 일자리를 창출하자는 주장은 청년 실업의 현재적 고통을 고려하면 기만에 가깝다. 청년 일자리 대책으로 청년 창업을 격려하는 무책임한 사회 풍조가 청년들을 뚜렷한 창업의 철학이나 경험도 쌓지 못한 채 창업 시장으로 내몰아 실패를 조장하는 건 아닌지도 되짚어봐야 할 때다.

일자리는 일이 먼저다. 할 일이 생겨나야 질 좋은 일자리가 생겨난다. 양질의 일자리는 양극화 해소와 공정 분배 노력으로 생겨나지 않는다. 할 일은 성장을 통해 생겨난다. 우리나라는 통계적으로 1퍼센트 GDP 성장률이 15만 명의 신규 고용을 가져온다. 최소 4퍼센트는 성장해야 60만 명(15만 명×4퍼센트)을 고용할 수 있게 되어 매년 신규 배출되는 청년들을 흡수할 수 있다.

▌일자리 대책은 국내 일자리 한계를 직시하는 것에서부터 시작

일자리마이너스 요인는 줄어들고 있는데 일자리 수요플러스 요인는 급증하고 있다. 일자리의 최대 공급자인 중소제조업체의 해외 탈출 가속화마이너스 요인와 저부가화(임금 격차 확대)로 양질 일자리 축소마이너스 요인, 대기업 주력 사업 성장 정체로 인력 감축 긴축 경영마이너스 요인, 제조 거점 해외 이전마이너스 요인 및 미래 사업 비전 부재로 투자 부진마이너스 요인 및 신규 일자리 창출형 구조 개혁은 지연마이너스 요인 되고 있다. 20~24세 청년 인구가 2010년대 초반에 비해 10만 명이나 늘어난 70만 명에 달한다. 연간 100만 명씩 태어난 베이비 붐 세대의 자녀들이플러스 요인 한꺼번에 취업전선으로 나오고 있다. 한편 베이비 붐 세대의 정년이 연장마이너스 요인되면서 대체 일자리마저 줄어들고 있다.

청년 실업은 정년 연장이 시작된 2016년부터 더 심화되고 있다. 구직자는 늘어나는데 일자리는 플러스 요인보다 마이너스 요인이 훨씬 더 많다. 게다가 더욱이 실업자 중 대졸 인력이 45.1퍼센트다. 한국의 25~64세 인구 중에서 전문대 이상을 졸업한 고등교육 이수자 비율은 45퍼센트(2014년)로 OECD 회원국 중 최고 수준이다. 독일 27퍼센트, 핀란드 42퍼센트, 오스트리아 30퍼센트 등 유럽 선진국보다 높다. 하지만 상대적으로 고학력을 필요로 하는 관리, 전문, 기술직 종사자 비율은 21.6퍼센트다. 독일 43.5퍼센트, 핀란드 45.2퍼센트 등의 절반에도 못 미친다. 국내에 고학력 인력을 소화할 수 있는 일자리가 부족하다는 뜻이다. 반면 고졸을 필요로 하는 중소기업은 향후 10년간 200만 명의 인력이 부족하다는 예측도 있다. 우리나라 인재들이 국내보다는 국제적으로 기여할 이유가 여기에 있다.

일자리 문제는 부모와 자녀가 일자리를 놓고 다투는 세대 갈등으로까지 비화되고 있다. 부모 세대에 비해 상대적으로 기회가 많지 않다는 기회의 불평등이 청년 문제의 본질이다. 헬조선은 희망이 없다는, 즉 기회가 없다는 표현이 아닌가. 기성 세대가 어떻게 청년 세대에게 기회를 만들어 줄 것이냐가 관건이며 이는 기성 세대의 책임이다.

한편 〈매일경제신문〉이 조선업 구조조정으로 실직 대상자 재교육을 위해 희망분야를 조사했더니 70퍼센트가 요리 기술을 배우겠다고 했다. 세계 조선업을 주름잡던 기술을 가진 인력들이 다시 국가산업에 기여할 수 있는 길을 열어줘야 한다. 청년 실업 못지않게 장년층 실업도 심각한 이유다.

인구 밀도 최고인 나라, 가진 것이라곤 인재밖에 없는 나라, 나라전체가 인재 양성소나 다름없다. 내수 시장은 인재 풀(Pool)만큼의 일자리를 만들기에는 구조적으로 시장 규모가 너무 작다. 더욱이 내수 시장도 성장기에서 성숙기에 접어들어 정체되고 있지 않은가. 향후 5년간 청년 실업 절벽은 더욱 악화될 것이다.

국내 일자리 한계를 직시한다면 우리에게 남겨진 선택은 해외밖에 없다. 우리 국민이 해외로 나가는 것은 숙명이다. 한국은 위기 때마다 과감한 글로벌화로 국운을 열었다. 청년 실업 문제도 일자리

범위를 국내가 아닌 세계로 확장하는 프런티어 개척정신으로 승부해야 하는 이유다. 문제는 실패하지 않게 나갈 수 있는 방법이다.

▌국제 사회에서 국가 일자리를 잃어버린 것이 청년 일자리 문제다

왜 일자리가 부족하게 되었는지 그 근본을 살펴보자. 한국호가 이렇게 된 것이 몇 년 사이 갑자기 일어난 일이 아니듯이 장기적인 관점에서 방향을 틀고 근본적인 대책을 세워야 한다. 급하다고 단기적인 일자리 대책만 쏟아 낸다면 근본적인 해결은 어렵다.

일단 급한 불은 꺼야 하니 근로 시간 단축 등 일자리 나누기 정책도 추진해야 하지만 양질의 일자리 대책도 병행해야 한다. 일자리 부족의 근본 원인은 국민의 먹고 사는 문제인 주력 산업의 경쟁력 저하다. 주력 산업은 곧 국제 사회 교역 분업구도에서 한국의 경쟁력 있는 역할이고 국가 일자리를 의미한다. 국제 사회에 한국의 새 일자리가 생겨야 청년 일자리가 생겨난다. 한 나라의 국제 사회 역할은 경제 개발 수준에 따라 진화한다. 우리 국민이 생존에 급급하던 시대에는 생계 해결에 매달렸다면, 선진국 문턱까지 성장한 지금은 우리끼리 잘 먹고 잘 사는 길을 찾을 것이 아니라 어떻게 한국이 국제 사회에 기여할 것인지를 고민해야 한다. 바로 여기에 우리가 재도약할 수 있는 길이 있기 때문이다.

제조 강국, 수출 강국 입지를 활용해 해외 일자리 창출 플랫폼 사업을 일으켜야 국내 일자리 한계를 극복할 수 있다. 국내에 근무하고 있는 신흥 개도국 출신 노동자 100만 명의 일자리를 우리 국민의 일자리로 바꿀 수 있다. 수입 노동자에 의존하는 저부가업종의 공장을 청장년 패키지로 해서 신흥 개도국으로 이전시켜 맞춤형 산업단지를 조성한다. 청년 실업은 일자리가 없는 게 아니라 산업이 저부가화되어 수입 노동자로 대체되고, 우리 청년 수준에 맞는 일자리가 줄어든 탓이 크다. 우리 국민의 의식 수준과 역량에 맞는 일자리가 부족한 것이다.

국내 고임금을 견디지 못하고 베트남으로 이전한 한국 기업에 취직한 한국 청년 대부분에게는 현지인 직원을 관리하는 매니저 업무가 주어진다. 외국 노동자를 수입해 와서 유지하는 국내의 제조업종은 냉정하게 보면 우리 국민이 할 일이 아니다. 고졸과 대졸의 일이 다르듯이 국민 소득 수준에 따라 그 나라 국민이 할 일도 더 부가가치 높은 사업으로 옮겨가는 것이 당연하다.

신흥 개도국에 맞춤형 산업단지를 조성하고, 기성 세대와 청년 세대가 함께 진출하면 무한한 기회가 열린다. 아시아, 아프리카와 같은 개발도상국은 선진국에 비해 우리 청년들이 취업할 때 필요한 비자 발급도 용이하다. 저부가업종의 공장을 신흥 시장으로 이전시켜 외국인 근로자의 일자리를 자국으로 옮겨주고 우리나라 청장년을 패키지로 보내 국내 인력의 일자리로 대체할 수 있다. 맞춤형 산업단지가 해외 일자리 창출 플랫폼인 이유다.

단순히 성장률이 올라간다고 일자리가 생기는 시대가 아니다. 숙련된 퇴직자를 활용하고 고용 시장에 진입하는 청년들을 잘 교육시키려면 일자리 대책을 어떻게 설계해야 하는가? 국민 개개인의 역량을 필요로 하는 시장이 생길 때 양질의 일자리가 만들어진다. 맞춤형 산업단지는 우리 국민의 기술과 업종을 필요로 하는 신흥 개도국으로 진출해 현지와 윈윈형 일자리를 만드는 플랫폼이다. 신흥 개도국의 시장은 숙련 인력이 턱없이 부족하다. 우리나라 제조 기업이 현지에 진출할 때 기술 인력인 장년층과 청년층을 함께 진출시켜 초기 가동을 조기에 정상화시켜주는 것이 현지 경쟁력 확보에 최대 관건이다. 산업과 인력을 묶는 코리아 통합 패키지다. 중장년층 및 청년층의 해외 진출 교두보다. 초기 파견 시 인력의 인건비 부담이 크므로 정부가 중소기업정책자금과 일자리 예산 일부를 전용해 지원할 수 있다. 중소기업 살리기와 일자리 창출의 예산 취지를 직접적으로 살릴 수 있기 때문이다. 일단 현지에 진출한 청장년은 현지에 파견 나가 있는 동안 현지에서 사업 기회를 찾을 수도 있고 현지를 이해하면서 준지역전문가로 변신할 수 있는 기회를 얻게 된다. 성장 시장인 신흥 개도국에 우리 내수 시장보다 훨씬 더 많은 일자리 기회가 주어지는 것이다.

우리 기업이 현지 공장을 설립하면 현지 근로자를 한국에 보내 기계 설비를 다루는 법 등 기본 기술을 가장 먼저 가르친다. 현지인을 한국에 파견해 교육시키는 비용 등을 고려하면 더 많은 한국 기술자가 현지에 파견되어 조기에 품질을 안정시키고 직무교육을 시키는 것이 바람직하다. 베트남에 진출하는 기업들이 단순히 낮은 인건비를 이용한 수출기지가 아니라 현지에 뿌리내리고 현지 기업으로 지속 가능한 성장을 하려면 더 많은 한국 인력이 현지에 파견

되어 현지 시장을 연구하고 현지 인력 개발에 노력을 기울여야 한다. 수출공장은 본사의 제조 하청 기능을 수행하기 때문에 현지 판매 인력, 제품 현지화를 위한 기술 개발 관련 인력 양성 등에 소홀하다. 그 결과가 인건비가 올라가면 경쟁력을 잃고 철새처럼 탈출하는 기업들이다. 중국의 경우가 대표적인 사례다.

카자흐스탄과 한국 정부는 각국의 청년들이 협업해 창업에 나서도록 통합 시스템을 만들기로 합의했다. 청년의 벤처 창업을 국내에만 국한하지 않고 신흥 개도국으로 진출시키면 더 많은 창업 기회가 생긴다. 즉, 청년들이 해외로 나갈 수 있는 플랫폼만 만들어진다면 더 많은 기회가 생겨나는 것이다. 일자리 예산은 취업 고용 지원이 아니라 일자리 자체를 만드는 사업 개발이 본질이다. 2015년 청년 실업 문제 해결책으로 도입한 상생고용지원금제도의 경우 대기업 85.2퍼센트가 이용하지 않았다. 억지로 일자리를 늘릴 수 없는 노릇이다. 일자리 예산 17조 원, 중소기업 정책 지원 17조 원, 국내 산업단지 조성자금 일부만 활용해도 우리 국민이 신흥 시장으로 진출하도록 플랫폼 사업을 펼칠 수 있다.

정부는 성장률과 고용률이 높은 일본과 아세안 지역에 3년간 1만 명 청년 수출정책을 추진하고 있는데 과연 효과가 있을까? 인턴이나 봉사단 양산은 단기적 대응일 뿐, 현지 취업에 도움이 안 된다는 점은 이미 잘 알려져 있다. 현지에 일거리를 먼저 만들어주고 청년을 보내야 한다. 맞춤형 산업단지를 만들어 앞에서 언급한 예산 일부를 전용해 초기 정착금, 렌트 주거비, 생활비 등을 지원해주면 해외 취업을 획기적으로 늘릴 수 있다.

미래 시장 기회 선점, 지역전문가 30∼50만 명 파견

또한 일자리 보릿고개를 넘기기 위한 과도기 대책으로 국내 대기업의 해외 사업장을 활용한 청년 세대 지역전문가제도를 운영한다. 이는 삼성의 지역전문가제도를 범국가적으로 확대하는 것이다. 우리 기업이 지구촌 곳곳에 뿌리내리게 하려는 미래 인재 개발 투자라고 보면 된다.

100만 명의 청년이 사실상 실업 상태다. 정부가 한상(韓商) 인턴십 등을 활용해 청년 해외 취업 대책을 추진하고 있다. 대학 졸업자들이 몰리는 대기업을 대신해 새로운 양질의 일자리 공급에 정부가 나서는 모양새다. 3년간 일본, 아세안 지역에서만 청년 1만 명의 취업을 목표로 하고 있다. 특히 해외 취업을 돕는 프로그램인 K무브(K―Move) 스쿨도 지원한다. 일본과는 '3+1'제도를 도입해 4년제 대학 재학생이 3년간 국내에서 수업을 듣고 마지막 1년은 일본 대학에서 공부한 뒤, 현지에 취업하는 프로그램이다. 얼마나 효과가 있을지는 미지수다.

한 국가의 경제 성장 기회는 산업과 시장의 매트릭스에 달려 있다. 시장전문가를 키울 생각은 하지 않고 대학들이 모두 융합만 경쟁하고 있다. 대한민국은 세계 2위의 FTA 경제 영토를 지닌 자유무역의 허브다. 산업 경쟁력 못지않게 시장전문가가 중요하다. 대한민국이 재도약하기 위해서는 4차 산업 신기술을 전공한 엔지니어 양성만큼 시장전문가 양성도 중요하다는 뜻이다. 일례로 아세안 시장이 중국 대안으로 떠오르고 있다. 아세안 시장을 장기적으로 대한민국의 파트너로 만들려면 아세안 인재를 선점하는 것이 가장 급선무다. 인재 선점은 아세안 시장에서 우리 기업과 경쟁하고 있는 중국과 일본을 이기는 필수조건이다.

제2기 글로벌 진출은 내수 중심이고, 중소기업 중심이어야 한다. 내수 시장 개발은 현지 이해도가 높은 전문가 없이는 어렵다. 한국 중소기업들이 아세안으로 진출하는 데는 현지를 잘 아는 아세안전문가가 필수적이다. 한국 인재의 아세안전문가화, 아세안 인재의 한국전문화가 그것이다. 한국을 아는 아세안전문가는 한국 기업과 현지를 잇는 매개체가 되고, 한국 기업을 내수 시장에 뿌리내리게 하는 첨병이며 센서다.

정부가 신(新)남방정책을 추진하고 있다. 아세안전문가를 지금의 10배 이상으로 키우자. 이는 한국 청년들의 아세안 진출 플랫폼이다. 국내 대학은 단순한 어학 전공이 아니라 베트남비즈니스학과, 인도네시아비즈니스학과와 같이 아세안 국가별 비즈니스전문가를 배출하도록 과정을 보완하고, 대학 학기 중 1년 정도는 현지로 파견해 현지에 진출해 있는 한국 기업에서 인턴십을 하면서 현지를 배우도록 한다. 독일이 학교와 기업 현장을 오가며 일과 학습을 병행하는 '견습생 프로그램'을 통해 학생들을 제조업의 장인으로 만드는 동시에 청년 일자리 문제를 해결하듯이 한국도 신흥 개도국전문가를 양성해 일자리 문제를 해결할 수 있다. 영국은 2010년부터 2015년까지 독일식 견습생 자리를 220만 개나 만들었다.

대기업들이 구조조정으로 대졸 채용을 줄이고 기존 인력도 감축하고 있다. 유보금을 쌓아두고도 투자하지 않고 일자리를 제공하지 못하니 반기업 정서가 커질 수밖에 없다. 30대 그룹이 대한민국 미래 시장의 기회 선점을 위해 매년 대졸 청년을 6만 명~10만 명씩, 향후 5년간 30만 명~50만 명을 지역전문가로 신흥 개도국에 파견한다면 최고의 사회 공헌 사업이 될 것이다. 이는 일자리 보릿고개를 돌파하기 위한 극단의 대책이기도 하다. 삼성 이건희 회장이 초일류 기업을 선언하며 1990년 지역전문가를 파견했다. 오늘날 글로벌 기업 삼성을 만든 양대 축으로 핵심 기술 인력과 지역전문가 양성을 꼽지 않는가. 신흥 개도국으로 파견된 청년들은 국내 기업의 해외 법인에 소속되어 현지 언어를 배우고 업무 경험을 쌓으며 봉사 활동에도 참여한다. 현지의 사회 문화 연구를 병행해 현지 이해도를 높인다. 이들은 개방 경제인 한국의 기업들이 미래에 세계 곳곳의 현지 내수 시장을 개발하고 현지 기업으로 뿌리내리게 하는 데 중추적인 네트워크를 형성할 것이다.

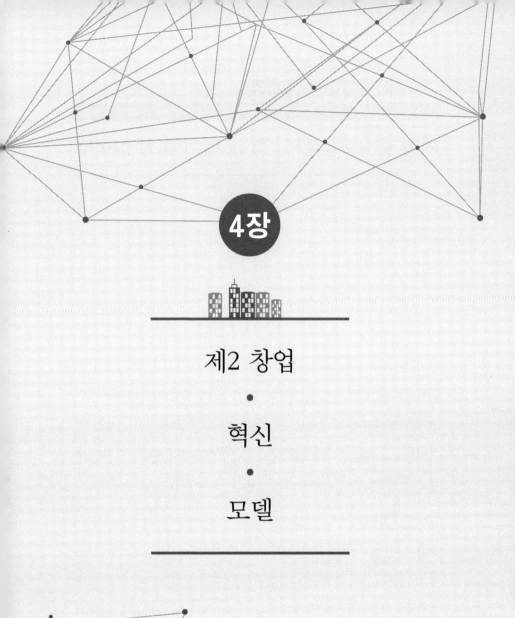

4장

제2 창업
·
혁신
·
모델

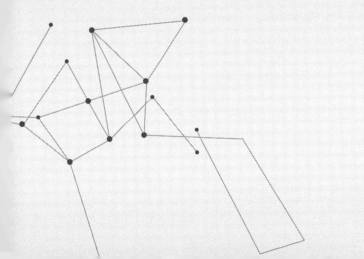

기업 운영 패러다임 혁신, 반기업 정서 해법

이건희 회장은 글로벌 초일류 기업의 제2 창업 비전을 제시하며 그 실현방안으로 신경영을 선언했다. 삼성 경영의 제반 면에서 질 경영으로의 대전환이다. 그로부터 약 30년이 지나고 삼성은 외형상 글로벌 기업으로 성장하는데 성공했다.

이건희 회장의 대표적인 경영 혁신 사례로는 선진 제품 비교전시회, 파격적인 성과 보상과 우수 인재 유치, 그리고 1등주의를 꼽을 수 있다. 선진 제품 비교전시회는 철저하게 경쟁사를 모방해 경쟁력을 올리는 벤치마킹 기법이다. 1등주의는 이병철 회장의 제일주의, 성과 보상과 우수 인재 유치는 인재 제일에 뿌리를 두고 있는 인적 자원의 관리 기술이다. 이건희 회장의 신경영은 삼성의 양적 팽창에 제동을 걸고 본격적인 질 경영 시대로 옮겨간 계기가 되었다. 생산 규모를 늘려 매출과 이익을 키우던 관리의 삼성이 양적 성장의 경영단계에서 기술, 마케팅, 디자인 경영으로 품질과 브랜드를 향상시켜 나가는 시작점이 되었다. 그의 신경영이 국내 사업을 글로벌 사업으로, 3등 사업을 1등 사업으로 성장시켜 왔다면 이제 1등이 된 사업을 2차 도약시키기 위해서는 그의 신경영 개념을 어떻게 진화시켜야 하는가?

2014년 삼성 신년 시무식에서 이건희 회장이 쓰러지기 전에 제시한 마지막 화두는 '한계 돌파'다. 한계는 새로운 궤도, 즉 뉴 패러다임이 있을 때만 돌파할 수 있다. 궤도 내 혁신이 아니라 기존 궤도를 벗어나 새로운 궤도로 바꿔 타는 신경영(New Management)이다. 지금 이 시대에 필요한 신경영은 사업을 키우기 위한 경영 기법이 아니라 기업 운영의 근본 패러다임 자체를 진화시키는 것을 의미한다. 그가 키워낸 1등 기업, 파워 브랜드, 경쟁우위 기업으로서의 삼성이 존경받는 브랜드, 사회적 기업, 국민 기업, 비경쟁 사업의 삼성으로 진화할 때 그의 신경영은 완성될 것이다. 그는 우리에게 그 숙제를 넘긴 것이다.

기업 사이클의 완성, 사회적 기업

디지털 경제 시대로 전환하면서 경영 패러다임 변화가 주목받고 있다. 그런데 그 변화는 인공지능 접목이나 4차 산업혁명의 신기술 활용, 플랫폼 기업, 데이터 기업 등 기업의 형태에 관한 것들이지 기업의 본질적인 운영 패러다임 혁신을 의미하는 것은 아니다. 기업이 생애주기상 성숙기에 도달했을 때 기업 운영의 뉴 패러다임은 무엇인가? 반기업 정서를 해소하려면 기업 운영 패러다임을 어떻게 바꿔야 하는가?

[제2 창업 혁신 모델]

- 규제공화국 극복, 반기업 정서 해법
- 주력 사업 성장 변곡점, 기업 운영 패러다임 진화

사회적 기업
(국민 기업)

제2 창업

사업 진화
혁신

글로벌 진출
3.0

- 4차 산업혁명 대응 해법
- 기존 사업 재생 및 재도약

- 보호 무역, 수출 절벽 극복
- 창업 이념의 글로벌 확장

우리 사회가 더 발전하기 위해서는 사회 변혁의 동력인 기업이 롤 모델이 되어야 하며 그 중심에 대기업의 체질 변화가 있다.

미국 IT 기업들의 신기술만 보지 말고 그 뿌리인 미국 기업인들의 사업 이념을 보자. 돈벌이 아이템을 찾는 것이 아니라 사회 문제를 해결하는 데 앞장서는 사업가정신이 오늘날의 미국 창업을 이끌고 있다. 기업 운영 패러다임이 진화하고 있다. 영리 기업에서 사회적 기업으로 진화하고 있는 것이다. 이는 '기업 성장' 패러다임에서 '기업 운용' 패러다임으로의 대전환을 의미한다. 운용은 기업 사이클을 완성시키는, 즉 결실을 맺어 사회로부터 존경을 받는 일이다.

기업을 운용한다는 것은 기존 업을 더 키우려는 게 아니라 업(業)의 본질을 찾아 사업을 진화시키는 일이며 이는 곧 창업 이념을 재해석해 실현하는 일이다. 예컨대 GE는 의료 기기 사업 관련해서 '병원이 환자의 치료 역량을 높이고 임상 및 재정 측면에서 탁월한 성과를 내도록 도와주는 것이 궁극적인 목표'라고 사업 이념을 재정의한 다음, 의료 기기를 팔기만 하다가 최근 의료 종합컨설팅 회사로 변신 중이다. 고객에게(병원) 효율성이 극대화되는 결과 중심의 솔루션을 제공하는 것을 목표로 한다. 결과 또한 다양한 고객들이 각기 추구하는 다른 목표를 의미한다. 이를 위해 의료 기기 50만 개를 연결한 '헬스 클라우드'를 통해 의료진을 적재적소에 연결시켜 최상의 의료 서비스를 제공하도록 컨설팅하고 협진과 협업이 이뤄질 수 있는 환경을 구축하고 있다.

성장기가 사업의 수단을 키우는 시기라면 성숙기는 사업의 본질로 진화하는 시기다. 수단인 제품과 서비스가 소비자에게 제공하는 본질적인 가치는 무엇인지를 찾는다. 예를 들어 소비자는 자동차를 구매하는 것이 아니라 편리하고 안전한 이동을 구매한다. 자동차는 수단이고 후자가 자동차업의 본질이다. 기업은 업의 본질로 사업을 진화시켜 사회적 책무를 다할 때 사회적 기업으로 진화한다. 이는 곧 기업이 창업 이념을 실천함으로써 기업 사이클을 완성하는 것이다.

▌사회적 기업에 대한 오해와 개념 진화

우리 기업은 사회 공헌과 사회적 기업에 대한 이해에 있어 1차원적 개념에 머물러 있다. 사회 공헌은 기업 이미지를 관리하는 수단으로, 사회적 기업은 저소득층을 고용하는 기업 정도로 치부하고 있지는 않은가?

우리 사회는 경제 교육교과서를 두고 보수와 진보로 나눠져 편향성에 대해 이견이 많다. 기존 경영학은 기업을 자본주의 시스템으로 보호받는 이윤 극대화를 추진하는 사기업으로 정의한다. 사기업과 사회적 기업에 대한 개념 진화의 정체가 우리 사회의 기업 진화를 막고 있다. 일례로 사기업에 있어 사회 공헌은 본업이 아닌 최소한의 사회 책무로 인식하고 사회도 기업의 사회 공헌을 생색내기 정도로 치부하는 이유다. 이는 시장 경제의 반대 개념으로 사회적 경제가 대두되는 배경이기도 하다.

기업가정신을 가르쳐야 할 학교가 사회적 기업을 예로 들면서 반기업 정서를 조장한다는 우려도 있다. 영리 기업은 사회적 공헌이나 약자에 대한 배려에 관심이 없고 이윤을 추구하면서 저소득층 일자리도 늘리는 기업은 사회적 기업밖에 없다고 주장한다. 기업의 영리 활동을 부정적으로 보는 시각도 사회적 기업에 대한 오해에서 비롯된다.

사회적 기업에 대한 또 다른 오해를 보자. 유해한 재료를 쓰지 않고 친환경 제품을 만든다고 해서 사회적 책임을 다하는 사회적 기업인가? 경영학의 구루인 피터 드러커는 기업의 책임을 '성과를 내는 것'과 '사회적 책임을 다하는 것'이라고 했다. 이는 사회에 부정적인 일을 하면서 수익만 올리는 것을 경계한 것이다. 준법 경영과 정도 경영만으로 사회적 책임을 다했다고 볼 수 있는가? 사회 공헌 활동에 기부금을 많이 낸다고 다 사회적 기업인가?

오늘날 기업들이 사회 공헌 활동에 경쟁적으로 매달려도 반기업 정서가 없어지기는커녕 더 확대되는 이유는 무엇인가? 기업이 돈을 벌어 세금을 많이 내고 일자리를 제공한다는 것만으로 사회적 책무를 다했다고 할 수 있을까? 기업의 사회적 책임이 부각되면서 공유 가치 창출(CSV: Creating Shared Value)에 기업들의 관심이 증가하고 있다. 그러나 영업 활동을 통한 경제적 가치를 사회적 가치와 조화시켜 사회에 공헌할 수 있어야 한다는 사고 역시 수동적인 발상에 불과하다.

오늘날 우리 사회에 통용되는 사회적 기업은 진정한 사회적 기업이 아니다. 사회적 기업은 사회 약자들을 위한 특수 기업에 한정되지 않는다. 사회적 기업으로 불리는 조직과 단체 대부분이 정부 보조금으로 연명한다는 사실은 사회적 기업에 대한 오해를 불러일으킨 주범이다. 이는 정부가 책임져야 하는 사회적 약자들을 돌보는 복지 프로그램에 기업이란 이름을 붙인 결과다. 일부 자선단체나 봉사단체가 기업의 형태를 갖췄다고 해서 진정한 기업은 아니다. 세금을 분배하는 또 하나의 방안일 뿐 세금 지원 없이 생존이 불가능하다면 기업이라 부를 수 없다. 기업은 수익을 내야 지속 가능하다. 수익성을 확보하지 못한 기업은 아무리 의미 있는 사업을 펼쳐도 지속할 수 없기 때문이다. 따라서 국민 세금을 지원받아 운영되는 복지단체는 엄밀한 의미의 사회적 기업이 아니다.

'사회 사업'은 공동체인 사회와 그 구성원인 소비자 문제를 해결함으로써 사회로부터 사랑받고 존경받는 사업을 말한다. '사회적 기업'은 사회 사업을 펼치면서도 기업 영속의 기본조건인 수익성을 확보해 지속 가능한 사업 모델을 구축한 기업이다. 사회 사업이 바로 기업의 사회적 책임이자 미션이며 존재 목적이 되는 것이다. 사회적 기업은 특정 계층이나 집단에 대한 일시적 물질적 지원에 그치지 않고 사회 문제를 초래하는 사회적 환경구조 자체를 바꿔 더 많은 사회 구성원, 즉 소비자가 혜택을 입게 하는 기업이다. 사회적 기업의 연구 개발은 곧 소비자 중심, 사람 중심을 의미한다. 사회적 기업의 사업은 사회적 가치, 즉 공헌 이념을 추구하면서 재무적 이익 목표도 동시에 달성할 수 있는 사업이다. 두 목표를 동시에 달성할 수 있는 가치분야를 개발하는 것이 사회 사업 R&D다.

유통 창업 벤처 기업인 글로벌네트웍스는 미트박스라는 플랫폼을 출시했다. 육류의 유통과정에 존재하는 불합리한 거래 관행을 혁신해 축산물 생산업자와 동네 정육점, 식당 등의 소매점이 직거래가 가능하도록 전자상거래 솔루션을 개발한 것이다. 창고에 쌓인 고기를 소유주만 바꿔 가면서 유통 마진을 붙인다거나 재고도 없는 고기를 가짜로 판매하는 등 불합리를 바로 잡기 위함이다. 원산지 가격보다 몇 배 높은 가격이 형성되는데도 힘없는 동네 정육점이나 영세 식당주들은 원재료가 없어 아예 장사를 할 수 없거나 비이성적 중간 마진구조를 알면서도 당할 수밖에 없는 상황이었다. 미트 박스 플랫폼은 중간 마진 거품을 걷어내 정육점이나 자영업자가 직거래로 30퍼센트 싸게 고기를 구매할 수 있게 함으로써 이들의 고통을 해결해준 것이다.

이와 같이 시장(또는 사회)에 존재하는 모든 비효율적 요소인 사회 문제를 찾아내 솔루션을 제시함으로써 사회 문제 해결, 즉 소비자 후생과 편익을 올려주는 모든 혁신 활동은 사회 사업이다. 아마존은 좋은 상품을 싸고 편리하게 공급하기 위해 신기술과 신유통 개념을 접목해 전통적인 유통을 좀 더 효율적인 형태로 혁신하면서 기업 가치 1조 달러를 바라보는 기업으로 성장하고 있다(2018년 현재 7,000억 달러). 알리바바 마윈 회장은 "기업가의 돈은 사회와 국가가 맡긴 책임이다. 진정한 기업가라면 중대한 결정을 내릴 때 돈이 아닌 도덕, 가치관, 사회적 책임에 따라야 한다. 기업가는 경제와 사회 발전의 과학자다"라고 주장한다. 이는 제2 창업의 주제이자 2차 도약의 주제이고 4차 산업혁명 시대의 벤처 창업의 주제다.

▋왜 이 시대에 사회적 기업인가?

2014년을 기준으로 했을 때 100년 이상 된 장수 기업은 미국이 1만 2,780개, 독일이 1만 73개, 네덜란드가 3,357개에 달하지만 한국은 산업화 역사가 짧은 탓도 있지만 고작 7개에 불과하다. 명문 장수 기업의 비결은 무엇일까? 끊임없는 R&D로 제품 차별화를 통해 회사를 성장시키는 것은 기본이다. 정작 중요한 비결은 원활한 경영권 승계작업을 통해 경영구도를 안정적으로 유지하고 회사의 성과를 반드시 직원 및 지역 사회와 더불어 공유하는 데 있다. 그렇다면 기업이 성과를 사회와 공유하는 바람직한 방법은 무엇인가?

정부가 공공정책으로 모든 사회 문제를 해결할 수는 없다. 이 사회에서는 기업에 1차 책임이 있다. 기업이 격차 해소, 사회안전망, 복지 확대, 환경 문제 등 사회 문제를 해결하는 질적인 성장 기회에 적극 나서야 하는 이유다. 개인 삶의 문제를 더 이상 개인의 노력만으로는 해결이 불가능하고 공동의 노력으로 풀어 나가야 하기 때문이다. 일례로 더 좋은 공기가 있는 환경에서 살고 싶다고 해서 환경 문제를 개인이 해결할 수 없다. 게다가 사회는 초연결 사회로 진화하고 있어 모두가 연결되어 있으므로 모든 사회 문제 또한 독립적이지 않고 연결되어 있다. 공동체의 노력으로만 풀어나갈 수 있으므로 사회적 해법이 필요한 시대이고 사회적 기업이 필요한 이유다. 어차피 사회 속의 기업은 개인이 해결하지 못하는 더 큰 문제를 해결하라고 조직화된 것이다. 소비자도 사회적인 의미를 지닌 제품과 서비스를 선호한다.

부정부패 금지, 윤리 경영, 투명 경영의 단계를 넘어 사회 공헌 사업 자체가 기업의 주도적 책임이자 역할이 되고 사업 기회가 되는 시대다. 주력 사업의 변곡점, 제2 창업 시대에 기업 이념이 경제적 가치, 즉 이윤 추구에서 공동체의 사회적 가치 중심으로 옮겨가고 있는 배경이다.

글로벌 IT 선도 기업들이 앞다퉈 인류가 직면한 지구촌 난제 해결에 나서겠다는 비전을 내세우고 있다. 페이스북 창업자 마크 저커버그는 "지난 10여 년 동안 페이스북이 친구와 가족을 연결하는 일에 초점을 맞춰 왔다면 다음 중점 사업은 공동체를 위한 사회적 인프라를 건설하는 일이 될 것"이라며 다음 단계 비전을 제시했다.

대기업은 크게 성장한 기업일 뿐이다. 성공한 기업은 존경받는 기업이다. 우리나라 대기업들이 제시하는 사회적 비전은 무엇인가? 사업을 바라보는 격이 기업의 품격(Class)을 결정하는 시대다. 이것저것 신사업에 진출하는 것이 능사가 아니고 그 신사업을 통해 세상에 무슨 기여를 하려고 하는지에 대한 사회적 비전을 먼저 내놓아야 한다. 대기업이 어떤 비전으로 사업 진화를 하고 우리 사회 문제를 해결할 것인지 국민은, 즉 소비자는 듣고 싶어 한다.

재벌 대기업이 존경받지 못하는 이유는 무엇인가? 재벌의 수난은 승계 문제가 아니라 승계 비전의 부재에서 비롯된다. 1등 기업(파워 브랜드)에서 존경받는 기업(클래스 브랜드)으로의 전환은 단순히 명예 문제가 아니라 기업 생애주기 사이클에서 필수다. 존경은 존경받을 일을 할 때 얻어진다. 존경받는 일은 곧 사회 문제를 해결하는 사회 사업이다. 사회 사업을 펼치는 기업은 더 이상 영리 기업이 아니라 사회적 기업이다. 돈을 벌려는 기업이 아니라 돈이 저절로 따라오는 기업이다. 더 많은 사람이 더 크게 공감하는 문제 해법일수록 더 큰 존경과 사랑을 받는다. 단기적 이익이 없어도 사회의 호응이 주가로 나타나고 사회로부터 인정받는 국민 기업이 될 때 우리는 이를 사회적 기업이라 부른다. 기업의 궁극적 진화 목표는 사회의 공기(公器)인 사회적 기업이다.

시장 기회 측면, 왜 사회적 기업의 성장 잠재력이 높은가?

기업이 성장하고 있을 때에는 소비자의 기대가 더 좋은 제품에 있지만 대기업으로 성장하고 나면 사회 공동체가 당면한 문제를 해결해 달라는 기대로 바뀐다. 이 사회에 가장 힘 있는 집단이 대기업이기 때문이다.

사회의 기대에 부응해 사업 내용을 진화시켜 나가는 것이 기업의 사명이다. 이는 기업의 관심사가 재무적 이슈, 즉 생산 활동을 통한 매출이나 이익에서 사회적 이슈로 무게 중심이 옮겨가고 있는 배경이다. 단순한 사회 공헌 활동을 넘어 사회적 가치를 창출하는 데서 새로운 성장 기회를 찾을 수 있기 때문이다. 세계가 산업화로 인해 대량 생산과 대량 소비가 발생하고, 이로 인한 공급 과잉과 환경 훼손 등을 초래했기 때문에 앞으로 지속 가능한 성장을 위해서는 이러한 고도 성장기 문제를 어떻게 해결할 것인지가 큰 이슈다.

세계 인구 중에서 30억 명이 굶고 있지만 세계가 생산하는 식량은 지구촌 인구의 2배를 먹여 살릴 수 있다. 더 많은 생산이 아니라 더 적은 손실과 공정한 분배가 훨씬 더 중요해진 것이다. 이러한 문제들을 누가 해결할 수 있는가? 유니레버 CEO인 폴 폴먼은 "수질을 개선하고 빈곤과 기아를 줄이기 위한 해법을 제시하는 과정에서 비즈니스 기회를 찾을 수 있다. 기업이 사회 문제 해결에 적극 나서는 것은 기업의 지속 가능한 성장을 위해서도 이롭다. 망가진 사회에서 기업만 성공할 수는 없다"라고 말했다. 2010년 딥 마인드를 창업한 데미스 하사비스도 자신의 발명이 "기후 변화나 질병처럼 다양한 사회 문제를 해결할 수 있는 범용 인공지능을 개발하기 위해서"라고 밝혔다.

사회 문제를 해결하는 사회 사업이 새로운 블루 오션으로 떠오르고 있다. 사회 문제를 새롭게 정의하고 해결 비전을 제시할 때 새로운 시장이 열리는 시대다. 사업의 관점을 사회 문제 해결로 옮기면 무한한 사업 기회가 펼쳐진다. 예를 들어 소프트뱅크의 자회사인 에스비드라이브(SB Drive)는 고령화 문제로 인한 지방의 버스 기사 부족 문제를 해결하기 위해 이동통신 사업으로 구축한 기지국 시설을 활용해서 버스를 원격 조정하는 자율주행버스 사업을 펼치고 있다.

금세기의 글로벌 선도 기업들은 과거 GM, GE, IBM 등과 같은 주주 이익 극대화 경영 이념에서 모두 사회적 기업을 지향한다. 마윈 회장은 "알리바바는 우리 사업이 사회 문제를 해결하느냐의 관점에서 5년마다 전략을 재검토한다"라고 하면서 "더 큰 문제를 해결할수록 더 큰 성공을 거둘 수 있다"라고 주장한다. 마윈 회장은 클라우드에 모인 정보를 대기업, 강대국, 거대 미디어 등 정보가 많은 집단이 아닌 상대적으로 소외된 약소국, 중소기업, 소비자에게 개방해 이들의 혁신을 돕겠다는 사업 이념으로 클라우드 사업을 추진하고 있다. 그는 미국의 트럼프 정부 출범 이후 보호 무역주의가 사회적인 이슈가 되고 있는 가운데 미국과 중국 간의 통상 전쟁을 막는데 도움이 된다면 알리바바의 이익을 희생할 용의가 있다고도 말했다.

2017년 4월 삼성전자는 엘리엇과 같은 헤지펀드의 압력 때문에 49조 3,000억 원 상당의 자사주를 소각하겠다고 발표했다. 미래 비전이 아닌 자사주 매입으로 주가를 부양해 주주 친화정책을 펴는 것이다. 아마존, 우버, 테슬라 같은 기업들이 적자가 나도 기업 가치가 치솟는 이유는 사회 문제 솔루션을 제시하는 차별화된 사업 이념과 비전이 사회로부터 공감을 얻기 때문이다. 예컨대 한국의 재벌 대기업이 계열사에만 국한하지 않고 글로벌 브랜드 아래 한국의 중소기업을 세계 1등 기업으로 만든다는 목표를 세우고 대기업의 자금, 연구 개발, 유통망, 마케팅 능력을 제공해 한국산 제품의 수준을 일류화시키는 데 앞장선다면, 그리고 중소기업과 신흥 개도국으로 동반 진출해 맞춤형 산업화를 지원하고 지구촌 균형 발전에 기여하겠다는 비전을 제시한다면, 우리 국민과 세계 시민은 한국의 재벌 대기업을 어떻게 바라볼까?

어떻게 사회적 기업으로 진화할 것인가?

기업 진화의 완성인 사회적 기업의 참모습은 어떠한가? 먼저 사회 공헌 이념으로 사회 문제를 해결하는 사회 (임팩트) 사업을 펼친다. 매출과 이익 성장 중심이 아니라 직원 성장을 최우선으로 한다. 자사만의 강점과 전통을 활용해 차별화된 비경쟁 사업을 펼친다. 즉, 블루 오션 시장을 창출한다. 기업 운영의 리더십이 사회적 가치를 최우선시하는 사회 사업가로 진화해 있다. 단순히 제품을 제조하고 판매하는 기업을 넘어 사회 발전의 동력인 교육적 가치가 핵심 부가가치가 되는 '지식 서비스'의 소프트 사업을 펼친다.

존경받는 기업은 매출 덩치가 아니라 사업 내용으로 평가된다. 새로운 시장을 창출한 퍼스트 무버(First Mover) 기업에 소비자는 환호한다. 시장에서도 차별화된 영역으로 장기간 독점적인 지위가 가능하다. 사회 난제를 해결함으로써 수익은 저절로 일어나고 장기적인 수익성도 확보된다.

[사회적 기업으로의 기업 운영 패러다임 진화]

패러다임	사업 이념	사업 내용	업계 위상	조직 문화	리더십
성장기	성장 이념	수익사업 중심 (업의 수단)	경쟁 사업	기업 성장 중심	경영자 (전문가)
성숙기	역할·공헌 이념	사회사업 중심 (업의 본질)	비경쟁 사업	직원 성장 중심	사업가 (운용자)

▍**경쟁우위 성장 이념에서 공헌 이념과 역할 이념으로**

2005년 당시 삼성전자 CEO인 윤종용 부회장은《초일류 기업 7대 인자》를 임직원 교육 목적으로 집필했다. 당시 윤독회(輪讀會)에 참여하면서 필자는 경영원리에 대해 관심을 갖게 되었으며 실전과 연구를 함께 하게 된 계기가 되었다.

윤종용 부회장이 초일류 기업이 되기 위한 첫 번째 인자로 꼽은 것은 '꿈과 비전과 목표'다. 기업과 사업의 명분을 세우고 정의하는 일이 기업인의 가장 중요한 출발점이라는 점에서 윤독회에 참가한 멤버들은 모두 공감했다. 삼성이 이 사회에 어떤 역할을 할 것인지, 어떤 사회 문제를 해결할 것인지, 명분 있는 사명이 있을 때 직원의 열정과 사회, 곧 소비자의 지지를 모을 수 있다는 것이었다.

그런데 그 후 다시 삼성이 이념과 비전을 진지하게 고민했던 기억은 없다. 이건희 회장이 인재와 기술로 인류 사회에 공헌한다는 제2 창업 이념을 제시했지만 임직원들에게 실질적인 영향을 주지는 못했다. 삼성은 그동안 오직 글로벌 1등, 매출 성장과 이익 극대화를 위해 달려왔다. 고도 성장기 기업의 핵심 경쟁력은 고품질의 제품이나 서비스를 남보다 싸게 생산해 시장에서 효과적으로 판매하는 것이다. 삼성전자가 단기간에 글로벌 기업이 될 수 있었던 배경이다. 삼성의 신화는 계속될 수 있는가?

[영리 기업에서 사회적 기업으로 진화시키는 조타수, 역할 이념]

1등, 세계 최고 등 경쟁 기반의 성장 이념에서 기업의 존재 목적인 사회적 기업으로 진화하려면 기업 이념부터 진화시켜야 한다. 성장기의 기업은 영리 기업을 지향하고 성장 이념을 추구한다. 영리 극대화는 미래에 창업 이념을 실현하기 위한 힘을 기르는 과정이다. "몇 년 내 ○○를 따라 잡겠다", "1등을 하겠다" 등의 메시지에서 벗어나지 못하는 기업은 아직도 성장기 패러다임에서 벗어나지 못하고 있다는 뜻이다.

기업이 변곡점에 이르면 성장이 정체되고 안팎으로 어려움을 겪게 된다. 이때 분위기를 바꿀 수 있는 것은 도전, 근성, 열정과 같은 말잔치보다 새롭게 해석된 창업 이념과 사업 이념에 뿌리를 내린 새로운 사업 비전이다. 일본항공(JAL)의 우에키 요시하루 사장은 취임 후 '덩치가 가장 큰 항공사'를 지향하던 성장 이념을 '고객에게 가장 사랑받는 항공사'로 바꾼 다음, 당시 부실했던 기업을 재건하는 데 성공했다. 사회적 기업은 성장 이념이나 경쟁 이념이 아닌 공헌 이념과 역할 이념을 가진 기업이다. 공헌 이념은 사회적 가치를 중심에 두고 있다.

영리 기업은 사업 진출을 검토할 때 시장성, 수익성, 필요한 기술과 인재 확보 유무, 자금력 등을 검토하는 것이 상식이다. 특히 수익 회수 기간에 대해 매우 현실적 관점을 견지한다. 하지만 사회적 기업은 상식적인 수익 회수 기간이 보이지 않는다. 내부에 어떤 기술을 갖고 있는지도 문제가 되지 않는다.

래리 페이지(구글 창업자)나 마크 저커버그 같은 사업가들은 '매출'이란 단어를 절대 입에 올리지 않는다. 대신 그들은 시장에서 승리할 수 있는 '기업 목적과 전략'을 제시하는 데 집중한다. 어떤 사회 문제, 소비자 문제를 해결할 수 있느냐에 집중하면서 기업을 변신시켜 나가는 것이다. 즉, 성장 이념이 아닌 기업 운용 이념을 추구한다. 사회적 기업의 이념과 비전은 기업을 더 키우려는 성장관점에서 기업을 어떻게 잘 운용해 사회에 의미 있는 역할을 할 것인가의 관점으로 진화한다.

앞서 언급한 초일류는 경쟁에 머무르고 있는 일류를 뛰어넘는 단계다. 초일류 기업의 길은 차별화된 역할을 찾을 때 비로소 열린다. 진정한 초일류 기업은 인간의 삶을 근본적으로 바꾸는 사업을 고민한다. 스티브 잡스가 'Think Different!'라는 사업 이념으로 만들어 낸 스마트폰으로 인류의 삶이 어떻게 바뀌었는가? 구글은 2004년 기업 공개 후 기술력이 있는 유망 기업 200개를 인수 및 합병을 했다. 문어발식으로 엄청나게 다양한 사업을 펼치고 있지만 모두 인류 삶의 방식을 바꾸겠다는 구글의 창업 이념 아래에 있다. 도시 문제를 해결하는 방안을 모색하는 사이드워크랩, 당뇨병 환자들이 피를 뽑는 고통 없이 눈물로 혈당을 잴 수 있는 스마트 콘택트렌즈를 개발하는 라이프사이언스 등 구글의 모든 도전은 인간을 향해 있다. '이불변응만변(以不變應萬變, 《주역》에 나오는 말로 내 속에 변하지 않는 것으로 변화하는 세상에 대응한다는 의미임)'이다. 기업 운영에서 무엇을 불변으로 삼을 것인가? 바로 기업 이념이다.

[기업 이념 진화]

생명 주기	태동기	성장기	성숙기
	창업 이념	성장 이념	창업 이념 실천 (역할과 공헌 이념)
기업 이념 진화	· 잘살아보세(한국) · 사업보국(삼성) · 인화경영(LG) · 개척정신(현대) · 제철보국(포스코)	· 극일(克日) · 업계 1등, 일류 기업 · 글로벌 기업 · 초격차, 초일류 · 프리미엄 브랜드 · 최고 제품과 서비스 · 더 빨리, 더 좋게, 더 싸게 · Value for money · 기술 선도	"어떻게 업계 최고가 되고, 더 크게 성장할 것이냐?"에서 지금까지 축적한 기술, 인재, 브랜드, 유보금 등 회사 자산을 활용해 "무엇을 할 것이냐, 즉 어떤 사회 문제를 해결할 것이냐?"로 진화

▌수익 중심에서 사회 임팩트 사업 중심으로

최근 글로벌 IT 기업들의 공통된 특징은 모두 기술 혁신의 목표가 구체적인 사회 문제 해결에 초점을 두고 있다는 점이다. 아마존의 제프 베조스, 테슬라의 일론 머스크, 구글의 래리 페이지, 페이스북의 마크 저커버그 등 글로벌 리딩 기업들은 모두 사회적 이념을 내세운다. 이들의 목표는 단기적 수익성과는 거리가 멀다. 미국 소비자만을 위한 사업이 아니라 지구촌 전체에 영향을 미치는 인류과제에 도전하는 것이 공통점이다.

제프 베조스는 "우리가 벌이는 모든 사업은 회사에 이익이 되기까지 많은 시간이 걸리지만 고객에게는 즉각 이익이 되는 것들"이라며 "만약 우리가 2~3년 내에 돈을 벌 생각이었다면 킨들 태블릿이나 아마존 웹 서비스, 아마존 프라임 같은 중요한 사업을 시작조차 못했을 것"이라고 말했다. 그의 경영 철학에는 아마존이 당장의 돈벌이보다 사회 구성원(소비자)에게 새로운 가치를 제공하는 것을 우선시하는 사회적 기업을 지향한다는 의지가 담겨 있다.

전기차의 수익성도 아직 확보하지 못한 상태에서 일론 머스크는 여러 가지 새로운 사업에 도전하고 있다. 그의 사업 이념이 더 좋은 전기차를 두고 시장 경쟁에서 이기는 것이 아니라 지속 가능한 에너지로 세상의 변화를 가속시키는 것에 있기 때문이다. 하물며 냉혹한 장사꾼 이미지를 가진 미국의 트럼프 대통령조차도 투자와 투기의 차이점을 정의하면서 "값이 오르길 기다리면 투기고 사서 '무엇을 할까?, 어디에 쓸까?'를 연구해 값어치를 올린다면 투자다"라고 했다. 사회적 명분이 없는 사업은 그저 돈벌이 장사고 투기일 뿐이다.

전기 스쿠터업계의 테슬라로 불리는 고고로(Gogoro) 창업자 호러스 루크는 "우리는 돈에 집중하지 않는다. 충격에 집중한다. 진정으로 세계를 변화시키는 기술을 창출할 수 있다면 그것이 전부다. 우리는 전형적인 기업의 목표에 집중하지 않는다. 우리가 미래 세대에 가할 수 있는 충격 때문에 고고로에 흥분한다"라면서 자신의 사업 이념을 드러냈다. 대만은 전체 인구 2,300만 명 중 1,400만 명이 스쿠터를 탄다. 스쿠터가 뿜어내는 대기 오염이 심각해 만성 폐질환 환자가 급증하고 있다. 사회적 기업인으로 변신한 진정한 사업가의 모습이다.

페이스북의 SNS 사업이나 구글의 검색 사업은 처음부터 돈벌이고 시작한 사업이 아니다. 사람들이 모일 수 있는 환경을 조성하면, 즉 고객 공감을 일으키면 수익은 저절로 따라온다. 오늘날 플랫폼 기업의 공통점이다.

[돈벌이가 아닌 사회 문제 해결형 사회 사업으로]

"억만장자가 되고 싶으세요? 쉬워요. 100억 달러 규모의 문제를 해결하면 됩니다."

인도에서 고작 5달러를 들고 미국행을 택해 억만장자의 신화를 쓴 문 익스프레스의 창업자 나빈 자인은 "현존하는 사회, 경제적 문제는 정부나 대기업에 의해 해결되는 것이 아니다. 사업가정신을 가진 사람들에 의해 풀린다. 문제도, 해결방법도 존재한다. 오직 엔터프리너십(Entrepreneurship, 기업가정신)이 열쇠다"라고 주장한다. 100억 달러 규모의 문제란 특정 이슈가 아닌 교육 격차, 기아(빈곤)와 질병, 기후 변화, 에너지 고갈 등 인류가 전반적으로 직면하고 있는 문제들이라고 지적한다. 이 문제를 기업가정신을 통해 해결하면 억만장자가 될 수 있다는 이야기다. 그는 또한 모든 기업가는 사회적 기업가라면서 사회적 문제 해결의 중요성을 강조한다. 특히 교육을 해결해야 할 분야 1순위로 꼽았다.

우버는 저소득층이 많아 택시를 타기 어려운 교통 소외 지역 문제를 해결하기 위해 택시보다 싼 가격에 대기 시간까지 줄인 서비스를 제공한다. 우버의 생산성은 택시 3배이며 음주운전 사고도 8퍼센트나 감소시켜 사회적 비용 1조 5,000억 원이 절약된다고 한다.

돈을 벌려는 목적이 우선이 아니고 사회가 필요로 하는 사업을 개발하는 데 주안점을 둔다. 돈 벌려는 사업이라면 이미 남이 돈을 벌고 있는 사업을 카피해 경쟁에 뛰어들 가능성이 높다. 이스라엘 벤처 기업 모빌아이의 공동 창업자인 암논 샤슈아는 "돈이 아니라 안전한 세상을 만드는 것이 나의 목표"라고 했다. 그리고 순수한 연구동기가 이 회사의 경쟁력이라면서 안전 기술 개발에 대한 그의 집념을 피력했다. 그는 1993년 "교통사고로 인한 모든 죽음을 없애겠다"라는 비전으로 첨단운전자보조시스템(ADAS, 많은 상황 가운데 일부를 차량 스스로 인지하고 상황을 판단해 기계 장치를 제어하는 기술) 관련 기업을 창업했다. 돈벌이 아이템을 찾으려 하지 말고 우리 회사가 사회에, 소비자에게 어떻게 기여할 것인지 자사만의 사회 역할을 찾는 연구 개발로 혁신방향을 틀 때 더 많은 사업 기회가 눈에 들어온다.

기술과 제품에 앞서 어떤 사회 문제, 소비자 문제를 해결하겠다는 사업 진화 비전이 혁신의 출발점이다. 사회 문제 해결을 위한 융합 솔루션에서 부가가치가 나오는 시대다. 제조와 판매라는 업의 수단에서 업의 본질인 문제 해결형의 공헌 사업으로 사업 내용을 진화시켜야 하는 이유다. 개발 시대의 경제 성장기에서는 경쟁 아이템과 기술에서 사업 기회를 개발하지만 경제 성숙기에서는 사회 문제 해결에서 새로운 사업 기회가 생겨난다. 전 세계적으로 창업 붐이 일고, 혁신이 아니라 창업이 시대의 화두가 되고 있는 배경이다. 기존 기업이 제2 창업으로 사업을 진화시켜 새로운 시장 기회를 잡지 못할 때 벤처 창업이 나타나 기존 기업을 대체해 버리는 것이 4차 산업혁명의 창업 붐이다. 기존 기업의 경쟁자가 벤처 창업가로 바뀌고 있는 것이다. 4차 산업혁명 시대에는 기존 일자리의 70퍼센트가 사라진다고 전망한다. 단, 기존의 경쟁 사업 부문에서 그렇다. 사회 문제, 소비자 문제의 해결 사업에는 새로운 일자리가 무궁무진하다. 아마존은 온라인 서점에서 출발해 유통, 드론의 무인 택배, 인공지능, 우주 개발 등 전방위적으로 사업 영역을 넓히고 있다. 소비자 문제 해결형의 사회 사업이라는 시대 흐름을 이해함으로써 새로 포착한 사업 기회들이다.

사회적 기업은 사업 내용으로 기업의 특성을 드러낸다. 2017년 7

월에 오픈한 미국의 온라인 숍인 브랜드리스는 '생필품 민주화'라는 창업 이념을 내걸고 엄선된 양질의 생필품을 모두 3달러 (고정) 가격에 공급한다. 브랜드, 로고, 디자인, 광고 등 군더더기를 모두 제거함으로써 가격 거품을 뺀 저가를 실현했다. 양극화 문제를 겪는 사회에서 생필품만큼은 소비자들이 더 나은 상품을 사용할 수 있도록 평등한 기회를 제공한다는 비전을 제시한 것이다. 이에 미국 사회는 생활용품 3달러 혁명을 일으켰다고 호응하고 있다. 비즈니스 분석 솔루션 기업인 SAS는 아동 학대 방지 연구 프로젝트를 발표하고 사회 문제 해결에 앞장서고 있다. 아이들의 학교 출석률, 건강 데이터, 부모의 소득 정도, 과거 부모의 아동 학대 경력 등을 분석해 사고를 미리 예방하는 프로젝트다.

〈포춘〉이 '세상을 바꾸는 혁신 기업 50'의 순위를 발표했다. 50개 기업 가운데 한국 기업으로는 실버 택배 사업을 펼치고 있는 CJ가 유일하게 38위로 선정됐다. 인구 고령화가 글로벌 사회적 이슈로 대두되는 가운데 CJ대한통운이 실버 택배를 통해 양질의 노인 일자리를 창출하고 노인 빈곤 문제를 해소하는 데 기여했다는 점에서 높은 점수를 받은 것이다.

미국 최대 은행인 JP모건은 경제 부흥을 위한 청사진을 제공한다. JP모건은 제조업 일자리를 늘리기 위해 매년 2억 5,000만 달러 규모의 투자를 유치하고 지역 사회 재건 사업을 벌이고 있다. 이러한 노력의 결과로 1,700개의 일자리가 디트로이트에서 만들어졌다. 식품 연구 회사인 DSM은 아프리카와 중동 등에서 벌어지고 있는 기근과 영양실조를 해결하는 데 앞장서고 있다. 이 회사는 기아와 영양실조를 해소하기 위한 장기적인 프로젝트를 사업화시키고 인근의 소규모 농장에서 재배한 대두와 옥수수로 기근과의 전쟁을 벌이고 있다. 애플은 세상에서 가장 인기 있는 제품을 통해 건강과 교육, 그리고 날씨 등의 정보를 제공한다. 스마트폰과 PC, 기타 기기들을 통해 인류 사회에 거대한 문화적 기반을 구축했다는 평가를 받고 있다. 특히 애플의 팀 쿡 CEO는 〈포춘〉과의 인터뷰에서 "앱 이코노미를 통해 생산되는 경제적 가치가 200만 명의 고용을 유발하는 효과를 발생시킨다"라고 주장했다.

[지속 성장은 사회 문제를 찾아 지속적으로 사업 변신을 해야만 가능]

우리나라 GDP의 15퍼센트를 차지하고 있는 건설 산업은 180만 명의 국민을 고용한다. 하지만 국내의 경우 경제 발전이 성숙기에 접어들어 건설 수요가 정체되어 있다. 따라서 대형 공사 수주 위주의 외형 성장 경쟁에서 탈피해 노후 시설 개선이나 도시 재생 같은 국민 안전과 삶의 질을 제고하는 사회 사업으로 패러다임을 전환할 때 2차 도약의 기회가 열린다.

지멘스가 인천시, 서울시와 벌이는 스마트 시티 사업은 단순히 이익 추구만이 아니라 온실가스와 환경오염이라는 사회 문제를 해결하고자 도시 인프라를 더욱 안전하고 편한 공간으로 만드는 사회 사업이다. 사회 전체가 미래 사회로 발전하도록 촉진하는 사업이다.

스마트 시티 사업의 핵심 기술은 IoT와 인터넷 통신 기술, 그리고 데이터다. 선진 기업들은 새로운 기술을 이용해 어떤 사회 문제를 해결할 것인가에 초점을 두고 있는 반면, 한국 기업들은 아직도 제조업의 관성에서 벗어나지 못해 4차 산업혁명의 신기술 개발이나 신기술이 접목된 제품 개발에만 매달리고 있다. 신기술 자체 및 단위 제품의 제조 경쟁은 차별화된 비즈니스 모델로 지속될 수 없다. 반기업 정서도 기업이 시대가 요구하는 일을 찾지 못하고 기존 사업에 매여 출혈 경쟁에 매달릴 때 생겨난다.

▌경쟁 사업에서 비경쟁 사업으로 진화

기업 성장기 때의 경쟁은 성장 동력이지만 성숙기 때의 경쟁은 공멸의 길이다. 경쟁 사업의 필연적 말로에서 벗어나 비경쟁 사업으로 진화해야 지속 성장이 가능하다. 비경쟁 사업은 사회의 해결되지 않은 문제를 찾아 자사의 역량을 활용해 해결함으로써 새로운 시장을 여는 것이다. 경쟁 사업에서 비경쟁 사업으로의 진화에 성공한 기업이 사회적 기업이다.

김상조 공정거래위원장은 네이버에 대해 "네이버는 애플을 창업한 미국의 스티브 잡스처럼 미래의 비전을 제시하지 못했다. 지금처럼 가다가는 수많은 민원의 대상이 될 수밖에 없다"라고 비판했다. 그의 말이 역풍을 맞았지만 기업인들이 사회로부터 존경받지 못하는 한 단면이기도 하다.

경쟁이 없는 사업은 나만의 새로운 시장을 창출하는 것이다. 세계 IT 기업 빅 5를 보면 각 분야에서 확고한 독점적 위치를 차지하고 있다. 매출 성장세와 이익에서 다른 기업을 압도하고 있다. 이 기업들이 갖고 있는 힘의 원천은 모두 각 분야에서 세계 최고의 데이터다. 애플, 구글, 마이크로소프트, 아마존, 페이스북의 주가가 계속 상승하고 있는 것은 이들이 각기 다른 분야에서 새로운 미래를 지속적으로 펼쳐 보이기 때문이다.

삼성전자가 글로벌 1등 기업이 되었어도 존경받지 못하는 이유 중 하나가 삼성이 새로 일으킨 사업은 없고 다른 기업이 하고 있는 경쟁 사업이라는 점이다. 경쟁 사업, 즉 제품 기술과 제조 기술을 향상시키는 혁신은 레드 오션인 반면 사회가 필요로 하는 사회 사업은 블루 오션이며 비경쟁 영역이다. 경쟁하지 않고 차별화된, 자사만의 강점을 살린 사업으로의 진화가 사회적 기업이고 제2 창업이다. 창업과 기업가정신이 사회 전체의 화두가 되고 있는 배경이다.

[진정한 초일류 기업은 비경쟁 사업을 펼치는 기업]

테슬라는 전기차를 잘 만드는 일로 다른 전기차업체들과 경쟁하지 않는다. 전기차를 만들고는 있지만 사명에는 '모터스'란 단어를 아예 빼버렸다. 스스로를 에너지 기업이라 부르며 배터리와 충전소 사업 확장에 나서고 있다. 자사의 블로그 등을 통해 전기차 관련 특허와 설계도를 경쟁사에 공개한다. 자동차업체들과 경쟁관계에 있지 않다는 점을 단적으로 보여주고 있다.

구글, 우버, 에어비앤비 등의 플랫폼 기업이 펼치는 사업들은 대부분 비즈니스 모델 면에서 다른 회사들과 경쟁관계에 있지 않다.

자동차업체들은 테슬라와 어떻게 경쟁할지 혼란스럽다. 구글, 우버, 에어비앤비도 일반 기업 기준으로는 경쟁력을 파악하기 어렵다. 이런 기업들을 본질적으로 이해하는 방법은 바로 비즈니스 모델 관점이다.

《제로 투 원(Zero to One)》의 저자면서 페이팔 창업자인 피터 틸은 "독점할 수 있는 새로운 시장에 뛰어들어야 한다"라고 주장하면서 피 튀기는 경쟁을 하지 않고도 안정적 수익을 낼 수 있는 행복한 기업은 저마다 독특한 문제 해결을 통해 독점을 구축한다고 말했다. 완전 경쟁 시장에서는 모든 회사가 차별화되지 않은 똑같은 제품을 생산하며 경쟁한다. 수익성이 남아 있다면 다른 회사가 진입해 물량을 늘리고 비용을 줄이는 바람에 결국 모든 업체가 수익성을 잃게 된다. 이에 반해 경쟁 없는 사업이란, 결국 완전히 새로운 시장을 창출하는 것이다. 모든 기업이 창조적 독점 기업이 되는, 경쟁이 없어지는 시대가 바로 성숙기의 경제 생태계다.

진정한 일류 기업은 정해진 파이를 두고 경쟁하는 것이 아니라 파이 자체를 키운다. 정해진 파이를 두고 경쟁에서 이긴다면 1등 기업은 될 수 있으나 일류 기업이 될 수는 없다. 이는 경쟁하지 않는 분야에서 새로운 가치를 개발한다는 뜻이자 시장에서 차별화된 역할이 있다는 뜻이다. 따라서 경쟁에서 벗어나기 위해서는 '온리 원(Only One)'으로 승부해야 한다.

공급 과잉의 시대, 기술의 보편화 시대를 맞아 진정한 차별화, 'Only One' 시대로 전환되고 있다. 기술력과 대량 생산으로 경쟁하던 시대가 종말을 고하고 있는 것이다. 'Number One'에서 'Only One'으로 게임이 바뀌고 있다. 차별화의 진정한 의미는 곧 역할이다. 자사만의 강점을 활용한 사회 기여 역할이 'Only One'이다.

영국 가전업체 다이슨의 창업자 제임스 다이슨은 "다이슨은 돈을 좇는 기업이 아니라 남들이 시도하지 못하는 걸 만드는 기업이다. 우리는 신나는 모험을 하고 있다"라면서 먼지 봉투 없는 청소기, 날개 없는 선풍기 등을 개발했다. 가격은 일반 제품의 10배나 되지만 소비자들은 이 회사의 제품들이 비싸다고 불평하지 않는다. 비록 다이슨이 이미 범용화된 하드웨어를 만드는 제조사지만 세상에 없는 온리 원(Only One) 콘셉트로 기존 제품을 재창조함으로써 비경쟁 사업을 표방하는 기업이 되었다.

[나만의 자산과 역량을 활용한 나만의 차별화된 역할]

기업이 지속 가능하려면 경쟁 사업에서 탈출하여 자사만의 역할을 사업 영역으로 구축할 수 있어야 한다. 혁신의 방향을 '더 잘하기(1등) 경쟁 사업'이 아니라 나의 강점을 활용한 사업을 발굴하는 데 둔다. 자사만의 고유한 경험이 축적된 데이터가 혁신의 원천이다. 나만의 경험 자산인 빅데이터를 축적해 블루 오션을 창출하는 것이다. 사업 변신의 기회를 새로운 것에서 찾지 않고 자사만의 기존 역량과 자산에서 출발하면 경쟁 사업에서 벗어나 자사만의 고유한 비경쟁 사업으로 진화할 수 있다. 일례로 시스코가 네트워크 장비를 판매하는 하드웨어 기업에서 보안 기업으로 변신했다. 네트워크 장비를 판매하는 것은 경쟁 사업이지만 시스코가 네트워크 장비를 판매하면서 고객으로부터 축적한 정보는 시스코만의 경험 정보로, 이를 활용해 각 고객에게 맞춤형 보안 솔루션을 제공하면 비경쟁 사업으로 옮겨가는 것이다.

자사만의 영역을 찾아, 즉 문제를 정의해 그 분야 데이터를 축적하면 독보적인 기업이 될 수 있다. 특정 분야에서 고객의 데이터를 축적하고 이를 활용해 맞춤형 서비스업을 일으키면 남들과 경쟁하지 않는 사업을 펼칠 수 있다. 하드웨어 중심의 IoT 사업, 즉 단순히 제품에 센서와 통신 칩을 달아 스마트 제품으로 만들어 판매하는 제조 중심 사업은 중국 등 저가 경쟁업체와 차별화가 어렵지만 IoT로 축적한 데이터를 누적하고 분석한다면 나만의 서비스 사업으로 발전시킬 수 있다. 예컨대 단순히 에어컨을 팔 게 아니라 IoT 센서를 단 에어컨이 방마다 사람 수를 읽으면서 냉방 강도를 조절하고 사람이 없으면 저절로 꺼지도록 건물 유형별로 맞춤형 시스템을 구축한다면 건물주는 전기료를 절약할 수 있게 되므로 특정분야에서 비경쟁 B2B 사업으로 진화가 가능하다.

▮ 기업 성장 중심의 조직 문화에서 직원 성장 중심의 조직 문화로

스위스 국제경영개발원(IMD)이 2016년 평가한 한국의 국가 경쟁력 지수는 61개국 중 29위로 대만, 말레이시아, 중국, 태국, 체코에도 밀렸다. 한국이 모범 성장국가에서 변방국가로 전락하고 있다는 우려를 낳고 있다. 경쟁력 하락의 가장 큰 요인은 노동 시장이다.

1년 사이 35위에서 51위로 하락했다. 특히 노사관계 59위, 근로자 동기 부여 59위, 숙련 노동자 확보 48위 등 기업 효율성은 48위로 거의 꼴찌수준이다. 낮은 근로자 동기 부여는 사업 비전의 노후화, 숙련 노동자 확보 부진은 단기 실적에 치중한 기업 문화에 기인한다.

OECD 자료에 의하면, 한국 인력의 질은 대학 졸업 이후 직장 근속연수가 늘수록 선진국에 비해 점점 더 뒤처지고 있다. 기업이 사람을 키우지 못하고 정체시키고 있다는 뜻이다. 직원들을 쳇바퀴 돌듯이 일꾼으로 부려먹기만 한 결과다.

고도 성장기에 기업은 급성장을 했지만 자원으로 투입된 직원은 회사와 함께 성장하지 못하고 소모품으로 전락해 버렸다. 인재로 성장하지 못한 직원은 회사 성장이 정체되면 명예퇴직 대상이 되고 사회로 방출된다. 회사에서 특정 직무에만 종사하던 이들이 사회에 적응하기란 쉽지 않으며 이는 모두 사회 부담으로 돌아온다. 직원이 회사를 떠나더라도 공동체에 기여할 수 있는 역량을 갖춘 사회인으로 길러내는 역할이 기업에 있어야 하며 이는 진정한 사회적 기업의 의무다.

산업 시대는 곧 제조 시대다. 미래는 지식 기반 시대다. 업무의 본질이 산업 기반에서 지식 기반으로 진화하고 있는데도 아직 많은 한국 기업이 제조업 시대의 경영방식을 고수하고 있다. 이는 지식의 원천인 사람 중심으로 새로운 경영 시스템을 정립해야 한다는 뜻이다. 사람을 중심에 두는 기업 운영의 뉴 패러다임이 요구된다.

우리 사회는 갑질, 자살률, 실업률, 빈곤율 등 각종 부정적 지표에서 OECD 1위를 달리고 있다. 시민의식이 경제 성장을 따라잡지 못한 결과다.

기업 문화가 그대로 투영된 것이 사회다. 모든 사회 문제는 기업 문화의 결과물이다. 기업 진화를 통해 사회 진화가 이뤄진다. 성숙된 사회를 만들려면 사회의 주축인 기업의 조직 문화를 성숙시켜야한다. 특히 재벌 대기업은 국내 기업을 대표하면서 국내 기업의 규범을 결정하는 절대적인 영향력을 갖고 있다. 재벌은 우리 사회의 성장을 선도해왔다. 이제 그 재벌이 사회 발전의 걸림돌이 되지 않도록 기업 문화의 새로운 패러다임을 열어야 할 책임이 있다. 우리 기업을 글로벌 기업들과 비교해보면 매출 규모와 브랜드 위상에 비해 조직 문화와 관리 시스템이 후진적이며 낙후되어 있는 것이 현실이다. 외형적으로는 글로벌 기업이 되었지만 아직도 의사 결정과정 등 내부적으로는 전근대적 기업 문화에서 벗어나지 못하고 있다는 반증이다.

재벌 기업은 21세기 봉건체제를 유지하는 유일한 집단이라고 비난받고 있다. 황제 경영으로 비난받는 봉건적 기업 문화가 갑질의 온상이라는 시각이다. 우리 기업이 어려워진 근본 원인은 글로벌 저성장이나 중국의 추격 같은 외부적 환경보다 직원의 동반 성장 실패, 사업가형 CEO 육성 실패, 제2 창업 실기 등과 같은 내부적 요인이 더 크다. 이는 매출과 이익 성장에만 매달려 온 경영 풍토의 총체적인 한계에서 기인한다.

기업들이 저성장 타개를 위해 기업 문화의 혁신 드라이브에 나서고 있다. 수평적 형태의 자발적 조직 문화 구축이 산업계의 화두다. 신평가 보상제도, 직급 단순화, 자율 근무, 자율 복장, 임금체계 개편, 실리콘밸리식 스타트업 조직 문화 등을 도입하고 있다. 자율적 문화, 창의적 문화, 수평적 문화, 실패를 용인하는 문화로의 혁신을 외친다. 기업 운영의 패러다임 자체를 바꿀 생각은 하지 않고 조직 구조, 리더십, 사람 문제 등을 성토한다. 위기에 봉착하면 권위적 문화, 위계적 문화, 보신주의 문화, 실패를 허용하지 않는 문화 등 모두 조직 문화 탓으로 돌린다.

기업 경쟁력 저하의 원인으로 조직 문화가 단골이다. 문제를 해결하려면 조직 문화부터 바꿔야 한다고 주장한다. 모 그룹 총수가 CEO에게 모든 관행을 버리고 3개월 내 신사업 모델을 보고하라는 지시를 내린 것이나 직급 호칭을 없애고 반바지를 입자고 하는 것이나 모두 공허하기는 마찬가지다.

수평적 조직 문화의 본질은 직원 모두를 존중하는 사람 중심의 기업 운영에 기반을 두고 있다. 그렇다면 직원 존중의 본질은 무엇인가? 직원이 소모품으로 희생되지 않고 회사와 함께 나날이 성장하는 것이다. 수평적 형태의 조직 문화도 수단이다. 직원 성장은 직원 모두가 공감하고 자긍심을 갖는 회사 비전에서 출발한다. 조직에 새로운 바람을 불어넣는 힘은 새로운 조직 비전이다. 앞에서 국가 경쟁력의 평가 요소 중에 한국이 특히 낮은 점수를 받은 근로자 동기 부여도 비전의 노후화가 최대 원인이라고 지적했다. 기존 사업의 변곡점에서 비전을 책임진 리더가 새로운 비전은 제시하지 못하면서 변죽만 울리고 있는 형국이다. 혁신 대상은 시효를 다한 기업 운영의 패러다임과 사업이다. 조직 문화의 병폐는 그에 따른 결과다.

[조직 문화의 진화 3단계]

생명주기	태동기	성장기	성숙기
조직 목적	장사	기업 성장	직원 성장
조직 문화 인자	한 가족 추구	· 경영 성과(매출과 이익 성장) · 자원 중심 경영(인건비) · 경쟁 장려(상대 평가) · 핵심 인재(발탁) · 주주 중심, 고객 중심	직원이 사회 지식인으로 성장하도록 사람 성장을 중심에 둔 기업 운영, 회사원이 공적인 인간, 즉 사회인으로 완성되는 사회 학교로서의 직장

[사회와 직원이 회사에 등을 돌리면 기업은 지속할 수 없다]

한국의 기업 환경이 강성 노조로 인해 경직되고 OECD 최악이라고 평가받는 이유는 모두 직원이 인재로 성장하지 못하고 노동자로 전락한 결과다. 경영자의 자업자득이다. 인력을 자원으로만 생각하고 필요하면 쓰고 버리는 소모품으로 취급하는 한 기업의 미래는 없다.

지배구조마다 장단점이 있지만 가족 경영은 장기적으로 지속 가능한 성장이 가능하게 하는 장점 중 하나다. 오너 가문의 창업 정신이 가장 잘 계승될 수 있기 때문이다. 그러나 오늘날 한국에서 가족 경영이 개혁 대상이 되고 있는 것은 직원들을 가족으로 대우하지 못한 탓이 크다. 승계 때만 '가족'이라는 단어를 생각하지 기업 자체를 가족처럼 운영하지 않는 것이다. 일례로 강성 노조도 회사가 직원을 한 가족처럼 대했더라면 토양 자체가 생겨나지 않는다.

도요타자동차 경쟁력(2017년 4월 시가 총액 기준 자동차업계 1위)의 원천은 대가족주의정신이다. 종신 고용과 노사 화합을 최우선으로 하고 가족적인 팀워크를 구축했다. 비노조 경영을 견지하는 국내 기업들도 노조 결성을 막는 데 열중해 노사 공동체로 발전하지 못했다. 효율 중심의 인적 자원 관리 인사가 초래한 부작용이다. 기업이 성과를 직원들과 좀 더 공정하게 공유했다면 오늘날과 같은 격차 확대의 문제도 완화되었을 것이다. 기업이 무책임하게 명예퇴직을 진행하지 않았다면 OECD 최고 수준의 자영업도 생겨나지 않았을 것이다.

회사가 성장하는 만큼 직원들도 같이 성장할 수 있는 근무 환경을 만들려면 이익 창출에 기여한 직원과 경영진의 성과급 분배가 더 공정할 필요도 있다. 가계 소득도 기업 이익만큼 늘어나야 하지 않은가? 1967년 설립된 사출성형기업인 동신유압은 경영 수익 3분의 1을 무조건 직원 성과급으로 지급하고 신나는 일터 만들기를 최우선 경영방침으로 삼고 있다. 넷츠도요타난고쿠는 300개가 넘는 도요타자동차 딜러 회사 중 13년 연속 고객 만족도 1위를 차지하고 있다. 이 회사는 '회사의 목적은 이익이 아니라 전 직원이 인생의 승리자가 되는 것'이라고 정의한다. '이익이나 매출은 목적을 위한 수치적 목표일 뿐, 회사란 돈보다 더 궁극적이고 가치 중심적인 목적을 갖고 있어야 한다'라고 믿는다. 이 회사의 경영진에게는 매출과 이익 극대화는 수단이고 직원 성장이 기업의 본질인 셈이다.

중국은 사회주의국가로 한국보다 수평관계 문화를 더욱 기본적으로 여긴다. 화웨이는 종업원 지주제를 도입하고 있다. 메이디그룹은 직원들이 지분을 40퍼센트까지 가져갈 수 있다. 안방보험도 직원들과 부를 공유하는 시스템을 구축해 회사 프로젝트에 직원들이 직접 투자할 수 있도록 했다. 이는 단순히 보상 차원만이 아니다. 회사를 직원에게 있어서 그저 생계수단이 아니라 성숙한 사회인으로 함께 성장해 나갈 수 있는 공동체로 어떻게 발전시키느냐의 문제다. 인재가 떠나면 회사는 끝이다.

[기업 혁신 역량의 진화, 지식 기반 사회의 지식 원천은 사람]

지식 기반 사회에서 기업 경쟁력은 모두 사람에게서 나온다. 사람을 성장시키는 시스템을 어떻게 구축하느냐에 기업 성패가 달려 있다. 기업은 단순 제조업에서 고부가 지식을 운용하고 기획하는 지식 산업으로 진화해야 지속 성장이 가능하다. 이렇게 하려면 기업은 모두 연구센터로, 직원은 정해진 업무를 능숙하게 처리하는 숙련 노동자와 전문가에서 지식 연구원으로 진화해야만 한다. 노동자는 물건을 잘 만들어 내는 산업화 시대의 직원상이다. 상향식 혁신의 시대인 오늘날은 지식을 부가가치로 만들어 내는 지식 연구원이 새로운 인재상이다. 직원의 가치 창출 역량이 기업 성장을 좌우하는 시대다.

예컨대 사업을 진화시키는 1차 책임은 R&D가 아닌 영업사원이 될 수 있다. 자동차 회사가 자동차만 제조하고 판매해서는 업을 지속할 수 없다. 세일즈맨(영업)은 제품만 파는 사람이 아니라 회사와 고객, 고객과 고객을 잇는 플랫폼, 즉 네트워크의 구심점이다. 영업은 전통적인 제품 판매 장사꾼에서 고객의 질적 성장에 기여하는 멘토링 서비스 파트너로 진화해야 한다. 고객의 문제를 해결하는 컨설턴트가 되는 것이 영업의 본질이다. 고객 보이스, 즉 고객의 불만족이나 추가 니즈가 상품 기획과 혁신의 원천이다. 판매한 제품의 사용 환경을 파악하고 문제점을 발견하면 토털 솔루션을 제공할 수 있는 사업 기회가 새로 생겨나기 때문이다. 영업사원이 곧 연구개발 기획자로 거듭나는 것이다.

GE는 의료기 제조 판매 기업으로 150여 개 국가에 진출했다가 그동안 영업 활동에서 얻은 방대한 정보와 데이터를 활용해 (의료기기 사업분야 관련해서) 솔루션을 제공하는 의료 컨설팅사로 변신하고 있다. GE가 제조업을 컨설팅 사업화, 서비스 사업화시킨 것은 모두 영업사원이 연구원으로 성장해서 사업 진화를 주도적으로 이뤄낸 사례다.

직원이 지금 하고 있는 일을 기능적으로만 바라보면 창발은 제한적이다. 일례로 여행사 직원이 스스로를 사람들이 좀 더 즐겁고 행복하게 여행하도록 만들어주는 연구원으로, 미용사 직원이 스스로를 사람들이 외모에 좀 더 자신감을 갖게 도와주는 연구원으로 바라본다면 고객을 위해 새로운 가치를 창조할 수 있는 기회가 자연스럽게 따라온다. 편협한 전문가보다 사회를 폭넓게 연구하려는 자세가 필요한 시대다. 전 직원이 맡은 영역에서 새로운 부가가치를 찾아내는 사회 연구원으로 변신해야 하는 이유다.

21세기는 가속도의 시대다. 노벨화학상 수상자인 이스라엘의 치에하노베르 박사는 "과학의 빠른 발전으로 사회가 가속도로 진화하고 있어 과거 10년의 변화가 100일 만에 일어나는 시대이므로 집단 연구로 돌파해야 한다"라고 주장한다. 선형적 발전이 아닌 기하급수적 발전은 '우리'라는 팀워크, 곧 융합을 통해서만 대응이 가능하다. 각자도생이 아닌 팀을 단위로 일하는 시대가 21세기 일하는 방식이다.

융합 시대에 혁신 역량의 원천은 구성원의 다양성과 협업에서 나온다. 팀원 모두가 공감하는 비전은 협업의 토대가 된다. 자신의 기능적 전문성을 기본으로 해서 다른 사람들과 연결할 수 있는 공감 능력과 소통 능력이 더욱 중요해지는 시대다. 전문 영역에서 벗어나 타 부문과의 협업을 통해 혁신을 이루는 시대다. 이를 위해서는 타 부문에 대한 이해를 지속적으로 넓혀야 한다. 열심히 한 분야만 연구해 성공한다는 믿음은 기업 환경이 거의 변하지 않는 성장기에나 통하는 논리다. 산업의 판도를 바꿔 놓을 기술 변화는 시장의 규칙이 바뀌면 전문성도 쓸모없게 만들어 버리기 때문이다. 모두 경기의 규칙이 바뀌지 않을 때 유효한 논리다. 이 시대의 혁신은 구성원의 다양성에서 나온다. 즉, 혁신 경쟁력이 소수의 전문가에서 구성원의 다양성으로 전환되고 있다는 뜻이다.

팀워크가 혁신 역량이 되는 시대에 우리 사회는 아직도 순위 경쟁, 줄 세우기식 입시 경쟁, 기업의 성과주의 등 모두 협업을 저해하는 기업 문화를 유지하고 있다. 고도로 연결된 사회는 다양한 경험을 가진 다양한 관점이 문제 해결의 필수조건이다. 심지어 정치에서도 협치, 연정이 화두로 떠오르는 등 모든 창조적 해법은 협업이 근간이다. 도요타는 소통과 공유를 최고의 가치로 삼고 일하는 공간을 오픈해 팀원 간 일하는 방식(왜 일하는지, 어디로 가는지, 누가 어떤 성과를 내는지)을 서로 알게 함으로써 2012년 세계 1위를 달성했다.

오늘날은 생산성이 장시간 노동이 아니라 창의에서 나오는 시대다. 노동량보다 노동의 창의성이 성패를 좌우한다. 창의는 흥미에서 시작된다. 창의력은 여유와 관조의 산물이다. 공부와 여가의 조화가 필요한 이유다. 전기부품 등을 만드는 일본의 미라이공업은 잔업을 절대 금지하고 철저히 쉬게 하는 원칙을 지키고 있다. 1년의 반은 휴일이다. 하지만 창사 이래 적자를 낸 적이 없다.

요즘 행복 경영을 도입하는 회사가 늘고 있다. 구글은 일터를 놀이터로 만들고 있다. 즐겁지 않으면 창의적인 아이디어가 나오지 않는다고 본 것이다. 행복한 일터, 즐거운 일터, 일하기 좋은 기업을 만들겠다는 의도다. 이는 바텀 업(Bottom Up) 혁신의 전제조건이다. 직원이 행복하면 생산성이 높아지고 성공할 확률도 높아진다. 반대로 조직 내 상대적 성공을 좇으면 경쟁심이 생기고 행복하기가 싫지 않다. 따라서 직원을 먼저 행복하게 하는 방법을 찾아야 한다. 직원 행복이 곧 생산성의 지렛대가 되는 시대다.

갤럽 조사에 따르면, 한국 직장인들의 몰입도가 11~13퍼센트에 그치고 있다. 일에 몰입할 수 없는 90퍼센트의 직장인은 무엇을 의

미하는가? 우리 기업은 세계 최장 근로 시간에도 불구하고 생산성이 가장 낮다(2013년 기준 OECD 평균 40.5달러, 한국은 29.9달러). 성장 위기를 맞은 기업들이 혁신을 외치며 각종 슬로건을 내걸고 조직 문화 혁신을 위한 다양한 캠페인을 펼치고 있지만 별 효과가 없다. 무엇이 문제인가? 자발적 동기 부여의 원천인 기업 이념이 살아 있지 못하기 때문이다.

신입사원이 꿈을 안고 어렵게 입사했지만 20퍼센트 이상이 1년 안에 퇴사한다. 회사원들이 헬직장을 외치고 있다. 미지못해 회사 생활을 하는 것이다. 아직도 직장이 생계 수단에서 벗어나지 못하고 있다는 방증이다. 회사를 어떻게 자아실현, 사회 기여의 장으로 바꿀 것인가?

직원은 입사해 몇 년이 지나면 '나는 성장하고 있을까?'라는 의문이 들기 시작한다. 5년을 다녀도, 10년을 다녀도 자신의 역량이 축적되는 느낌이 없다면 '나는 이 회사에서 성장하지 못하고 그저 자원으로 활용되고 있을 뿐이다'라는 자각에 이른다. 자발적인 내면의 동기 부여가 고갈되는 순간이다. 돈과 같은 물질적 보상이 직원을 열심히 일하게 한다고 믿지만 실상은 사회적 만족감과 행복감이 더 크게 기여한다는 것이 뇌 과학자들의 연구로 입증되었다. 예컨대 제약회사 영업사원의 경우 약을 많이 팔수록 인센티브를 주는 것보다 자신이 판매하는 약을 먹고 고통을 견뎌내는 환자를 만나게 해줬을 때 훨씬 더 열심히 일한다. 자기가 하는 일의 의미를 깨닫는 순간 동기가 생겨난다. 기업 운영이 보상 중심에서 동기 중심으로 진화해야 하는 이유다.

직원 성장이 중심이 되는 기업 운영의 출발점은 사회적 사업 이념이다. 경제 발전과 더불어 의식수준이 성장한 직원들은 점차 사회 구성원으로서의 기여도에 눈뜨게 되고 공동체를 위해 일한다는 것에 자부심을 느끼게 된다. 사회적 사업 이념이 직원들의 마음을 모으기 위한 기초인 셈이다. 강한 조직은 야망 있는 목표보다 직원이 공유하는 조직의 미션(사명, 이념)으로 만들어진다. 기업 이념이 조직력의 기본 토대다. 알리바바 창업자 마윈은 3년간 단 1달러도 벌지 못하면서 자신의 가치관을 이해하는 소수의 핵심 인력을 중심으로 자신의 비전을 신뢰하는 문화 공동체를 구성하는 데 주력했다. "직원들이 사회에 공헌한다는 사명감을 가진다면 본인 능력을 100퍼센트 이상 발휘할 수 있다"라고 했다.

서로 다른 이해관계를 가진 개인을 하나로 묶으려면 그 어느 때보다도 공공선을 추구한다는 공헌 이념이 선행되어야 한다. 참여자의 동기 유발과 몰입이 여기서 온다. 직원은 왜 자신이 이 일을 해야 하는지 이해할 때 최고의 성과를 낸다. 리더는 목표를 정하면 그 이유를 소통하는 것이 책무다. 반대로 직원이 뭘 하기를, 어떻게 일하기를 바란다고만 말하면 직원을 일꾼으로만 여기는 것이다. 그러면 직원의 자발성은 생기지 않는다. 이제 일은 생계수단이 아니라 자아실현을 위한 수단으로 진화하고 있다. 급여만으로 동기 부여를 하던 시대는 지났다. 일자리는 생계수단이자 사회인으로서 소속감과 지위를 제공한다. 살기 위해서 일하는 단계, 즉 일이 생존을 위한 수단인 1단계에서 일하기 위해 살아가는 2단계, 즉 일이 목적인 단계를 거쳐 3단계 자아실현을 위한 수단으로서 일하는 단계로 진화하고 있다. 3단계는 1단계와 같은 수단이지만 일의 목적이 본질로 발전한 단계다. 직장이 생계수단에서 자아실현의 장으로 진화한 것이다.

[기업 영속성의 본질은 매출과 이익 성장이 아니라 장기적인 직원 성장]

하워드 슐츠 스타벅스 회장은 기업의 핵심 가치 중심에 사람을 두면 성장은 자연스럽게 이뤄질 것이라고 확신했다. 소위 휴먼 경영이다. 그의 첫 대상은 종업원이다. 스타벅스는 한 회사가 인간의 마음과 영혼을 풍요롭게 하면서 돈을 벌 수 있다는 것을 증명해냈다. 종업원을 존경과 품위로 대하고, 매장은 사람들에게 단순히 커피를 파는 곳이 아니라 삶의 활력을 불어넣는 장소로 만들었다.

성장기의 기업들은 실적 제일주의에 빠져 직원을 경영 자원의 일부로 대하기 쉽다. 성과주의 인사 시스템이 업계 대세인 이유다. '인사가 만사다', '사람이 답이다', '사람이 미래다', '사람이 경쟁력이다' 등의 화두는 모두 기업의 성장기에 성과 창출에 있어 사람이 가장 중요하다는 점을 강조하고 있다. 하지만 사람 중심 인사 관리의 본질과는 거리가 멀다. 사람 중심 인사 관리의 본질은 성과 보상 목적이 아니라 개개인의 성장을 촉진하는 데 있다. 연공주의식 인사 관리, 즉 동기 부여를 위해 직급별 차등을 활용한 인사 관리 시스템이 1.0이라면 개인별 역량이 반영된 인사 관리는 2.0이라고 할 수 있다. 이제 직원 개개인의 잠재력을 키워주는 직원 성장을 중심에 둔 인사 관리 시스템 3.0 시대를 열어야 한다.

마이크로소프트, GE, IBM 등 세계적 기업들이 평가제도를 없앤 것은 보상 차등화를 통한 동기 부여가 직원 개개인이 갖고 있는 잠재력을 키워줄 수 없다고 판단했기 때문이다. 성과주의 인사 관리는 직원의 잠재력을 키워주는 것이 아니라 조직이 원하는 행동을 직원들에게 강요하는 인사 관리방식이다.

한국 기업 직원들의 직무 몰입도와 노동 생산성은 OECD 회원국 중 최하위 그룹에 속하고 있다. 이런 문제를 근본적으로 해결하기 위해서는 통제방식의 성과주의 인사 관리에서 벗어나 직원의 잠재력을 키워주는 인사 관리방식으로 진화해야 한다. 인사 관리 활동인 평가, 보상, 승진, 교육 등에 있어서 뉴 패러다임이 필요한 것이다. 사회 민도가 올라감에 따라 직원 관리방식도 진화한다. 통제에서 자율로, 각자도생의 개인기에서 팀워크 융합의 집단 지성으로, 명령 대신 공감으로, 이윤 창출에서 가치 창출로, 단기적으로 극대화된 경제적 효율에서 지속 가능한 성장으로의 진화가 그것이다.

GE가 평가체계를 바꾸고 삼성이 관리의 삼성에서 스타트업의 삼성으로 변신하려는 시도, 미국 인터넷 회사가 관리직을 없애려는 시도 등 모두 좀 더 사람 중심, 즉 직원 성장 중심 조직을 목표로 하고 있다. 스스로 학습하고 성장해야 융합 시대에 대응이 가능하기 때문이다.

미국 MIT의 피터 센게 교수는 집필한 논문〈학습하는 조직, 오래

도록 살아남는 기업에는 어떤 공통점이 있는가?〉에서 관리형 조직보다 학습형 조직을 강조했다. 효율을 강조하는 기존 조직은 대부분 관리형 조직이다. 학습형 조직은 문제의 발견과 해결에 집중한다. GE의 기본 철학은 '우리는 모두 함께 성장한다(We all rise)', '우리가 모두 다 리더다(We are all leaders)'이다. GE는 함께 성장한다는 철학에 기반을 두고 최근 PD(Performance Development)라는 평가방식을 개발했다. 성과 관리방식에 대한 혁신이다. 평가 보상제도지만 등급제를 탈피했다. 온라인 앱으로 1년 내내 누구나 동료와 매니저를 실시간으로 직접 평가할 수 있도록 하고 신속성, 유연성, 피드백을 강조하는 새로운 가치를 통해 모든 직원이 함께 성장할 수 있다고 믿는다. 과거의 성과 평가제도가 직원 간에 차별적인 보상을 위해 시행했다면 새로운 인사 시스템은 직원 개개인의 발전, 역량 개발을 유도해 성과도 높이는 방향으로 진화하고 있는 것이다. 선진 기업들이 평가체계를 바꾼 배경에는 21세기 인간 존중의 시대정신이 담겨 있다.

　소형 지구 관측 위성 시스템을 제조하고 개발하는 쎄트렉아이라는 한국 강소 기업이 있다. 이 기업은 사람 중심의 경영 철학을 제일로 꼽는다. 직원 70퍼센트가 연구직이고 전문직이다. 직원들의 역량이 곧 경쟁력이라고 본다. 내부 기술 교육은 물론이고 해외 학회나 대학의 기술연구소 연수 등을 적극 권장하고 있다. 직원 성장이 곧 회사의 성장이라고 믿고 이를 실천한다. 재충전이나 역량 개발을 위한 휴가도 중요하다. 10년 근무하면 한 달 휴가 또는 무급

휴가 1년의 안식 휴가제도도 있다. 이 회사는 1999년 설립 후 한 번도 적자인 해가 없었다.

"30세까지 1억 원을 모으고, 40세까지 석사학위를 따며, 60세까지 10억 원을 벌게 해주겠다."

대호테크 정영호 대표가 1989년 창사 이래 지켜 오고 있는 '3일 4석 6십' 약속이다. 그는 직원들을 성장으로 이끄는 사람이 대표의 역할이라고 믿는다. 사장이라는 직함 대신 운전자라는 명함을 들고 다닌다. 직원들의 1년 미만 퇴사율이 5퍼센트 이하다. 직원과 회사가 동반 성장한다는 철학 아래 교육 기회를 아낌없이 제공하고 있다. 전 직원 60여 명의 30퍼센트를 박사로 키워냈다.

미국의 AT&T는 2013년 이후부터 직원들에게 교육비 지원으로 매년 3,000만 달러, 자체 교육 프로그램 개발에 2억 5,000만 달러를 투자하고 있다. 4차 산업혁명은 임직원 역량에 대한 새로운 정의를 요구하고 있다. 현장에 필요한 전문 인력을 회사가 키워낼 수 있어야 한다는 뜻이다.

이병철 회장의 '인재 경영', 박두병 두산 초대 회장의 '기업은 이윤이 아닌 사람을 남긴다'라는 경영 이념은 모두 사람 중심의 경영을 표방한다. 필자가 삼성인으로서 이병철 회장을 존경하는 가장 큰 이유는 바로 그가 유별나게 '인재 양성'에 남다른 열정을 보였다는 점이다. 그는 기업이 곧 사람이며, 동시에 사람을 만드는 학교라고 했다. 인재 제일주의로 표현된 그의 경영 철학에 있어 사업은 단지 사람을 활용하여 이윤을 남기는 것에 그치는 일이 아니었다. 기업이 단순히 제품을 생산하고 판매해 이윤을 남기는 조직체를 넘어 사람을 만드는 조직이라고 믿었던 것이다. 오늘날 삼성은 선대의 경영 철학이 유산으로 조직 속에 살아있는지 돌아볼 필요가 있다. 외부 인재 수혈에 매여 내부 인재 육성을 소홀히 하고 있지나 않은 지 직원들은 그 답을 알고 있을 것이다.

단기 성과에 집착하는 회사는 직원을 바보로 만들어 버린다. 구조적인 혁신과 장기적인 목표를 추구하자는 경영진의 메시지는 1분기 실적 악화로 인해 뜬구름 잡는 소리로 치부되기 십상이다. 이렇게 하든 실적을 만회하려고 사원부터 사장까지 실적 챙기기에 전념한다. 이런 분위기라면 혁신을 주도할 인재는 떠나고 회사는 생존을 위해 허덕이는 2, 3류 회사로 전락한다. 집단 어리석음의 악순환이다. 직원을 재산이라고 여기고 직원이 스스로 성장할 수 있도록 장기간 환경을 조성하는 것이 100년 이상이 된 장수 기업의 공통점이다.

[직무 중심 훈련에서 인성·사회 연구 교육으로 전환, 기업은 사회 대학]
산업화 시대 때 기업은 성장기에 급팽창하는 사업에 필요한 인력을 제때 공급하기 위해 직무 교육에 주력했다.

고도 성장기의 교육은 기업을 성장시키기 위한 수단이었다. 미래의 기업 교육에서는 임직원 교육 자체가 기업의 존재 목적이 된다. 임직원의 전인적 성장을 목적으로 하는 교육이다. 융합과 창업 시대에 협업의 토대가 되는 인성 교육, 사회 문제에 대한 안목을 넓힘으로써 사업 기회를 개발해내는 사회 교육 등이다.

지속적으로 기업을 성장시키는 힘은 결국 직원들의 역량에 달려 있다. 시설 투자보다 직원 교육 투자에 더 적극적인 기업들이 혁신 역량은 물론 기업 성장에서도 앞서간다. 오늘날 우리 사회에 기업가정신이 부족한 이유는 기업들이 직원을 성숙한 사회인으로, 지식 근로자로 키워내지 못한 결과다. 기업은 곧 사회 대학이다.

기업 교육은 초기에 애사심과 열정을 북돋우는 정신 교육단계에서 출발한다. 기업 조직이 확장되면 직무별 전문성을 올려주는 직무 훈련단계를 지나 개개인의 자아실현을 도와주는 인성 교육의 장으로 진화한다. 기업 경영도 '품질 우선 경영→고객 최우선 경영(고객 감동, 고객 만족)→직원 우선 경영'으로 진화한다. 즉, 기업은 1단계 공급 부족 시대에는 이익 창출을 우선하고, 2단계 경쟁 시대에 접어들면 고객 만족에 초점을 둔다. 3단계는 직원 개개인의 성장과 발전을 가장 중시하게 된다.

회사는 노동을 파는 곳이 아니라 사회를 연구하는 학교다. 직원은 시키는 일만 하는 객이 아니라 스스로 동기 부여가 되는 업무의 주인으로 진화해야 한다. 버진그룹의 리처드 브랜슨 회장은 "내가 성공하기 위해 배워야 했던 가장 중요한 기술은 사람을 대하는 방법이었다. 사람에게서 잠재력을 최대한 찾아내고 동기를 부여하며 칭찬하는 기술이다"라고 고백한 바 있다.

각자의 위치에 맞는 일을 처리할 수 있는 역량이 인성 역량이다. 아무리 뛰어난 기술과 역량을 가졌다고 해도 그 기술을 쓰는 대상은 사람이다. 상대방을 제대로 이해할 수 없다면 상대방을 위해 제대로 쓸 수 없고 기술은 무용지물이 되어 버린다. 사람을 대하는 능력이 곧 인성 역량이다. 직원은 사회 학교인 회사에서 인성 역량을 키우고 성숙한 사회인으로 완성된다.

목적의식을 키워주는 것이 진정한 교육이다. 코딩 과외 열풍이 불고 있다. 교육부는 소프트웨어 시범학교를 운영하고 있다. 에어비앤비나 우버 같은 업체를 만든 창업가는 소프트웨어 애플리케이션을 잘 만들었기 때문이 아니라 공유와 플랫폼이라 새로운 개념을 개발하고 이를 소프트웨어 기술을 활용해 현실화시킨 것이다.

새로운 사업 개념을 개발하려면 기술 이전에 사고체계가 먼저다. 컴퓨터 코딩 기술 자체를 가르치기보다 새로운 개념을 개발하는 역량을 키워주는 것이 우선이다. 그러면 그 개념은 무엇인가? 바로 운용 개념이다. 지구상에 존재하는 모든 자원을 잘 활용해 사회적 문제를 해결할 수 있고 새로운 가치를 창출할 수 있는지의 사고체계다. 기술을 잘 쓸 수 있는 개념을 개발해 내지 못한다면 코딩을 교육받은 사람들은 단순한 기능공에 그친다. 영국의 코딩 교육 프로그램 구성을 보면 코딩 기술 자체보다 70퍼센트 이상이 사회 문제를 정의하고 연구하는 부분에 두고 있다. 코딩을 익히기 전에 무슨 문제를 해결할 것인지 문제를 정의하는 역량을 먼저 길러 내기 위함이다.

명퇴는 기업이 직원을 성장시키지 못한 결과이고 사회에 부담을 전가하는 행위다. 기업은 앞으로 시니어 직원이라도 멘토로 활용해 그들의 경험을 생산적으로 활용할 수 있는 방안을 찾아야 한다. 인텔은 직원들이 퇴직 후 비영리 기관이나 정부 단체에서 일할 수 있도록 재교육과정을 제공한다. 이들은 파트 타임으로 근무하면서 평균 2만 5,000달러 정도의 연봉을 받지만 자신의 재능을 나눌 수 있다는 점만으로도 큰 호응을 얻고 있다.

한국 사회에서 공무원이 청년들에게 인기가 있는 것은 노후에 대한 보장이 사기업보다 좋다고 믿기 때문이다. 따라서 앞으로 기업들은 직원의 노후를 위해 어떻게 도움을 줄 수 있는지도 구직 시장에서 홍보해야 한다. 노후까지 책임지는 회사를 인재들이 선호하게 될 것이다. 중장년층을 어떻게 활용할 것이냐가 앞으로 인사 관리의 주요 포인트가 될 것이다.

중장년 세대가 사회에 공헌할 수 있는 방법을 찾는 것이 100세시대 재교육의 본질이다. 사회적 기업은 은퇴 후에도 사회를 위해 생산적으로 기여할 수 있는 사회 지식인을 배출하는 학교다. 148년 역사에 자산 1,000조 원이 넘는 세계 1위 투자은행 골드만삭스는 직원들이 은퇴 후 반드시 공익에 기여하는 활동을 할 것을 장려한다. 진정한 명퇴, 명예로운 퇴직의 모습이다. 직장이 모두 성장하기 위한 사회학교라는 통찰과 닮아 있는 한 철학자의 글을 소개한다.

사회 속에서 자신이 맡은 역할을 '직(職)'이라고 한다. 또 인간은 누구나 행위의 결과에 따라 성숙해간다. 당연히 모든 행위는 사실 수행이며 거기에 자신의 미래가 달려 있다. 그것을 불교에서는 '업(業)'이라고 한다. 이렇게 보면, 인간은 '특정'한 역할 (職)을 통해 자신을 실현하고 완성(業)한다. 이것이 바로 '직업' 이다. 당연한 이치로 인간은 '직업'을 잘 수행함으로써 사회적이 고 공적인 존재로 확장된다. 바로 '직업인'이다.

여기서 핵심은 '업'의 정신에 있는데 그것은 자신이 맡은 역할 (職)을 전인격적인 태도로 대하느냐, 아니면 기능적으로 대하느 냐에 따라 달라진다. 전인격적인 태도의 경우 마음은 다른 곳에 두고 정해진 것만 대충 하는 것이 아니라 자신이 맡은 일의 궁 극적인 의미를 살펴서 거기에 온 마음을 두고 기꺼이 불편함과 수고를 받아들여 조그마한 확장성이나마 시도해보는 것이다. 그 렇게 되려면 우선 자신의 역할을 하나의 수행처로 삼아야 한다. 그 역할을 통해 자아가 완성되고 실현된다는 지속적인 각성을 하고 항상 정성스러운 마음가짐을 유지해야 한다. 그렇지 않으 면 언제라도 마음이 떠난 상태에서 자신의 역할을 기능적으로 만 대한다. '직'과 '업'이 분리되는 것이다. 이런 사람은 '직업인' 이 아니라 그냥 '직장인'이다.

한 사회의 건강성과 진보는 구성원들이 '직업인'으로 사느냐, '직장인'으로 사느냐가 좌우한다. 결국 '시민이냐', '아직 시민이 아니냐'의 문제다. 성장하는 삶을 살고 싶은 사람은 '그다음'에 대해 말할 수 있어야 한다. 말만 하는 것이 아니라 '그다음'을 살 아야만 한다. 자신이 맡은 기능적인 역할 '다음'을 할 수 있어야 한다.

▌리더십의 진화, 경영자에서 사업가(사회적 기업가)로

2005년 고려대는 이건희 회장에게 명예박사학위를 수여하기로 했다. 행사 당일에 필자는 인사팀 소속 임원으로 고려대 안에 있는 행사장을 찾았다. 학위 수여식이 열리는 인촌기념관 입구를 대학생들이 가로막고 이건희 회장의 학위 취소를 요구하는 집회를 열고 있었다.

이건희 회장 부부를 태운 승용차가 도착하자 학생들이 우르르 몰려와 입구를 막아섰고 이어 학생들과 삼성 직원들 간에 심한 몸싸움이 벌어졌다. 그 후 수년이 지나 하버드대학교 졸업식에 연사로 초청받은 스티브 잡스를 지켜봤다. 스티브 잡스는 괴팍한 성격 때문에 직원 및 동료들에게 악명이 높다. 그런 그가 학생들로부터 연예인 이상으로 환영을 받는 모습이 당시 고려대 장면과 묘하게 겹쳐졌다. 도대체 왜 이런 차이가 생겨난 것일까?

디지털 경제의 혁신 동력은 노동과 자본이 아닌 기업가정신이다. 부가가치 증가가 노동과 자본 투입이 아닌 기업가정신, 곧 창업에 의해 이뤄지는 시대다. 경제가 성숙단계에 진입하면 성장률은 떨어질 수밖에 없다. 노동 및 자본 투여를 늘인다고 성장률이 올라가지 않는다. GDP 대비 R&D 예산은 계속 늘고 있지만 혁신이 경제 성장에 기여하는 정도가 낮아지고 있다는 우려는 바로 혁신 패러다임을 진화시키지 못한 데 기인한다.

경제 성장기 때는 효율, 생산, 공급 중심의 혁신이 효과를 발휘하지만 성숙기에 이르면 사회의 모순과 문제점을 해결하는 창업에서 새로운 사업 기회가 생겨난다. 새로운 시장을 창출하는 기업가정신만이 성과를 내는 배경이다. 산업화의 고도 성장기는 경영자 풀(Pool)로 경제 성장이 가능하지만 오늘날은 새로운 산업을 창출해내는 기업가정신이 새로운 성장의 동력이다. 잠재 성장률을 올리려면 기업가정신을 살리는 게 최우선이다.

2017년 글로벌 기업가정신의 지수를 보면, 한국은 OECD 34개 회원국 중 중하위권인 23위다. 반기업 정서가 기업가정신을 위축시키고 이는 투자와 고용 축소를 초래하고 있다 기업가정신을 잃은 기업은 제2 창업 비전을 찾을 수 없다. 경영자의 혁신 영역과 기업가의 혁신 영역은 다르다. 자원을 효율적으로 관리해 매출 및 이익을 극대화하는 활동은 경영 영역이다. 경영자는 철저하게 효율을 통한 생산성 제고에 주력한다. 반면 '문제 해결 창업'은 기업가의 혁신 영역이다. 기업가정신은 곧 업을 일으키는 창업정신이다. 기존 사업의 생산성 혁신이 경영자의 몫이라면 새로운 창업은 기업가의 몫이다. 구글, 아마존, 테슬라의 오너들의 경우 경영은 전문 경영인에게 맡기고 본인들은 지속적으로 새로운 창업에 도전한다.

지난 30년간 성장 시대를 보내면서 기업가를 키워내지 못한 패착이 오늘날 한국의 저성장을 장기화시키는 요인이다. 경영자가 오너 밑에서 기업가로 성장하지 못했고 오너가도 후대로 넘어오면서 기업가정신을 상실했다. 사업은 이어받았지만 창업은 해보지 않은 2~3세들에게 기업가정신을 강요하는 것이 무리일 수도 있다. 미국 등 선진국에서 현대식 첨단 경영학을 배우고 그룹을 물려받은 2~3

세들은 경영자로 육성된 사람이지 그 시대에 맞는 재창업을 담당할 기업가로 육성되지는 못했다. 우리 기업이 처한 위기의 본질은 기업 내에 제2 창업을 추진할 사업가가 없고 기존 사업이 수익을 낼 때 제2 창업의 사업 진화 혁신을 완성해야 하지만 시간이 얼마 남지 않았다는 점이다. 오너도, 월급쟁이 CEO도 모두 경영자에 그치고 사업가로 성장하지 못한 결과다.

알리바바 마윈 회장은 "해외로 원정 가는 것은 세계와 융합하기 위함이고, 세계 경제 성장에 참여해 가치를 창조하는 것이 진정한 세계화다"라고 주장한다. 알리바바그룹이 중국 최고의 그룹으로 단기간에 성장한 것은 바로 그의 기업가정신에서 비롯된다. 우리가 정작 경계해야 할 것은 '우리 사회에 마윈과 같은 기업가 철학을 가진 기업인이 몇 명이나 있을까?'이다.

산업화가 우리보다 늦은 중국에 마윈이나 화웨이의 런정페이 같은 철학 있는 기업가가 어떻게 생겨났을까? 온 사회가 기업가정신을 외치고 있지만 이미 중국에도 뒤처지고 있는 분위기다. 우리도 한때 이병철, 정주영 회장 같은 기업가가 있었다. 그 회장들로부터 우리 사회가 물려받았어야 할 진정한 유산은 그룹의 규모가 아니라 바로 창업정신과 사업가 철학이었어야 했다.

우리 기업들은 언제부터인가 실용주의를 내세우며 기업 철학과 이념을 경시했다. 지금 사회 문제로 비화되고 있는 재벌의 갑질 또한 기업 철학이 없는 사람들이 기업을 승계받았기 때문이다. 기업가정신은 대의적 명분이 있는 삶의 철학과 목적의식에서 나온다.

이제 한 나라의 국력은 얼마나 우수한 사업가를 배출하느냐에 달려 있다. 동종업계 내 경쟁우위의 경쟁력을 다루던 20세기 경영학이 도전받고 있다. 경영자가 아니라 사회적 기업가인 사업가를 키워내는 학문으로 진화해야 할 것이다.

기업의 생애주기에 따라 기업인도 진화한다. 무술인이 무예인의 단계를 거쳐 무도인의 경지에 이르듯이 기업인도 세일즈맨(장사꾼)에서 경영자로, 기업가로, 사업가로 진화 및 발전한다. 기업인은 업을 키워내는 경영자에서, 새로운 업을 일으키는 기업가로 변신하고 더 나아가 사회 문제 해결에서 사업 기회를 찾는 사회적 기업가, 즉 사업가로 진화하고 완성된다. 기업인이 경영자에서 기업가로 변신하지 못하면 성장 변곡점에 도달한 기업은 제2 창업을 일으킬 수 없고 2차 도약도 불가능하다. 기업가로 변신해도 사회적 기업가, 즉 사업가로 진화하지 못하면 창업 이념의 실천은 남의 일이 되고 존경받는 기업을 만들 수 없다. 존경받는 기업은 기업 생애주기 사이클의 완성이고 영속 기업의 필수조건이다. 즉 사회적 기업의 리더십은 경영자에서 사업가로 진화한다. 기업가는 사회로부터 존경받을 때 비로소 사업가로 완성된다.

[리더십의 진화 ① 이건희 회장은 경영자인가, 사업가인가?]
이병철 회장은 국수 장사로 출발해 삼성상회를 열고, 무역을 통한 사업보국 신념으로 인재 제일, 합리 추구의 경영 이념을 표방하며 삼성그룹에 경영자의 시대를 열었다. 이건희 회장은 부친의 창

업 이념을 이어받아 글로벌 기업으로 삼성을 성장시키고 세계 속의 경영자로 부상했다.

오늘날 일정 규모를 갖춘 대부분 기업은 장사로 시작했고 창업가 중에는 정규 교육을 받지 못한 사람도 많다. 장사로 밑천을 마련하면 창업주는 자신의 사업 포부와 의지를 내걸고 사람을 채용한다. 장사로 시작한 창업가의 역할은 점차 직원들을 관리하는 경영자의 역할로 변신한다.

전문 경영인들은 창업가와 달리 대부분 대학을 졸업한 우수 인재들이다. 인재들은 창업가가 정한 사업 이념을 살려 회사를 키우는 경영자로 성장한다. 이병철 회장은 사업보국 이념을 염두에 두고 시대 변화에 따라 대한민국에 필요한, 그리고 적합한 산업이 무엇인지 고민하면서 창업을 계속 했다. 기업가는 지속적으로 창업을 일으키는 기업인이다. 이병철 회장은 신사업에 진출하면 우수한 인재를 뽑아 사업을 맡겼다. 전문 경영자가 기업을 맡아 제일, 즉 일류로 키우게 했다. 한국에 경영자의 시대가 열린 것이다.

기업 성장기, 즉 기존 사업이 팽창하는 시기에는 자원과 인재를 효율적으로 관리하는 경영자가 필요하다. 기업이 성장 변곡점에 이르러 정체되면 경영자는 기존 기업과 사업을 어떻게 운용해 제2 창업을 일으켜야 하는지로 관점이 옮겨가야 한다. 더 이상 경영자가 아니라 기업가의 역할을 요구받는 것이다. 전문 CEO에서 기업가로의 변신이다. 경영자가 매출과 이윤 확대 이상을 바라보지 못한다면 그는 여전히 장사치에 불과하다. 기업인의 본질은 돈 버는 사람이 아니라 '사회에 공헌하는 사람'이다. 이 사회를 위해 무엇을 할 것이냐, 창업 이념을 실천하는 데 필요한 역량을 갖추도록 직원들을 어떻게 성장시킬 것이냐가 사회적 이념을 가진 기업가, 즉 사업가의 관심이다.

이건희 회장은 제2 창업을 선언했지만 직접 새로운 사업을 창업해 오늘에 이르게 한 사업은 없다. 경영자는 새로운 사업을 일으키기보다는 기존 사업을 1등으로 키워내고 1등을 유지하는 데 전력한다. 이건희 회장은 선대로부터 물려받은 사업을 글로벌 1류로 키워냈다. 2대에게는 선대가 창업한 기업을 성장시키는 역할이 주어지기 때문이다. 엄밀한 의미에서 이건희 회장은 사업가가 아니라 탁월한 경영자다.

[리더십의 진화 ② 돈벌이 기업가에서 사회적 기업가, 즉 사업가로]

기업 가치가 1조 원이 넘는 유니콘 스타트업이 현재 미국에는 106개가 있는 반면, 한국에는 쿠팡과 옐로모바일 단 2개뿐이다. 왜 우리 사회에서는 유니콘 기업이 더 많이 나오지 않는 걸까?

돈도 없고, 경험도 없는 청년 창업에 온 나라가 매달리고 있다. 우리 사회에 돈과 인재 모두를 가진 재벌 오너들이 최고의 사업가로 등장해야 하는데 돈 버는 업종만 찾다 보니 새로운 사업 기회를 보지 못하고 있다.

개발 시대의 기업가정신과 오늘날의 기업가정신은 달라야 한다. 헤르마완 카타르자야 세계마케팅협회 회장은 "세상에 공헌할 제품을 내놓으면 돈은 따라온다. 경영자는 회사 규모와 상관없이 인류 전체를 생각하는 소시오테크노프레뉴어십(Sociotechnopreneurship)을 갖춰야 한다"라고 하면서 "이윤 창출을 위해 도전에 나서는 전통적인 기업가정신이 한 단계 더 발전해야 한다"라고 주장한다. 또한 그는 "수익을 목적이 아니라 결과물로 여기는 정신이 필요하다"라면서 기업가정신의 진화를 설파하고 있다.

물자 부족 시대에는 '뜻(의지, 열정, 용기)'과 '돈(자본)'만 있으면 창업이 가능했다. 무엇이든 만들면 팔리던 시대였다. 무엇이든 팔면 돈이 벌리던 시대였다. 이미 선진국이나 경쟁 기업이 공급하는 제품과 서비스를 찾아 생산하고 판매하면 기업이 성장할 수 있었다. 경쟁업체들이 우후죽순 생겨나도 급증하는 시장 수요가 모두 성장할 수 있는 기회를 주었기 때문이다. 이병철, 정주영 회장의 시대였다.

오늘날은 뜻을 세우고 사회 연구(사회 문제 정의와 운영 역량)로 차별화된, 사회 공감을 얻는 창업 이념이 나와야 창업이 가능한 시대다. 사회 문제를 정의하는 사회 연구는 하지 않고 돈이 되는 돈벌이 아이템만 찾는다면 새로운 사업 기회를 찾기가 쉽지 않다. 사회를 연구하는 과정에서 사업 기회가 생겨나므로 연구 개발이 '선(先)사회 연구, 후(後)사업 기회'의 발굴로 전환되어야 한다. 사회를 알아야 사업 기회가 보이는 시대다.

산업화의 일꾼으로 살아오면서 시대 변화에 뒤처져 적응력이 떨어진 결과가 우리 사회에서 창업 벤처의 성공률이 떨어지는 이유다. 여전히 돈벌이 아이템을 찾는 기업가정신에 머물러 있기 때문이다. 기업가정신을 역경을 이겨내는 강한 의지와 도전정신 정도로 생각하고 있다. 사업가가 부재한 사회에서 신사업이 나올 수 없다. 더욱이 우리 교육은 사회 공동체를 위한 기여와 헌신을 가르치지 못했다. 사업가정신은 곧 사회 구성원인 내가 나의 역할을 찾는 것이다. 어떤 사회 문제를 해결해 공동체에 기여할 것인지의 공인의식이 기본 토대다.

미래 대학의 핵심은 사업가정신 함양이 될 것이다. 대학생이라면 스스로 어떤 사회 문제에 관심을 갖고 해결할 것인지에 대한 **목표**를 세우고 이를 성취하기 위해 필요한 공부를 스스로 찾아서 해야 한다. 대학에서 인생 목표를 찾았다면 이는 사업가정신으로 무장된 인재가 사회로 배출되는 것이다.

오늘날 우리 사회가 필요로 하는 기업가는 사회적 기업가, 즉 '사업가'다. 사업가정신은 사회 문제와 모순을 해결하려는 '사회적 이념'이라는 명분과 '운용 역량'이 결합될 때 고양된다. 즉, 사업가는 수익에 우선한 사회적 이념, 기술 자체보다 기술을 융합하고 활용할 줄 아는 운용 역량을 갖춘 기업가다.

테드(TED)의 기획자 크리스 앤더슨은 "일론 머스크의 업적은 그가 창출하는 부가 아니라 지속 가능한 미래로 나아가는 방향을 제시한 것"이라고 평가했다. 일론 머스크의 사업가적 면모를 높게 평가하고 있는 것이다. 방글라데시 그라민은행 설립자 무함마드 유누스는 "비즈니스란 돈벌이뿐이 아니고 문제를 해결한다는 의미다"라고 말했다. 그는 빈곤 대응과 관련한 새로운 해법을 제시한 공로로

2006년 노벨평화상을 수상했다.

사업가는 경영자가 키워놓은 기업을 잘 활용하고 운용해 사회 사업을 일으켜서 사회로부터 존경받는 기업가다. 경영자의 안목으로는 영리 활동이 본업이고 사회적 책임은 기업의 외연 관리를 위한 최소한의 의무 정도로 비친다. 이윤 극대화를 추구하던 경영자가 사회 사업을 펼치는 사업가로 거듭난 증거는 그가 제시한 사업 이념으로 확인된다. 기업의 사회적 책임 활동에서 성장 잠재력이 높은 사업 기회를 찾아내는 안목을 가진 자가 진정한 사업가다. 기업의 사회 공헌 활동도 지속 가능하려면 수익성이 따라야 한다. 사회적 사업 이념의 질은 여기서 판가름이 난다.

국민에게 사랑받는 국민 기업을 지향하는 기업인이 진정한 사업가다. SK그룹은 최근 사회적 가치 경영을 펼치고 있다. 오너 2~3세들이 기존 사업을 붙들고 있을 뿐 새로운 사업 비전을 사회와 소통한 사례는 많지 않다. 2~3세로 내려오면서 기업을 유지하려는 경영자만 보일 뿐, 사회 문제를 해결하려는 사업가가 보이지 않는다. 이병철 회장은 "기업가정신은 금전욕을 뛰어넘는 창조적 의욕과 사회적 책임감이 잘 화합되어 우러나오는 것이다"라고 정의했다. "삼성보다 국가가 더 중요하다. 국가가 부흥하면 사업은 저절로 잘 될 것이다"라고도 했다. 삼성이 선대회장의 창업 이념을 견지하고 있다면 오늘날의 사회 문제는 곧 삼성의 사업 기회로 보일 것이다. 격차 해소, 일자리 창출, 중소기업 협력업체 문제 등 모든 사회 현안에 침묵할 수 없는 이유다. 기업가는 기업가정신의 본질인 사회 문제 해결사로 거듭날 때 마침내 (사회) 사업가로 완성된다.

바야흐로 사업가의 시대다. 독자의 이해를 돕기 위해 오늘날 사업가로 인정받는 기업인과 그들이 펼치는 사회 사업의 예를 좀 더 소개하고자 한다.

일론 머스크는 공해 없는 지구를 위해 전기차를 개발하고(테슬라), 우주 개발(스페이스 X), 대체 에너지원의 태양광(솔라시티), 초고속 이동 수단(하이퍼루프), 인간의 실제 두뇌와 컴퓨터를 물리적으로 연결한 '인공지능(AI)' 등 인류가 도달해야 할 도전적 괴제를 제시하며 새로운 창업을 계속하고 있다. 일론 머스크는 나아가 기계가 인간의 지능을 추월하는 날(싱귤래리티)이 곧 온다고 보고 'AI의 부작용'을 막기 위해서는 뇌 임플란트를 통해 인간 지능을 발전시켜야 한다고 주장하고 있다. 구글의 래리 페이저는 "암을 치료하고 생명을 건강하게 연장하는 것은 모두의 꿈이며 구글처럼 큰 기업이 하지 않으면 누가 하겠는가?"라고 반문하면서 '인생의 거대한 미스터리인 노화와 싸운다'라는 사업 이념으로 무병장수 프로젝트를 추진하고 있다. 페이스북의 마크 저커버그는 아퀼라라는 드론을 구름보다 높이 띄워 아프리카와 같은 오지에 인터넷 환경을 제공한다는 비전을 갖고 있다. 물론 이들과 같은 거대한 프로젝트만이 사회 사업인 것은 아니다.

"일대일 과외는 너무 고비용이다. 학생에게도, 선생님에게도 서로 부담 없는 과외는 불가능할까?"

2013년 홍콩에 사는 티모시 유는 이 질문의 답을 찾기 위해 페이스북을 기반으로 한 '원격 과외 시스템'을 개발하고 스냅애스크를 설립했다. 한 달에 60~80달러 정도의 사용료를 내면 질문은 24시간 할 수 있다. 현재 싱가포르, 대만 등 8개국에서 35만 명의 학생이 가입하고 있다. 학원비가 없어서 학원에 다닐 수 없는 학생들을 위한 솔루션이다. 교사의 질도 평가해 일정 점수 이하인 교사는 활동하지 못하게 했다. 모두에게 맞춤화된 교육을 제공하는 것이 스냅애스크의 사명이다.

하워드 슐츠 스타벅스 회장은 트럼프 대통령이 거부한 난민 1만 명을 뽑겠다고 하면서 "앞으로 5년간 세계 각지에 신규 일자리 24만 개를 만들겠다. 그리고 미국 내에서 퇴역 군인 2만 5,000명과 가족을 고용하겠다"라고도 말했다. 청년 무직자의 경력 개발을 위해 2020년까지 10만 명의 젊은이를 신규 채용할 계획도 밝혔다. 하워드 슐츠 회장은 "젊은이가 원하는 건 누군가 자신의 장점을 알아봐주는 것이다. 기업은 휴머니즘을 바탕으로 기업의 공적 책무를 다해야 한다"라고 강조한다. 이후 케빈 존슨에게 COO(최고운영자) 자리를 물려준 다음, 슐츠가족재단을 통해 청년 일자리, 노숙자 문제 해결 등 사회 활동을 이어가고 있다. 사업가로서의 진면목이 드러나는 사례들이다.

[리더십의 진화 ③ 전문가와 기술자에서 운용자와 기획자로]

4차 산업혁명은 내부 기술 개발이 핵심이 아니라 내외부의 역량을 융합하고 복합하는 운용이 핵심이다. 즉, 전문가 역량에서 운용 역량으로의 진화다. 어떤 사회 문제를 해결할 것인지에 대한 비전 선점이 곧 운용 역량이다. 다시 말해서 문제 정의 역량이 사업가의 창업 역량이다. 이 시대 리더에게 요구되는 최고의 자질 요건이다.

스티브 잡스의 기업가정신은 애플이 아니라 오히려 구글이 이어받고 있다. 이 시대 운용 역량의 고수는 구글 창업자인 래리 페이지다. 그는 본인 시간의 90퍼센트 이상을 기술과 문제를 연결하는 데 쓴다고 한다. 새로운 기술이 나오면 이 기술로 무슨 문제를 해결할 수 있는지, 또 문제를 발견하면 이 문제를 해결할 수 있는 기술이 세상에 나와 있는지를 찾아 나서는 것이다. 래리 페이지는 제품 만들기가 아닌 기술 활용, 즉 운용에 주안점을 두고 있다.

운용 역량은 사회의 공감을 얻을 수 있는 공헌 이념에서 나온다. 중국에서 공유 자전거 바람을 일으키고 있는 모바이크의 성공 뒤에는 창업자 후웨이웨이의 공헌 이념과 질문이 있었다. 그는 중국 최고의 난제에 도전하고 있다. '베이징의 교통 체증과 대기 오염을 해결하는 방법은 무엇일까?', '더 많은 시민이 자전거를 타면 대기 오염과 교통 체증을 완화시키지 않을까?', '언제 어디서나 자전거를 타게 하려면 어떻게 해야 할까?', '감시하는 사람이 없는 곳에 자전거를 대기시켜 놓아도 안전하고 간편하게 요금을 결제할 수 있는 방법은 없을까?' 등의 질문을 스스로에게 던졌다. 그 결과, 2015년 모바이크를 설립했다. QR 코드를 이용한 잠금장치를 개발하고 스마트폰 애플리케이션과 GPS 기반의 위치 검색 서비스, 결제 수단으로는 위챗페이를 활용했다. 현실 문제를 고민하다가 공유 자전거 사업을 시작했고 필요한 기술은 주변에서 확보한 것이다. 창업 2년 만에 모바이크는 2조 원의 기업으로 성장했다.

우수한 경영자 풀이 넓은 우리 사회에 진정한 사업가는 누구인가? 기업가로 발전해야 할 경영자, 즉 전문 경영인이 경영 기술만 익힌 경영 기능공으로 전락해버린 사회는 정체된다. 전문가와 기술자 CEO가 넘쳐나도 운용 역량을 갖춘 사업가를 키워내지 못한 사회의 한계다.

마쓰시타 고노스케는 계열사 사장들을 경영 기능공에 불과하다고 질타한 바 있다. 사업가의 눈으로 보면 모두 효율 경영에만 숙련된 기능공에 불과하다. 경영자가 기업 성장기에 최적화된 리더십이라면, 기업가는 기업 성숙기에 필요한 리더십이다. 성숙기는 질적 성장, 즉 문제 해결의 시기다. 성장기에 축적한 자본, 기술, 인재라는 힘으로 사회 문제를 해결하는 시기인 것이다.

경영자의 역량이 경영 자원의 운용에 관한 것이라면 기업가의 역량은 기업 전체의 운용이다. 운용 역량은 사회 문제를 정의하고 해결 비전을 제시한다. 이는 경영 역량이 아니라 기업 운용 역량이다. 즉, 경쟁우위가 아니라 사업 이념과 비전 선점 경쟁력으로 승부한다. 사회 문제를 파악할 줄 아는 공인으로서의 안목, 문제 해결에 필요한 기술과 자원을 정의하는 역량, 사회와 소통할 수 있는 사업 비전이 바로 운용 역량이다. 이는 기술에 앞서 인문학의 영역이다. 오늘날 인문학이 재조명받고 있는 배경이기도 하다. 시대가 요구하는 혁신 역량은 사업가 역량이며 사업가의 운용 역량이 부가가치 창출의 원천이 된다.

운용 역량은 기업인뿐만 아니라 이 시대 사회 전반에 요구된다. 새로운 기술만 좇지 말고 어떤 문제를 해결할 것인가, 그 문제를 해결하기 위해 어떤 기술이 필요한가, 그 기술을 확보하기 위해 누구와 협업할 것인가 등을 고민해야 한다. 사회 문제를 폭넓게 연구하는 것이 기술의 상용화를 선점하는 길이다. 각 분야에서 20~30년간 경험을 쌓은 장년층이 사업 기회 발굴에 적임자다. 사회 구성원 모두가 사회 연구원으로 성장하고 진화할 필요가 여기에 있다. 이마존, 테슬라, 페이스북 등 IT 기업들이 단기간에 다양한 신사업에 진출할 수 있었던 배경은 특정 기술의 자체 개발에 매이지 않고 어떤 이슈를 해결할 것인지를 연구하며 문제 해결을 위한 융합 R&D를 하기 때문이다. 아마존의 과학기술박람회인 〈마스 2017 콘퍼런스〉, 구글의 〈구글 글로벌 개발자 회의〉 등은 모두 내부보다 외부 신기술을 선점하기 위한 플랫폼이다.

우리 정부는 알파고 쇼크 이후 '한국형 알파고' 개발에 5년간 1조 원을 투입하겠다고 발표했다. 언어 지능, 시각 지능, 공간 지능, 감성 지능 등 지능형 소프트웨어 개발에 주력하겠다고 한다. 이것이 과연 시대 흐름에 맞는 방향인가? 어떤 문제에 인공지능을 활용할 것인지에 대한 사업 비전 선점이 우선이다. 비전이 없으면 M&A에 적극 나설 수도 없다. 삼성이 포스트 스마트폰 시대에 대비해 모바일 에코 시스템으로 내놓은 삼성페이가 지향하는 핀테크 비전은 무엇인가? 보안 솔루션 녹스는 여타 보안 솔루션과 달리 무슨 비전을 가지고 있나?

　공해 문제, 고령화, 에너지 문제 등 더 복잡한 소비자 문제, 사회 문제에 사업 기회가 있고 이를 해결하기 위해서는 다양한 기술의 융합이 필요하므로 더 많은 자금과 더 다양한 배경을 가진 인재가 필요하다. 이들 문제 해결에 융합 역량을 발휘하면 무한한 사업 기회가 열린다. 신산업 기회는 하드웨어 기술이 아닌 활용 기술에 달려 있다. 하드웨어 기술의 스팩과 제조 기술 게임에서 활용 게임으로 바뀐 것이다. 즉, 기술의 운용과 활용 역량이 핵심이다.

　운용 역량은 곧 융합 역량이다. 기술자나 전문가가 수단인 기술에 천착하면 기술 개발의 목적, 즉 기술로 해결해야 할 문제를 놓칠 수 있다. 사업가는 기술 자체보다 기술을 활용해 어떤 문제를 해결할 수 있을지 사업 기회를 포착하는 데 집중한다. 사업가에게는 기술이 아니라 문제가 먼저다. 기술은 수단일 뿐, 목적은 문제 해결이다.

　세상에 아직 해결되지 않은 문제는 차고 넘친다. 인류 사회가 당면한 공동체의 모든 문제는 곧 사업 기회가 되는 시기다. 인류 공동체의 문제에 도전하는 사람들이야말로 진정한 사업가다. 전문가 리더십에서 운용자 리더십으로 진화한 기업인이 곧 사업가다. 지금 우리 사회는 탁월한 경영자의 시대를 마감하고 존경받는 사회 사업가의 출현을 대망하고 있다.

사업 진화 혁신, 4차 산업혁명 해법

우리 사회 전반에 형식주의 업무 관행이 넘쳐나고 있다. 실리콘밸리식 스타트업 문화 이식이 국내 기업에 회자되고 있다. 위원회 만들기, 호칭 변경, 이벤트성 행사 등 겉으로 보이는 현상에 매여 개혁의 본질 대상을 보지 못하고 있다.

무조건 열심히 하기보다 본질을 꿰뚫어 보는 힘을 키워야 할 때다. 사냥꾼이 아무리 사냥을 잘해도 사냥감이 어디 있는지 모르면 아무 소용이 없다. '규제', '규제' 하는데 아무리 규제를 풀어도 성장 기회가 어디 있는지 모르면 답은 없다.

모두가 혁신을 외친다. 혁신 열병이 온 사회를 휩쓸고 있다. 그런데 다들 외부에서 혁신을 찾는다. 신기술, 신산업만을 좇는다. 이 시대에 한국 기업에 맞는 혁신의 방향성은 과연 무엇인가?

사회적 욕구 변화가 시대 변화의 동력이다. 시대적 요구에 대한 해결책이 곧 시대정신이다. 시대정신은 사회의 진화 방향이다. 시대적 과제를 누가 앞서 해결하느냐가 선도 기업과 후발 기업을 결정한다.

시대정신을 가장 잘 파악하는 방법은 앞서가는 기업들을 살피는 일이다. 적자생존의 리더들이 갖는 공통된 특징이 무엇인지를 먼저 파악해 본다. 그리고 20세기 초일류 기업과 21세기 신생 기업을 비교해 본다. GE, 소니, IBM 등 기술 기업에 비해 구글, 아마존, 테슬라, 페이스북 등은 모두 기술 기업이라기보다 운용을 잘하는 기업이다. 테슬라의 전기차도 기존에 있는 기술을 조합한 것이다. 플랫폼(매개 장터), IoT(연결), 빅데이터(21세기 금광에 비유) 등 이 시대를 선도하는 새로운 비즈니스 모델과 신기술의 지향점은 무엇인가?

생산과 제조 경제에서 서비스 운용 경제로의 대전환기

오늘날의 저성장은 호·불황을 반복하는 경기 변동과 달리 지구촌 산업화의 변곡점 현상이다. 과거와 같은 성장이 끝나고 글로벌 경제가 성장기에서 성숙기로 전환하고 있다는 뜻이다. 지구촌 산업화가 신흥국에까지 미치면서 제품 생산과 원자재 공급이 과잉을 겪고 있으며 구매력이 큰 선진국 시장도 고령화와 보급률 확대로 포화 상태에 이르고 있다. 모두 글로벌 소비 감소로 이어지고 있다. 세계화 추세와는 달리 세계 무역액은 축소되고 있으며 2008년 금융위기 이후 8조 달러를 7년 동안 풀었는데도 소비와 투자가 살아나지 않고 있다는 점이 이를 반증한다.

저성장으로 인한 양극화 확대, 일자리 문제 등이 최대 이슈로 부각되고 있다. 경제는 외형적으로 빠르게 양적으로 팽창했지만 그 성장의 이면에는 많은 모순과 문제점을 내포하고 있다. 양적 성장과 질적 성장 간의 불일치다. 산업화가 잉태한 양적 성장의 그늘, 즉 선택과 집중의 효율이 가져온 성장기의 모순을 해결하라는 시대적 욕구가 한꺼번에 분출되는 배경이다. 이는 산업화의 변곡점에서 우리 사회가 겪고 있는 복합적 위기의 원천이다. 성장기에 잉태된 사회 모순과 문제를 해결하는 기간이 성숙기다. 사회 전반에 걸쳐 질적 성장으로의 패러다임 전환이 요구되는 배경이다.

4차 산업혁명은 경제 성숙기의 시대정신을 반영한 산업 조류다. 4차 산업혁명의 본질이 무엇을 새로 생산하거나 새로운 기술을 개발하는 게 아니라 '어떤 문제를 해결할 것이냐'가 본질이고 이는 곧 경제 성숙기의 혁신 패러다임이다. 4차 산업혁명의 신기술들은 사회 문제와 모순을 해결하기 위한 새로운 도구로 등장한 것이다. 이를 누가 먼저 활용해 어떻게 문제를 해결할 것이냐가 선도 기업과 미래 산업을 결정한다.

▌산업 주도권 이전, 하드웨어 제조업에서 소프트웨어 운용업으로

이 시대는 지금 생산 경제(수요〉공급)에서 서비스 운용 경제(과잉 공급〉수요 부족)로 전환되고 있다. 제조업에서 서비스업으로 산업의 주도권이 넘어가고 있는 것이다. 소비 트렌드가 소유에서 사용으로 바뀌면서 공급 과잉을 부추기고 물적 생산 감소로 이어지고 있다.

미래의 새로운 시장은 제조를 중심으로 한 서비스가 아니라 서비스를 위한 제조에 있다. 물건이 아니라 서비스를 구매하는 경제로 바뀌고 있는 것이다. 상품 중심의 경제에서 사용 경험 중심의 경제로 진화하고 있다. 공유 경제라는 서비스 형태가 새로운 소비 흐름을 주도하는 배경이다.

제품을 직접 생산하는 제조 기업보다 서비스 운영체제를 가진 플랫폼 기업들이 4차 산업혁명을 주도하고 있다. 전 세계에서 새로 창출되는 부의 대부분이 4차 산업혁명의 플랫폼 기업, 즉 서비스 신산업에서 나오고 있다. 가치 창출의 원천, 곧 혁신 원천이 생산 제조에서 운영 서비스로 옮겨가고 있기 때문이다. 공급자인 하드웨어업체가 가진 산업 주도권이 소프트웨어업체로 이동하는 것이다. 아울러 기존 제품의 사용 환경을 개선하고 활용 가치를 올려주는 플랫폼 기업에게로 넘어가고 있는 것이다.

생산과 소비자를 매개하는 플랫폼 운용자에 돈이 몰리는 시대다. GM과 같은 자동차 제조 기업들도 자율주행 시스템을 가진 구글이나 차량 공유 서비스의 우버처럼 공장 없이 운영체제만 가진 플랫폼 기업들의 하도급 업체로 전락할 수 있음을 경계하고 있다. 세계 최대 신생 시장인 중국만 봐도 알리바바, 텐센트, 바이두 등 리딩 기업들은 모두 제조 기업이 아닌 플랫폼 기업들이다. 더욱이 스마트 공장, 로봇화 등으로 생산성이 아무리 좋아져도 양극화는 수요 부족을 더욱 심화시키고 하드 제품의 판매는 점점 더 어려워지고 있다. 수요 부족은 제조업을 위축시키는 최대 적이다.

▌공급자 중심의 산업 혁명에서 소비자 중심의 디지털 혁명으로

1, 2, 3차 산업혁명은 제품 생산과 기술 발전의 단계를 구분한 것이지만 모두 생산 혁명이다. 지구촌 산업화를 매슬로우의 인간 욕구 5단계와 비교해보면, 소비자 욕구는 살아가는 데 필요한 물질적 수단을 충족시켜주는 1~2단계에서 좀 더 고차원적인 정신적 욕구 단계로 옮겨간다. 오늘날 전통 산업 대부분이 글로벌 공급 과잉으로 저성장을 겪고 있는 배경이다.

글로벌 공급 과잉과 저성장 해법으로 등장한 4차 산업혁명은 공급자 중심의 생산 경제에서 소비자 중심의 디지털 경제로의 패러다임 전환이다. 즉, 글로벌 경제가 생산 제조 시대를 마감하고 소비자의 활용이 중심이 되는 경제 시대로 옮겨가고 있는 것이다. 물리적인 생산 경제체제에서 디지털 기술을 바탕으로 한 운용 경제체제로의 대전환이다.

운용 경제는 곧 소프트 경제다. 소프트웨어가 하드웨어를 지배하는 시대는 가치 창출의 원천이 생산과 기술에 있지 않고, 그 생산 제품과 기술을 잘 활용하는 운용 가치로 옮겨가고 있음을 의미한다. 즉, 하드웨어 제품과 기술에서 빅데이터 등 소프트웨어로 옮겨간다. 소프트웨어가 곧 운용이고, 소프트웨어는 하드웨어 제품 대신 빅데이터를 생산하며 이 빅데이터가 디지털 경제의 금맥이 된다.

디지털 기술을 활용해 데이터를 수집하고, 개별 고객의 마음을 읽고 파악해 제품과 기술의 활용방식을 바꿔내는 혁신이 디지털 혁신이다. 제품과 기술의 활용방식을 소비자 중심으로 혁신하는 것이다.

사업 모델도 기술, 제품, 판매 중심에서 소비자 경험을 제공하는 서비스 중심으로 진화한다. 따라서 디지털 경제에서는 제품과 기술을 활용한 서비스 부가가치 아이디로 경쟁한다. 서비스를 접목시키지 못한 제조업은 서비스 기업의 하청업체로 전락할 가능성이 높다. 미국의 오파워(Opower)라는 에너지 기업은 전기계량기에 통신 장비를 달아 실시간으로 에너지 사용 데이터를 분석하는 소프트웨어를 전력 사업자에게 제공한다. 전력 사업자는 고객의 평소 전력 사용 습관을 파악해 효율적인 전기 이용방법을 알려 준다. 전기계량기를 만드는 제조업체가 업의 본질을 찾아 서비스로 진화하지 못하고 있으니 벤처 창업이 나타나 사업화한 사례다. 데이터를 읽으면 기존 사업의 진화 방향이 보인다. '생산하는 자는 망하고, 잘 활용하는 자는 흥한다.'

▌기술 융합의 가속 변화 시대, 기술 경쟁이 아닌 기술 응용으로

4차 산업혁명은 기술 게임이 아니라 응용 게임이다. 게임의 법칙이 기술 경쟁이 아닌 기술을 가치로 바꾸는 기술 응용으로 바뀌는 것이다. 이는 활용과 응용분야의 선점 경쟁이다. 디지털 경제는 생산이 아닌 운용이 핵심이다. 인공지능을 보더라도 기초 소프트웨어와 알고리즘은 공개된 자원이기 때문에 산업 현장 적재적소에 얼마

만큼 접목하느냐가 관건이다. 기반 기술은 전기나 수도 같이 공공재화가 되고 있기 때문이다. 인공지능 개발 자체보다 어떤 분야를 선점해 적용할지가 성패를 좌우한다.

기반 기술을 활용해 특정 분야 문제를 해결하는 솔루션 기업들이 속속 등장하고 있다. 크레디빌은 인공지능으로 일자리를 찾는 사업을 시작했고, 위저는 인공지능 기술로 소비자 피드백을 추적하는 솔루션을 내놓았다. 증강현실 기술을 이용한 내비게이션, 교통 위반을 하지 않게 해주는 앱 등 모두 신기술을 활용한 사례들이다.

4차 산업혁명은 부문 간 파괴가 아니라 부문 간 융합의 시대를 만든다. 성장기의 모순을 해결하라는 전환기의 사회적 요구가 새로운 혁명 시대로 표현되고 있다. 4차 산업혁명은 시대정신을 구현하는 해법이다. 시대적 과제를 해결하기 위한 도구로써 다양한 신기술이 등장하고 있다. 부문별로 숙성된 기술들이 서로 융·복합되면서 새로운 사업이 출현하고 있다. 4차 산업혁명이 1, 2, 3차 산업혁명과 질적으로 다른 점은 제품이나 제조 기술의 혁명이 아니라 기술과 산업을 운용하는 융합 혁명이고 시스템적인 연결 혁명이다. 신(新)산업은 곧 융합 산업이다. 시대적 과제를 해결하라고 기업에 대한 사회적 요구가 달라지고 동시에 산업 간 기술 융합이 시작되면서 창업 기회가 폭발적으로 생겨나고 있다. 산업 간 융합이 새로운 시장 기회를 촉발시키고 있기 때문이다.

제조를 버리지 않는 탈제조 사업 진화 혁신

구글이 애플을 제치고 '세계의 기업 왕'으로 등극했다. 2016년 2월 1일 주가 기준으로 구글의 지주회사인 알파벳의 주가가 5,522억 달러를 기록하며 애플의 5,366억 달러를 앞선 것이다. 시대가 기술 제조 기업 주도에서 모바일 운영체제, 동영상, 검색 등의 플랫폼 기업 시대로 완전히 옮겨간 것이다.

애플은 제조 시대의 마지막 분투다. 그나마 고유의 운영체제 때문에 플랫폼 기업에 맞서 선전하고 있다. 그러나 애플도 '개방 공유', '운영 시대(소프트웨어 기업)'의 시대정신에 밀리면서 예전만 못하다. 시대가 하드웨어에서 소프트웨어로 주도권이 넘어가는 상징적인 사건이다. 부가가치가 제조업의 핵심 부품이나 기술에서 데이터라는 소프트한 서비스부문으로 옮겨가고 있다. 고객의 데이터를 실시간으로 확보하지 못하는 기업은 모두 플랫폼 기업의 하청업체로 전락할 운명이다. 단순한 제품 판매를 넘어 고객의 라이프 스타일에 깊숙이 관여하여 데이터를 수집해야 하는 이유다.

▌제조업의 변곡점 인식, 제조업의 종말

제조업의 진정한 위기는 제조업의 종말로 가고 있는 시대 변화다. 제조업은 로봇에 의한 무인화, 플랫폼 기업의 하청화로 글로벌 가치 사슬에서도 부가가치가 점점 줄어들고 있다. 에이서 설립자인 스탠 쉬는 '스마일 커브' 이론을 통해 20세기는 제품의 제조단계에서 가장 많은 부가가치가 발생하는 생산의 시대였지만 21세기는 최고의 부가가치가 기획, 설계, 소프트웨어, 마케팅, 교육에서 창출된다고 주장한다. 제조단계의 부가가치는 가장 낮은 수준으로 떨어지고 결국 하청 기업에 머물게 된다는 것이다. 제조와 제품 경쟁력만으로는 돈을 많이 벌 수 없는 시대가 온 것이다.

과거에는 남보다 제품을 더 잘 만들고 먼저 출시해 이익을 취하는 제품 전략이 주효했다. 앞으로는 다음과 같이 변할 것이다.

첫째, 제조 기술의 캐치 업 속도는 점점 더 빨라지므로 기순우위를 유지할 수 있는 주기는 더 짧아진다. 어떤 신기술의 제품이라도 3년이면 후발 주자가 따라오고 다시 경쟁에 휘말릴 수밖에 없다.

둘째, 중국의 등장으로 제조 기술우위 유지는 더욱 어려워질 것이다. 어떤 산업이든 중국 정부가 주력 산업으로 육성하겠다고 선언한 뒤, 5년만 지나면 그 산업은 무조건 글로벌 공급 과잉에 진입한다. 2015년 3월 중국이 발표한 '중국제조2025'에는 반도체, 배터리, 로봇, 무인차 등이 포함되었는데 그 이후 후발업자였던 비야디(比亞迪, BYD)는 정부 지원과 내수 시장에 힘입어 지금은 테슬라를 누르고 있다. 바이오분야(2020년 시장 규모 1,360조 원)도 예외가 아니다. 반도체와 배터리는 3~5년 후를 장담하기 어려운 형국이다. 특히 규모의 경제와 양산 기술우위의 제조는 시간 문제일 뿐이다. 반도체나 바이오도 지금 성장한다고 해서 시설 투자를 확대하고 있지만 곧 공급 과잉으로 규모를 축소할 시기가 도래할 것이고 협력업체, 인력 조정 등 엄청난 부담이 뒤따를 것이다. 이미 대기업들의 국내외 공장 규모 축소 및 이전으로 수많은 중소기업이 고통을 겪고 있다. 고급화와 프리미엄화도 버티기에 불과하지 지속 가능하지 않다.

셋째, 앞으로 어떤 하드웨어 제품이든 기술은 더 빠르게 숙성단계에 이르고 공개되므로 결국 출혈 경쟁으로 공멸하는 것이 제조 경쟁 사업의 말로다. 심지어 3D 프린터로 금형 없이도 누구나 제조가 가능한 시대가 열리고 있다. 게다가 브랜드 자체가 비싼 가격을 정당화시키던 프리미엄 제조업의 전성기도 지나가고 있다. 아마존, 월마트 등 글로벌 유통 기업들이 가격 경쟁을 벌이면서 제조사를 쥐어짜고 있다. 온라인에 가격 비교 정보가 늘어나면서 소비자들이 마케팅으로 브랜드와 가격을 높인 것은 아닌지 검증하고 있다. 온라인 쇼핑이 확대되면서 전통적인 브랜드 제품들도 가격 인하 압박을 받고 있다.

그러면 글로벌 제조 기업들은 어떻게 대응하고 있을까? 시대의 흐름을 먼저 읽은 GE는 산업 인터넷 플랫폼인 프리딕스(Predix)를 개발하고, 궁극적으로 제조 기업에서 제조 플랫폼 기업으로의 변신을 추진하고 있다. 프리딕스 클라우드 솔루션을 하드웨어 제품에 번들링(bundling)하여 설비 운영 중 발생하는 빅데이터를 수집, 분석, 제어를 하는 서비스를 제공함으로써 전통 제조업이 디지털과 융합해 서비스업으로 변신하고 있다. 발전기, 엔진, 의료 기기의 제조·판매 중심에서 디지털 솔루션 기업으로 진화 중인 것이다. 제품을 파는 것에 그치지 않고 고객의 설비를 IoT로 연결해 공장의 에너지 관리, 사전 예측 및 유지 보수, 공장 자산 관리 등의 서비스를 제공한다. 기존에 수직적으로 결합된 기업 간 제조 경쟁의 기존 틀을 벗어나 제조업 자체에 필요한 플랫폼을 선점한다는 전략이다. 과거의 경쟁사까지 플랫폼 안으로 들어오게 하고 데이터를 수집하고 활용해 새로운 수익 모델로 서비스 비즈니스를 개발하고 있다.

전통적인 자동차 부품 및 가전 제조업체인 보쉬도 제조 현장의 모든 단계에서 IoT 기반의 솔루션 공급 컨설팅 사업(공장 물류, 검사 및 시험, 조립 지원, 작업 관리 등)으로 진화하고 있다. 포드자동차는 2016년 포드 패스(Ford Pass)를 발표하고 주차장 예약, 카셰어링, 전자지갑 등 모빌리티 전 영역에 관한 모든 서비스를 제공해 완성차 제조를 넘어 모빌리티 융합 솔루션 플랫폼업체로의 진화를 추진하고 있다. IBM이 IT 서비스업체로 완전히 체질을 바꾼 것처럼 세계적인 전통 제조 강자들이 탈제조업을 시도해 한 단계 올라간 서비스업체로 변신하고 있다.

우리나라 제조 기업은 어떠한가? 대부분은 가치 사슬상 아직도 20세기의 수익구조에 머물러 있다. 2014년 기준으로 국내총생산 (GDP)의 31퍼센트가 제조업에서 창출되고 있다. 중국 기업을 위시한 저가형 제조업 도전에 국가 산업 전체가 흔들릴 위험성이 크다는 뜻이다. 주력 산업이 모두 제조업이고 각 그룹별 제조업 비중이 높은 바람에 제조업이 무너지면 그룹 전체가 같이 무너질 수 있다. 제조업을 진화시키지 못하면 다 망할 수도 있다.

한국 기업은 그동안 선진국 제품을 높은 생산성으로 빠르게 따라

잡는 '패스트 팔로어 전략'을 써왔다. 그러나 스케일 메리트 없이도 인건비 상승이나 생산성 저하를 상쇄할 수 있는 스마트 공장 앞에서는 한국식 제조 경쟁력이 무력화될 수 있다. 규모를 키우려는 가격, 시장 점유율 경쟁이 더 이상 먹히지 않는 시대가 도래한 것이다. 게다가 기술 혁신으로 생산량이 늘어도 제조업 일자리는 계속 줄어든다. 제조를 중심으로 한 수출 주도형 경제 성장은 수명을 다했다는 뜻이다(컬럼비아대 조지프 스티글리츠 교수). 중국이 2025년까지 제조 강국이 된다고 하면서 우리를 거세게 추격하고 있다. 제조 경쟁력 유지가 점점 더 어려워지고 베트남 등으로 이리저리 옮겨 다니고 있지만 이 또한 얼마나 버틸 수 있을지 의문이다. 결국 시간 문제다.

더욱이 2008년 금융위기 이후 한국, 중국, 일본의 3각 분업체제가 와해되고 있다. 기술적 비교우위에 있는 일본에서 핵심 소재와 부품을 수입해 부품과 반제품의 중간재로 만들어 중국에 수출하면 중국이 완제품으로 조립 및 가공한 다음, 세계 시장에 다시 수출하는 가공 무역 분업체제였다. 중간재 비중은 우리나라 중국 수출의 73.4퍼센트에 이른다. 중국이 2004년 이후부터 소재와 부품의 국산화율을 제고하며 우리를 급격히 추격하는 반면, 우리 기업이 일본의 핵심 소재 기술을 따라잡기에는 역부족이다. 원천 기술을 가진 것이 많지 않기 때문이다. 특히 가공 무역에 종사하는 한국의 중소 제조업체들이 심각한 타격을 입고 있다.

BMW는 생산공정 대부분에 사람 대신 로봇을 배치했다. 스마트

카트가 필요한 부품을 알아서 운반한다. 사람은 '관리자 프로그램'에 접속해 생산성 검증만 하면 된다. 생산이 더 이상 인건비나 작업자의 재능에 영향을 받지 않게 된 것이다.

대량 생산의 시대가 갔으며 개인형 맞춤형 시대는 '사람 중심'의 생산을 의미한다. 소위 노동의 자본화가 가속화되고 있다는 뜻이다. 결국 노동이 자본으로 대체되는 4차 산업혁명 시대의 성패는 사람이 비용(인건비)이 아니라 핵심 경쟁력이 되는 '고부가가치 서비스 산업', 곧 제조업이 아닌 '운용 산업'에 달려 있다 애플, 비지오, 샤오미 등의 기업 사례에서 보듯이 생산은 이제 수직 계열화와 직접 생산 방식 대신 글로벌 소싱이 대세다. 부품 공급과 생산은 세계 전문 업체에 위탁하는 추세다. 부품의 모듈화, 범용화도 빠르게 진행된다.

이런 상황에서 우리 기업들이 업을 진화시키지 않고 계속해서 제조업만 고집한다면 대만의 폭스콘과 같은 제조 하청업체로 전락할 수밖에 없다. 게다가 중국이나 인도 등에 비해서 원가 경쟁력이 낮아지고 선진국의 스마트 공장을 통한 생산 효율에 밀려 점차 제조 경쟁력을 잃어가는 형국이다. 이제 일반 제품으로는 중국 기업들과 경쟁 자체가 불가능하다. 중국이 생산할 수 없는 제품이나 중국과의 기술 격차가 큰 제품에 집중하지 않으면 살아남을 수 없다.

석유화학, 정유, 철강, 조선, 기계, 전자 등 한국 기업들이 품질과 기술을 통해 중국 기업의 공세에 맞서겠다는 전략으로 프리미엄 제품 개발에 전력하고 있다. 일반 제품이 아니라 고부가가치 제품에 집중하고 프리미엄 브랜드(셰프 컬렉션, 시그니처, 제네시스 등)도 도입하고 있다. 그런데 이것이 과연 맞는 방향일까? 일본 기업이 기술이 부족하고 품질이 떨어져서 도태했을까? 우리나라 제조업은 이에 어떻게 대응해야 하는가?

새로운 사업을 찾는 것이 아니라 기존 사업을 어떻게 진화시킬 것이냐에 답이 있다. 생산방식의 혁신에서 운용 패러다임 혁신으로 진화해야 한다. 생산 경제와 운용 경제 간의 차이는 비즈니스 모델이다. 와튼스쿨의 라피 아밋 교수는 비즈니스 모델 혁신이란 근본적으로 사업방식을 바꾸는 것으로 제품 혁신, 즉 제조 혁신과는 차원이 다른 혁신이라고 정의한다. 일례로 자동차를 잘 만들려는 제품 혁신, 즉 품질 경영 혁신은 '누가 전기차와 자율주행차 시장의 패권을 잡느냐'와는 완전히 다른 차원이다. 네스카페가 또 다른 커피 제품을 새로 출시하는 것과 네스프레소라는 캡슐형 커피머신을 개발한 것도 마찬가지다. 수익 모델 자체를 바꾼 혁신이다. 휴대전화 판매를 넘어 앱과 음악을 파는 애플 등은 운영 시대에 맞는 사업 모델 혁신의 모범 사례다. 모두 제조업을 서비스 운용업으로 진화시키는 제2 창업 혁신이다. 제조업을 버리는 것이 아니라 제조업을 진화시키는 것이다.

그러나 우리 기업들은 시대 변화에 맞는 혁신을 하지 못하고, 경비 감축 버티기, 프리미엄 집중, 기술 및 제품 경쟁, 생산성 개선 중심의 혁신에만 매여 있다. '원가 경쟁, 스펙 경쟁 등 기존 제품의 경쟁력은 버려라', '경비 줄이고 인력 줄이는 허리띠 졸라매기식 구조조정은 버려라', '경쟁사와의 기술 개발 경쟁은 버려라', '중국업체와의 경쟁은 버려라' 등은 모두 기존 혁신 패러다임에서 벗어나라는 외침이다. 지금 우리 기업에 필요한 혁신은 PQSC(제품, 품질, 서비스, 원가) 혁신이 아니라 '사업 내용', 즉 부가가치 원천을 혁신해 '신가치, 신시장, 신산업'을 얻는 혁신이다. 사업의 성장 변곡점 도달은 기존 혁신으로는 지속 성장이 불가능한 단계다. 기존 사업의 경쟁우위 확보를 위한 혁신, 경쟁력 제고를 위한 혁신에서 사업 모델 자체를 혁신한다. 사업 변곡점 혁신은 혁신 패러다임의 혁신이다. 기존 혁신의 혁신이자 사업 이념, 사업 모델, 혁신 방향 등을 모두 바꾸는 제2 창업인 것이다.

▮ 탈제조, 디지털 기업, 지식 서비스 기업, 플랫폼 기업으로의 진화

도구를 제조하는 기업이 보급률 확대로 성장 변곡점에 이르면 도구를 어떻게 잘 활용할 것인지로 수요 패러다임이 전환된다. 곧 도구 제조 기업이 도구 운용업, 활용업의 서비스 기업으로 진화해야 새로운 성장 기회가 생겨나고 재도약이 가능하다. 선진국이 서비스 운용업 중심인 이유다. 생산된 제품과 기술을 더 많은 사람이 공유하고 얼마나 더 잘 활용되게 할 것인가로 게임의 규칙이 옮겨가고 있다는 뜻이다. 따라서 지금은 새로운 제품과 기술을 개발(성장기 혁신)하기보다는 이미 나와 있는 제품과 기술을 어떻게 더 잘 활용해 가치를 올리느냐(성숙기 패러다임 혁신)에 따라 제품과 서비스에 새로운 가치(질적 변화)가 생겨나는 시대다. 새로 무엇인가를 만들려고 하는 사람보다 이미 나와 있는 기술과 제품을 찾아서 서로 접목하고 융합시켜 잘 활용하는 사람이 승자인 시대다.

오늘날 글로벌 혁신 기업들이 데이터, 콘텐츠, 플랫폼 등 미래의 자산들을 선점해 나가고 있다. 활용과 운용 시대의 대표 주자들은 응용 프로그램인 모바일 앱, 기존의 제품과 서비스를 연결해 활용 효율을 높이는 O2O(Online to Offline, 온라인이 오프라인으로 옮겨온 다는 뜻) 플랫폼 사업을 주류로 다루고 있다. 모두 기존 자산의 효율을 올리는 운용 가치를 상승시키는 혁신이다. 전통적인 제조 기업도 제품 가치보다 제품과 기술 활용이 부가가치인 지식 서비스 기업, 제품 생산보다 공급자와 수요자를 매개하는 플랫폼 기업, 기존 기술과 경험을 데이터화시킨 디지털 기업 등의 서비스 운용 기업으로 진화할 수 있다.

[기업 진화 혁신 모델]

'하드(Hard) 제조 기업에서 소프트(Soft) 운용 기업으로'

[지식 서비스 기업으로 진화]

제조 기업은 스마트 공장과 같은 제조 생산성 혁신에 그치지 않고 장기적으로 서비스 운용업으로 진화하는 것이 목표가 되어야 한다. 기존 제조업을 운용업(서비스업)으로 진화시켜야 제조업도 살수 있다.

그렇지 않으면 어떻게 될까? 예를 들어 제조 기업 A가 스스로 서비스 기업으로 진화하지 못하면 수년 내 제3의 기업이 나타나 A 기업이 생산한 제품에 센서를 달고 빅데이터를 모은 다음, AI로 분석해 새로운 서비스를 만들 것이다. 그러면서 하드한 제조업체를 하청업체로 만들 것이다. 또 한편으로는 플랫폼을 만들어 동일 유형의 제품을 생산하는 경쟁업체들과 기존 고객 사이로 들어가 제조업과 고객 모두를 장악하는 새로운 기업이 탄생할 수도 있다. 그동안 제품을 사주던 고객도 한순간에 잃게 된다. 제조업 중심의 우리 중소 기업들이 신산업 기술의 하드한 제품도 개발해야 하지만 기존 제품에 대한 서비스화를 먼저 서둘러야 하는 이유다. 신기술을 활용해 제조업을 서비스업으로 진화시키자. '기존 제조업에 4차 산업혁명의 활용 기술인 AI, 빅데이터, IoT 등을 결합하면 어떤 새로운 가치가 창출되는가?', '고객의 어떤 문제를 해결할 수 있는가?', '고객이 내 회사의 물건과 서비스를 구매해 영위하는 사업의 본질은 무엇인가?', '그 사업의 본질에 맞게 어떻게 사업을 진화시킬 것인가?' 등의 질문은 제조업을 서비스 운용업으로 진화시키는 촉매다.

4차 산업혁명은 생산에서 운용, 즉 생산품을 활용한 서비스로의 전환을 의미한다. 질 높은 서비스는 제조에서 나온다. 기존 제조 기반과 제품에 서비스를 접목해 부가가치를 높이면 시장이 새로 생긴다. 즉, 제품과 서비스의 융합이다. '생산한 제품을 어떻게 잘 활용해 서비스로 공급하느냐?'이다. 제조 기반이 강한 한국이 유리하다. 그러므로 제조를 버릴 것이 아니라 적극 활용해 서비스업으로 진화시켜야 한다.

단, 신기술을 얼마나 더 빨리 기존 제조와 제품에 접목시켜 서비스 가치를 만들어 내느냐가 관건이다. 예컨대 인공지능 기술을 고도화하는 것보다 이를 응용하는 데 집중하는 것이 더 효과적이다. 즉, 신기술을 어떻게 적용하느냐가 관건이지 인공지능 기술과 빅데이터 그 자체가 가치 있는 것은 아니다. 기술 추격이 아니라 기술 접목과 상용화에 초점을 맞춰야 한다. 각 기업이 이미 우위를 차지한 분야에 인공지능을 먼저 접목시키는 전략이 유용하다. 한국이 이미 세계적인 경쟁력을 갖춘 가전, 스마트폰 등 제조업분야에서 인공지능을 적용하면 융합의 시너지가 폭발적으로 커질 수 있다. 승자는 원천 기술을 가진 기업이 아니라 인공지능 기술을 선택적으로 활용하고 응용함으로써 가치를 극대화하는 기업이다. 클라우스 슈밥 세계경제포럼 회장은 4차 산업혁명의 핵심은 이미 존재하는 기술을 연결하는 것이며 문제를 해결할 수 있는 융합적 능력이 핵심 경쟁력이라고 역설했다. 하지만 융합 능력이 발휘되기 위해서는 먼저 사업 이념과 비전이 선행돼야 한다.

제조 중심으로 성장한 한국이 앞으로 가야 할 방향은 서비스 운용 산업이다. 서비스 산업은 한국 고용의 70퍼센트를 점하고 10명 중 8명이 선호하는 업종이다. 기존 제조업이 서비스 산업화를 통해 부가가치를 높이고 새로운 일자리를 만들어야 하는 이유다. 제조업의 제품을 잘 활용하게 하는 것이 서비스업이다. 콘텐츠를 넣고 충성 고객을 확보하고 서비스업화되어야 제조업도 생명이 길어지고 발전한다. 전통 제조업이 서비스 운용업으로 진화하는 대표적인 혁신 방향은 소프트화, 솔루션화, 스마트화이다. 먼저 가장 전형적인 소프트화의 사례는 제품에 센서를 달아 데이터를 누적하고 분석해 새로운 부가가치 서비스를 개발하는 것이다. 일례로 가전 제조업체는 스마트 홈 서비스를 구현해 가전 제품 판매 이익에서 월정액 같은 서비스 이용료로 수익 모델을 바꿔 서비스업체로 변신할 수 있다. 가전 제품에 와이파이를 탑재하거나 통신 네트워크에 연결해 다양한 스마트 기능과 서비스를 제공하거나 냉장고의 경우 유통 기한과 유명 요리사의 레시피 등을 음성으로 알려주는 서비스를 제공할 수도 있다.

제조업의 솔루션화 사례는 단순히 태양광 모듈만 판매하지 말고 발전 효율을 높일 수 있는 IoT 솔루션과 관리 시스템을 함께 판매하는 것이다. 레고 계열사인 댄포스는 전통 냉난방 설비 제조업체에서 에너지 효율 솔루션 기업으로 변신했다.

또한 일상의 모든 제품이 IoT 기술로 서로 연결되어 디지털화되면서 스마트화, 즉 지능화가 일어나고 있다. 5G로 가시화될 스마트 시티, 스마트 빌딩, 스마트 병원, 스마트 교통, 스마트 공장, 스마트 홈 등 모든 시설이 지능화되면서 서비스화되고 있다.

4차 산업혁명을 만물의 스마트화라고 해도 과언이 아니다. 하드웨어 제품과 설비를 잘 운용하는 것이 곧 스마트화다. 스마트화에 필요한 기술들인 인공지능, IoT, 드론, 가상현실, 홀로그램, 로봇, 3D, 빅데이터, 블록체인 등에 '5G+센서+클라우드'가 기본으로 결합된다. 이들 신기술을 융합하고 활용해 기존 제품과 시설, 설비들을 스마트화하게 하는 것이다. 전통 제조 기업이 서비스 기업으로 변신한 사례로는 IBM과 GE를 들 수 있다. 각각 솔루션 기업, 산업인터넷의 소프트웨어 기업으로 변신했다.

우리 제조업이 지향하는 서비스는 고부가가치 지식 서비스다. 지식은 곧 데이터에서 나온다. 제조 기업이 스스로 데이터를 생산해 데이터에서 부가가치를 창출할 수 있을 때 지식 서비스 기업으로의 진화가 이뤄진다.

[디지털 기업으로의 진화]

디지털 혁신은 기술이 아닌 문제를 먼저 정의하고 이를 해결하는 데 필요한 데이터가 무엇인지, 또 이를 어떻게 확보할 것인지가 핵심이다. 디지털 혁신은 과거와는 전혀 다른 가치 창출의 패러다임을 의미한다. 제조 생산을 통한 부가가치 창출 패러다임이 데이터를 활용한 부가가치 창출로 옮겨가고 있다. 사업의 디지털화는 곧 관련 빅데이터를 확보해 활용하는 것이다. 제조업도 관련 분야에서 빅데이터를 축적하고 활용해야만 지속 성장할 수 있다. 데이터의 양과 질이 앞으로 기업 경쟁력을 결정하기 때문이다. 어느 분야에서 어떤 유형의 유의미한 데이터를 축적해 나갈 것이냐가 관건이다. 21세기를 생산 시대가 아닌 운용 시대로 정의한다는 것은 바로 관련 데이터를 활용해 지식 서비스업으로 진화한다는 뜻이다. 지식 서비스업은 새로운 정보와 지식이 부가가치의 핵심이 되는 것이고 이는 데이터의 수집과 활용을 통해서만 가능하므로 디지털 기업으로의 진화가 선결요건이다.

히타치제작소는 2008년 금융위기 이후 가전 중심의 전자업체에서 발전, 철도 등 사회 인프라업체로 변신했다가 다시 사물인터넷을 기반으로 한 유지 및 보수, 컨설팅 서비스 사업체로 변신 중이다. 기존의 기기와 설비 판매 사업에서 벗어나 인공지능과 빅데이터 분석 등 첨단 기술을 활용한 제조업 컨설팅 서비스부문을 주력 사업으로 키우고 있는 것이다.

기존 혁신에 한계를 느낀 기업들이 '기업의 디지털 트랜스포메이션(Digital Transformation, 디지털 전환)'에 관심을 돌리고 있다. 제조업이 지식 서비스업으로 변신하기 위해서는 자사의 경험과 기술 노하우를 디지털화, 데이터화시켜야 한다. 단순히 제조 생산성 향상이 아니라 사업 모델 자체를 디지털화시키지 않으면 안 될 일이다.

종이로 된 전화번호부 생산업체인 프랑스 기업인 파주존은 스마트폰 대중화로 큰 위기를 맞았다. 연간 10퍼센트 이상씩 매출이 줄어들었다. 그러자 직원들의 사고를 바꾸기 위해 새로운 비전을 발표한다. 디지털이 곧 미래라고 정하고 파주존의 역할을 전화번부 생산이 아닌 중소기업들을 지역 고객과 연결해주는 것으로 정의한 다음, 디지털로의 사업 전환을 추진한다. 새로운 비전에 따라 사업구조를 변화시키고 30퍼센트도 안 되는 디지털 매출 비중을 향후 5년 내에 70퍼센트 이상으로 끌어올린다는 목표도 설정한다. 종이 전화번호부 기업이 디지털 전략으로 재도약에 성공한 경우다.

아날로그를 디지털로 바꾸는 디지털 전환은 여러 분야에 혁신을 가져온다. IoT는 새로운 정보통신 기술로써 디지털 정보화와 통신 기술을 결합한 가장 대표적인 예다. 모든 제조 기업은 디지털화를 통해 소프트웨어 기업으로 진화할 수 있다. 예컨대 기관차 산업의 핵심 가치가 과거 철강 제조에서 기차의 빅데이터 활용으로 옮겨가고 있다. 언제 고장 나는지를 예측하고 더 적은 비용으로 운영하는 방법을 찾는 식이다.

기존 기업들은 생산하고 디지털 기업은 제품을 활용한다. 자동차 회사들이 우버를 만들 수 있었을까? 제조 기업은 기존의 캐시 카우 제품을 더 잘 생산하는 데 매진하기 때문에 새로운 사업 변신의 기회를 보기 힘들다.

[플랫폼 기업으로의 진화]

우버, 에어비앤비, 쏘카, 그린카, 식당을 묶어 온라인으로 배달 서비스를 제공하는 배달의민족, 부동산 중개업체 5,000곳을 한데 모은 직방 등 21세기에는 왜 플랫폼 사업이 뜨는가?

산업화 1단계 때에는 공급이 많이 부족해 물자 부족 해소를 위해 대량 생산을 목표로 발전한다. 2단계 때에는 최고의 제조 경쟁력을 가진 기업들이 등장한다. 1~2단계 모두 생산의 시대다. 3단계 때에는 공급 과잉을 해결하고 공급자와 사용자를 매개해주면서 제품과 기술을 더 잘 활용해 개인별 맞춤형 서비스를 제공하는 플랫폼이 필수다. 택시 기사가 없는 가장 큰 택시 회사인 우버가 생겨나고 저널리스트가 없으면서도 페이스북은 오늘날 가장 큰 언론사로 등장한 배경이다. 에너지 시장에서도 전력 생산보다는 생활 편의성을 높이는 에너지 서비스업체가 주도하게 될 것이다

자동차 플랫폼 기업인 우버의 시가 총액은 76조 원에 달해 전통 자동차 제조 강자인 GM의 55조 원을 초과하고 있다. 숙박 플랫폼 기업인 에어비앤비와 전통 호텔 체인인 힐튼과의 시가 총액 역전도 마찬가지다.

모든 것을 공유하는 시대가 열리고 있다. 자동차, 육아용품, 전자 제품, 교육 서비스까지 생활 속 모든 것을 인터넷으로 공유하는 공유 경제가 떠오르고 있다. 미래의 기회는 모두 매개 플랫폼에 달려 있다고 해도 과언이 아니다.

20세기의 대표적인 사업이 제조업이었다면 21세기의 대표적인 사업 형태는 플랫폼 사업이다. 플랫폼 사업은 혼자만이 아닌 사회 내 다양한 공급자와 소비자를 연결하는 생태계의 중심이므로 참여하는 모든 이의 공감을 얻을 수 있는 사업 비전을 공유해야만 가능하다. 곧 제조업이 서로의 효율을 갖고 경쟁한다면 플랫폼 사업은 업계 내 상생과 융합의 산물이다. 융합 역량과 안목을 갖춘 사업가

없이는 불가능하다.

플랫폼은 공급자와 수요자 간의 거래를 연결하고 중계해주는 장터 역할을 하면서 가치를 창출한다. 참여하는 수요자가 증가할수록 네트워크 효용도 커진다. 한정된 자원을 기반으로 하는 전통 기업들이 해결할 수 없는 복잡한 문제를 플랫폼 기업이 융합으로 해결한다. 운용 경제의 대표적인 사업 모델은 플랫폼이고, 이는 본질적으로 서비스업이다. 과거 단품으로 마켓쉐어(시장 점유율) 영토 경쟁을 벌이던 게임에서 이제는 누가 더 거대한 사이버 커뮤니티를 지구촌에 건설하느냐의 게임으로 바뀌었다. 승패는 인류가 필요로 하는 것들에 대한 미충족 수요, 곧 성숙기의 사회 문제 해결을 위해 얼마나 종합적인 솔루션을 제공하느냐에 달려 있다. 건강 솔루션, 교육 솔루션 등 아직도 무수히 많은 분야에서 지배적인 플랫폼을 가진 절대 강자가 나타나지 않고 있다.

▌혁신의 방향성

LG전자는 스마트 가전 사업을 위해 창원에, SK하이닉스는 이천에, 삼성전자는 서울 우면동에 각각 소프트 파워 R&D 센터를 증설한다. 문제는 물리적 R&D 시설 확충이 아니라 R&D의 방향성이다. 모두가 혁신을 이야기하지만 성장을 만들어 내는 혁신이 부족한 것은 이 시대에 필요한 혁신의 방향을 찾지 못하고 있기 때문이다. 산업화 시대에는 새로운 제품과 기술, 생산방식이 혁신의 원천을 제공했다. 지금은 그 모든 것이 포화에 이른 상태다. 공급 측면의 혁신은 시효를 다했다.

[기존 사업 경쟁력 강화 혁신에서 사업 진화 혁신으로]

어떤 관점에서 혁신하느냐에 따라 기업의 운명이 결정 난다. 혁신하면 공급 사슬 관리(SCM), 전사적 품질 관리(TQM), 업무 프로세스 재설계(BPR), 창의적 문제 해결 기법(TRIZ), 균형성과 평가제도(BSC) 등 수많은 혁신 도구들을 먼저 떠올린다. '생산성을 높이고 효율화'한다는 기존 혁신의 근본원칙이 한계점에 도달하는 것이 변곡점 현상이다. 기존 사업의 경쟁우위를 유지하려는 신제품 개발이나 기존 제품을 개량하는 제품 혁신, 생산성 향상 등의 제조 혁신으로 우리 기업들은 성장기에 경영 성과를 냈다.

지금 한국 기업에 필요한 혁신은 사업 모델 자체를 바꿔내는 사업 진화 혁신, 곧 제2 창업 혁신이다. 창업 관점의 혁신은 사업 진화로 이어지지만 기술 혁신은 기존 제품의 수명 연장에 불과하다. 같은 높이에서 위치만 바꾸는 혁신이 아니라 한 단계 높은 수준으로의 진화가 필요하다. 지금까지의 성공에 안주하지 않고 구체제와 결별하며 시대 변화에 맞게 새로운 패러다임으로의 전환이 요구된다.

예컨대 과거의 혁신이 신(新)모델에 필요한 새로운 스펙 기술의 개발 중심이었다면 이제는 여타 기술과 제휴해 우리 기술이 어디에 쓰일 수 있는지 용처를 개발한다. 신산업을 좇아갈 것이 아니라 나의 핵심 역량, 핵심 고객, 핵심 시장에서 출발해 사업을 진화시킨다. 기존 사업의 기술 개발을 포기하라는 것이 아니라 R&D 방향성을 기존 기술의 활용과 응용에 둬야 한다는 뜻이다. 샤프가 기술이 없어서 망한 것이 아니다. 가진 기술을 활용해 새로운 가치를 창출하지 못했기 때문이다.

제품과 기술 개발에 매인 기술 지상주의, 제품 고급화에서 벗어나 운용 혁신으로 방향을 틀어야 할 때다. 일본 전자 기업, 자동차 기업도 기술 개발 방향을 바꾸고 있다. 신제품을 만들고 새로운 기능을 찾는 것보다 오히려 기존 기술을 조합해서 고객의 니즈에 부응하는 방향이다. 기존 기술을 고객의 새로운 니즈와 연결시키는 것이다. 지금까지는 기술 개발 R&D가 성과를 가져왔지만 앞으로는 사업 모델 자체를 혁신하는 R&D가 필요하다. 예컨대 TV 제조 기업이 병원, 통신사업자와 제휴해서 병원에 가지 않고도 TV를 통해 진료를 받을 수 있도록 영상 기술을 접목해 원격의료 서비스에 진출한다면 TV 제품 하나를 새롭게 만들어 수익을 내는 것이 아니라 사업방식을 완전히 바꿔 수익을 내는 사업 모델 혁신이 될 수 있다.

성장 변곡점에 도달한 기존 사업을 버리고 새로운 사업과 기술을 찾을 것인가? 내부 자원을 잘 활용하면 새로 등장하는 신생업체보다 훨씬 더 유리하게 새로운 창업을 할 수 있다. 자동차업계를 보더라도 자동차 제조업체는 이미 인력, 인프라, 기술을 모두 갖고 있어 공유 시스템에 가장 최적화되어 있다. 100퍼센트 활용되지 않고 남아 있는 자산, 잉여 역량을 어떻게 활용할 것인가가 미래 비즈니스 플랫폼이 될 수 있다. 그러나 승자의 저주는 지금 이익을 내는 캐시카우 사업에 매달려 눈을 다른 곳으로 돌리지 못하기 때문에 일어난다.

　본업에서 새 길을 찾은 사례로 일본의 NTT도코모가 있다. 본업의 성질을 잘 살려내어 새로운 가치를 창출한 것이다. 다른 통신사가 금융, 미디어, 헬스, 보험 등 탈(脫)통신을 시도할 때 주특기인 통신 서비스를 통해 축적한 고객 관련 빅데이터를 활용해 '인공지능택시'를 출시했다. 웅진그룹은 건설업, 금융업 등 비전문분야에 진출했다가 위기를 겪었지만 '방문 판매, 대여, 교육 콘텐츠'의 3대 핵심 역량을 되살려서 재기의 발판을 마련했다.

[제품 가치 중심에서 운용 가치 중심의 혁신으로]

　앞에서 1~3차 산업혁명을 양적 생산의 시대로 정의한 바 있다. 4차 산업혁명은 지금까지 개발한 제품과 기술을 어떻게 잘 활용해 운용 가치를 올리느냐가 본질이다. 제조와 기술 개발에서 부가가치를 찾던 혁신이 제품 및 기술의 활용, 융합, 본질에서 부가가치를 찾는 혁신으로 그 패러다임이 바뀐다는 뜻이다. 기존 사업을 통해 축적한 핵심 자산(기술, 인재 등)을 잘 운용해 새로운 가치를 창출하는 운용 혁신이다. 즉, 세상에 나와 있는 기술과 제품을 어떻게 잘 운용해서 수요의 본질 가치를 찾아 활용 가치를 확대하고 융합 가치를 창출하느냐다.

　'융합 가치, 곧 무엇과 합쳐 새로운 가치를 만들까?', '활용 가치, 곧 어떤 분야에 활용해 새로운 가치를 만들까?', '본질 가치, 곧 무엇을 위해 사용하는 것일까?'에 답하는 혁신이다. 예컨대 GE가 항공기, 발전기 제조 및 판매업에서 고객 구매의 본질적 목적인 '설비의 가동 효율'을 보장하는 유지 보수 서비스업으로 진화한 것은 '본질 가치 중심'의 사업 진화 혁신이다. 일본의 후지필름이 필름으로 축적한 항산화 기술을 활용해 화장품 사업에, 삼성전자가 반도체의 핵심 역량인 미세 공정 기술을 활용해 바이오 사업에 진출한 것은 '활용 가치 중심'의 혁신 사례. 금융과 ICT를 융합한 핀테크, IoT와 같은 4차 산업혁명의 신기술을 기존 사업에 접목해 고부가가치화를 하는 스마트 공장은 '융합 가치 중심'의 혁신 사례다. 기존 사업의 생산 효율을 올리는 원가 혁신, 기존 제품을 업그레이드하는 기술 혁신 등의 과거 혁신과는 궤를 달리하는 운용방식의 혁신이다.

창조는 무(無)에서 유(有)를 만들어 내는 것이 아니라 이미 생산해놓은 정보, 지식, 개념, 제품, 기술을 융합해 '새로운 유(有)'를 만들어 내는 운용 역량에 있다. 구글은 하드웨어 제품 가치가 아닌 정보 검색이란 이미 존재하는 정보의 '활용 가치'를 제공하고 있다. IoT, 빅데이터, 클라우드, 스마트 테크, SNS 등 신산업의 선두에 선 기업들은 공통적으로 하드웨어 가치가 아닌 '운용 가치'를 제공하고 있다. 이는 AI, 로봇, 드론 등과 같은 소위 4차 산업혁명의 인기 기술과 제품을 좇는 우리 기업에 신산업이 몰고 오는 시대정신과 이에 부응하는 혁신의 뉴 패러다임을 알려주고 있다.

'AI 기술을 활용해 무슨 문제를 해결할 수 있느냐?', 'VR 기술을 어디에 적용할 수 있느냐?'에 대한 답을 찾는 것이 운용 가치 중심의 혁신이다. 낭비되는 에너지를 찾아내 절감방안을 제시해주는 에너지 효율 최적화 인공지능, 향후 발병할 질병을 미리 예상해 건강검진항목을 구성해주는 고령자 질환 예측 인공지능, 원전 등 발전시설 가동을 실시간 감시해 가스 누출 등을 감지해내는 발전소 안전 예방 인공지능, 급식 및 식품 유통망 등을 스스로 점검해 식중독 발생 등을 예측하는 식품 안전 관리 인공지능, 주차나 가변차선 등 교통 흐름을 원활하게 할 수 있도록 조정해주는 교통체계 최적화 인공지능 등 기반 기술을 활용 및 응용한 혁신에 더 많은 기회가 있다.

기술과 제품을 더 잘 활용하는 기업이 주인인 시대다. 4차 산업혁명의 산업 주도권을 결정하는 메커니즘도 '운용 혁신'에 있다. 예컨대 인공지능 관련 운용 혁신은 크게 3가지로 구분할 수 있다. 첫째 AI 등 신기술을 내부 업무에 활용하는 방식, 둘째 인공지능을 개별 제품에 적용해서 서비스로 제공하는 방식, 즉 상용화, 셋째 실제 인공지능 기술 자체를 개발해 특정분야 플랫폼 비즈니스로 발전시키는 방식 등이다.

4차 산업혁명의 신기술을 독자 개발할 것이냐, 기존 기술을 활용할 것이냐는 각각 기업의 규모와 경쟁 환경을 감안해서 선택해야 하는데 한국 기업의 경우 기존 기술을 상용화하는 것이 유리하다고 본다. 일례로 아마존의 AI인 알렉스는 오픈 소스 소프트웨어 형태로 무료로 개방해놨다. 누구든 원하면 활용할 수 있다. 기반 기술보다 파생되는 상품과 서비스 시장 규모가 훨씬 크다. 기반 기술은 점차 개방될 것이다. 4차 산업혁명의 진정한 승부는 인간 욕구에 최적화된 최종 상품과 서비스를 누가 만드느냐에 달려 있다.

디지털 경제, 공유 경제, 플랫폼 경제 모두 4차 산업혁명에 나타난 새로운 경제체제를 표현하고 있다. 이는 제품을 생산하는 것에서 제품을 활용해 서비스를 제공하는 운용 경제의 새로운 포맷들이다. 기업 혁신이 공급자 중심의 혁신에서 사용자 중심의 혁신으로 전환된다는 의미다. 공급자 중심의 혁신은 '어떻게 동종업계의 경쟁사보다 경쟁우위를 갖느냐?'가 핵심이다. 반면 사용자 중심의 혁신은 '자사 제품과 기술로 어떤 문제를 해결할 수 있느냐?'에 초점을 맞춘다. 그릇, 도구와 같은 수단, 즉 물리적 제품 중심에서 내용물, 콘텐츠, 구매 목적, 사람 중심 등 좀 더 본질적 대상이 혁신의 주제가 된다. 도구를 만드는 업에서 도구를 활용하는 업으로의 진화다.

사업 진화 혁신 모델, 경쟁우위 혁신에서 운용 혁신으로

▎본질 가치 중심의 혁신: 업의 본질을 찾아라

이건희 회장은 신경영을 추진하면서 보험업은 사람을 모집하는 것, 증권업은 상담을 잘하는 것이 사업의 핵심이라고 강조했다. 또한 시계는 패션 산업, 백화점은 부동산업, 호텔은 장치 산업, 가전은 조립 양산업, 에스원은 단결력, 반도체는 양심 산업이자 시간 산업, 카드업은 부실 채권 관리, 배터리 산업은 안전이 각 사업의 (업의) 본질이라고 정의했다. 그는 업의 개념을 파악하는 일이 '업의 본질'을 파악하는 것이라고 했다. 업의 개념이 곧 사업 성공의 열쇠고 경쟁력의 핵심 요인이라고 봤던 것이다.

이건희 회장의 경영 철학이 담긴 '업의 본질'은 성장기에 사업 성패를 결정하는 KSF(Key Success Factor, 핵심성과지표)다. 각 기업이 어디에 집중해 혁신해야 매출과 이익을 극대화할 수 있느냐다. 이는 가전업을 조립 양산업이라고 본 것에서 극명하게 드러난다. 조립 양산업은 과거 우리나라에서 인건비가 경쟁력의 핵심이던 시대에나 맞는 말이다. 가전업을 조립 양산업으로 보고 경영했다면 지금쯤 삼성의 가전은 팍스콘과 같은 OEM 하청업체로 전락했을 것이다.

이건희 회장이 말한 업의 개념에 충실했던 관계사들은 상당수 1등 기업으로 성장했지만 오늘날 주력 사업 대부분은 정체 내지는 경쟁력을 잃고 있다. 왜 그럴까? 사업 성장기 때 업의 개념으로 파악했던 KSF가 사업이 변곡점에 도달하면 더 이상 유효하지 않기 때문이다. 이제 그의 '업의 개념'도 사업 성장의 수단인 KSF 파악에서 사업의 근원적 목적인 진정한 '업의 본질'을 파악하는 단계로 진화해야 한다. 사업을 통해 궁극적으로 기여하고자 하는 '그 무엇'이 업의 본질이다.

일례로 은행업은 사라져도 금융은 남는다. 자동차를 구매하는 사람은 자동차 자체가 아니라 자동차가 제공하는 편안한 이동성과 안전성을 구매한다. 은행업과 자동차는 업의 수단이고, 금융과 이동성과 안정성은 업의 본질이다. 모든 사업은 좀 더 인간다운 삶을 도와주는 목적을 갖고 있다. '업의 본질'을 찾아 새롭게 정의할 때 사업 영역(Business Domain)은 확장되고 기존 사업을 진화시킬 혁신 기회가 생겨난다. 제품은 수단이요, 소비자의 구매 목적은 본질이다. 고객에게 어떤 가치를 제공하고 사회에 어떻게 기여할 것이냐 하는 사업 이념이 곧 업의 본질이다. 지금이야말로 진정한 업의 본질을 찾아 제2 창업 혁신에 나설 때다. 제2 창업은 곧 사업 진화 혁신이고 사업 진화 혁신은 '기존 사업을 활용해 어떤 사회 문제를 해결할 것이냐'의 업의 본질을 찾아 사업을 진화시키는 운용 혁신이다.

[사업 진화 혁신 모델]

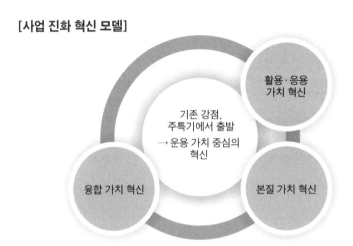

2016년 미국 대통령 선거 당시 민주당 후보 경선에 나와 선풍적 인기를 끌었던 버니 샌더스 현상은 우리에게 '민주주의란 무엇인가?'를 묻고 있다. 인공지능 시대의 도래는 '인간이란 무엇인가?'를 묻는다. 그리고 '기업의 본질이 무엇인가?', '인간 삶의 본질은 무엇인가?' 등 바야흐로 본질을 찾는 시대다. 육체라는 하드웨어가 필요로 하는 물질적 여건이 충족된 오늘날, 인류는 인간의 소프트웨어 격인 영혼의 성장을 위해 정신적 갈등을 해결해줄 대안을 찾고 있다. 사업도 영혼을 살찌우는 '본질'을 찾아 진화해야 할 당위성이 바로 여기에 있다.

본질 가치 중심의 혁신 역량은 인문 역량에서 나온다. 자연과학이 하드웨어라면 인문학은 소프트웨어다. 지금 인문학이 뜨는 이유는 '본질'을 찾자는 시대정신이 반영된 것이다. 인문학은 곧 인간학이다. 고객을 소비자가 아닌 사람으로 바라보고 인간에 대한 통찰에서 나오는 더 진화 발전되고 더 진보한 삶의 방식, 좀 더 사람답게 사는 방식을 창조해내는 것이다. 지금은 지식 기반의 과학 시대다. 과학 교육을 시키되 인간적인 접근을 할 수 있도록 인문학적 역량을 배양해야 한다. 과학이든, 기술이든 모든 것은 결국 인간을 향한 혁신이 본질이기 때문이다.

기업 이념의 경쟁력도 인문학적 역량으로부터 나온다. 인공지능이나 로봇 같은 기계에 일자리를 내주면 인간은 무엇을 하면서 살아야 할까? 삶의 궁극적인 목적은 무엇인가? 좀 더 인간다운 삶은 무엇인가? 기업으로서의 인문학은 곧 사업의 본질을 찾아내는 과학이자 사람을 탐구하는 과학이다. 모든 사업의 본질은 사람을 향하고 있다. 미래 산업을 선도하는 기업들이 기술보다 사람에 더 집중하는 것은 결국 모든 기술이 인간의 삶의 가치를 높이는 데 있다는 것을 깨달았기 때문이다. 사업의 성패는 결국 소비자인 인간을 얼마나 잘 이해하느냐에 달려 있다.

매슬로우의 인간 욕구 5단계에 의하면 인류는 '생존→안정→사회성→자기표현'의 단계를 넘어 이제 자아실현단계에 이르렀다. 그렇다면 자아실현의 욕구를 충족하는 길은 무엇인가? 인문학이 답해줄 차례다. 자아실현을 위한 인간 욕구가 무엇인지, 아직 드러나지 않은 욕구를 찾아내 이를 사업화, 즉 충족시켜주는 것이 기업가적 역량이다. 꽃이 왜 아름다운지를 설명하는 것은 과학의 능력 밖이다. 가치를 판단하는 것은 인문학의 몫이다. 인문 역량은 인간이 더 사람답게 사는 방법이 무엇인지 연구하는 원천이고 미래의 라이프 스타일을 제안하는 혁신 역량이다. 산업화가 이룬 물질적 토대 위에 정신적 가치를 찾는 시대다. 따라서 공급자 중심의 혁신을 수요자, 즉 인간 중심 혁신으로 돌려야 한다. 공급자 중심의 혁신은 방편을 대상으로 한다. 수요자의 본질적 필요를 이해하고 이에 부응하는 것이 방편 뒤에 숨겨진 본질이다. 수요자의 본래 수요를 찾는 것이 업의 본질이다. 인간이 필요로 하는 본질적 수요(필요)는 육체를 대상으로 하는 모든 물질적 편리를 넘어 영혼의 성장을 향하고 있다.

[제품 생산과 판매는 업의 수단이고 창업 이념은 '업의 본질'이다]

창립 40주년을 맞은 이불과 베개 회사인 이브자리는 '이불이 아닌 꿀잠'을 판다는 사업 이념을 제2 창업 비전으로 내세우며 침구회사에서 개인별 맞춤형 수면 서비스업체로 변신 중이다. 건강한 수면을 도와주는 것을 사업의 본질로 봤다. 이 회사는 이불(수단)을 생산·판매해 오늘날까지 성장해왔다. 이제 이불 사업의 본질인 꿀잠을 제공하려면 이불이라는 단품 판매가 아니라 건강한 수면 솔루션을 제공해야 한다. 이를 위해 사업 모델을 혁신한다. 그동안의 이

불 생산 기술을 활용해 대학 연구소, 병원과 협업해 수면 기술을 연구한다. 수면 습관에 맞춰 기능성 침구류를 개발하고 건강한 잠자리를 제공하기 위한 종합 솔루션업체로 진화하는 것이다. 지금은 수면환경연구소, 디자인연구소를 운영하고 있다. 전문 매장마다 수면 전문 상담사도 배치해뒀다.

사고력 수학으로 알려진 수학 전문 기업인 CMS에듀 이충국 대표는 "시험을 치르기 위한 수학 말고, 인생에 활용되는 수학을 가르치고 싶다"라는 창업 이념을 실현하고 있다. 《수학의 정석》이 전부였던 1997년에 '생각하는 수학교실'을 열고 융합 사고력 프로그램을 도입했다. 암기나 계산이 아닌 토론방식의 수학 교육이다. 일례로 피타고라스 정리를 공식으로 설명하기 전에 먼저 반구형 지오데식 돔을 보여주며 왜 이런 형태의 건물이 용적률이 크면서도 튼튼한지 그 원리를 알려주는 식이다. 2015년 3월에는 태국 교육부에 프로그램 수출까지 성사시켰다. 국내 사교육 시스템이 해외 공교육에 적용되는 최초의 사례다. 수학이 시험을 치르기 위한 수단에서 수학이란 학문의 본질을 찾아 혁신했기 때문에 가능했다.

'업의 수단'에서 '업의 본질'을 찾아 사업을 재정의한다. 도구는 수단이다. 도구를 어디에 활용할 것이냐, 곧 사람이 행복하게 살아가는데 어떻게 도구가 도움이 되게 할 것이냐가 사업의 본질이다. 예컨대 가상현실(VR)이 신산업이라 하지만 하드 제품 자체로는 경쟁자가 너무 많다. 핵심은 콘텐츠 개발과 용도 개발에 있다. 가상현실 기술이 재래식 학교 혁신, 평생교육 실현을 구현한다면 이는 가상현실 사업의 본질 가치를 찾아 혁신한 것이다. 기업이 속해 있는 업종과 제품에 매이지 말고 업의 본질을 찾아 사업 변신을 시도한다. 본질을 인식할 때 업은 새롭게 정의할 수 있고 혁신 원천이 생겨난다. 제품과 기술은 방편이고 본질은 사람의 편의다. 인류가 산업화 시대의 성장기를 통해 이뤄 놓은 제품과 기술을 어떻게 인간을 위해 잘 운용할 것이냐가 경제 성숙기의 혁신 주제다. 성장 시대는 수단이 목적화가 되어 본질을 보지 못하는 모순이 생긴다. 모든 사업의 본질적 가치는 곧 사회적 문제 해결에 있다.

사물의 본질을 찾는 것이 본질 가치 혁신의 출발점이다. 인공지능이 방편과 수단을 생산하는 일자리를 대신하고 인간은 본질 가치를 찾는 역할로 진화한다. 인공지능 때문에 사라질 역할, 유지될 역할, 새롭게 생겨날 역할이 있다. 예컨대 인공지능은 육체 치료를 담당하고, 의사는 발병의 근원이 되는 본질인 정신 치료를 담당하게 될 수도 있다. 종양내과의사는 평생 2만 명의 환자에게 암에 걸렸다는 소식을 전한다고 한다. 환자에게 암이 왜 발병했고, 암을 극복하려면 물리적인 치료와 더불어 어떻게 삶의 방식을 바꿔야 하는지 컨설팅해주는 것은 인간 의사만의 역할이다.

본질 가치 중심의 혁신은 소비자 관점에서 새로운 사업 이념을 정립하는 것으로부터 출발한다. 일례로 마이크로소프트는 CEO로 사티아 나델라가 취임할 때만 해도 모바일부문에서 뒤처져 업계 입지가 흔들리고 있었다. 그는 2014년 취임시 "우리는 소프트웨어 회사가 아니다. 개인과 조직의 생산성을 끌어올리는 회사다"라고 기업 이념을 새롭게 정의했다. 그리고 그 실천 전략으로 주력 상품을 인공지능을 결합한 클라우드로 바꿨다. 단순히 데이터 저장 공간을 판매하는 데서 한 발 더 나아가 클라우드를 이용하는 기업 고객의 업무 효율성을 높일 수 있는 도구들까지 함께 제공하는 것으로 사업을 진화시켰다. 이는 서버와 저장공간 네트워크 등을 저렴하게 판매하는데 주력하고 있는 아마존과 차별화되는 업의 본질을 찾아 사업을 진화시킨 사례다.

혁신의 사전적 의미는 가죽(革)과 새로움(新)이다. 가죽을 벗겨내 새롭게 한다는 말이다. 눈에 보이는 겉만 바꾸는 것이 아니라 보이지 않는 속, 즉 본질을 새롭게 바꾼다는 뜻이 담겨 있다. 진정한 혁신은 본질로의 진화다. 연습 게임에서 본 게임으로의 진화다. 한 분야에 30년 이상의 경험이 있다고 해서 반드시 높은 수준을 의미하지 않는다. 정치인이 정치가로 진화 및 발전하지 못하고 정치 기술만 익힌 정치꾼으로 남아 있다면 30년 동안의 경험이 무슨 소용이 있겠는가? 높은 수준은 한 단계 높은 본질로 진화할 때만 도달할 수 있다.

발전소 없는 에너지 사업, 병원 없는 의료 서비스, 땅 한 평 갈지 않는 농사, 백화점 없는 쇼핑, 호텔 없는 숙박업 등과 같은 사업은 모두 사업의 본질, 즉 업의 본질을 찾는 혁신에서 나온다. 의사, 교사, 변호사 등 직종이 아닌 '업'이 본질이다. 마이크로소프트를 창업한 빌 게이츠는 "Banking(은행 업무)은 필요해도 Bank(은행)는 반드시 필요한 것이 아니다"라면서 은행업의 본질을 간파하고 있다.

그의 통찰은 본질 가치 중심의 혁신 기회를 제공한다. 핀테크가 새로운 뱅킹의 혁신 주제가 되는 것이다. 기존의 사업체계에 연연하지 말고 고객에게 어떤 편익을 줄 것이냐의 본질에 초점을 맞추면 기존 사업을 진화시킬 수 있는 길이 열린다.

제2 창업을 위한 사업 진화의 혁신은 업(業)의 본질을 찾아 사업모델 자체를 진화시키는 일이다. 또한 업의 본질을 찾아 사업을 진화시키는 일은 곧 창업 이념을 실천하는 일이고 이는 곧 기업이 사회적 책무를 다해 사회적 기업으로 완성되는 길이다.

[제품 판매 중심에서 소비자의 구매 동기 중심으로 진화한다]

제품이라는 수단을 구매함으로써 고객이 얻고자 하는 효용, 즉 '무엇을 위해 구매하고 사용하는 것일까?'는 본질 가치를 묻는 질문이다. 많은 기업이 혁신 제품 개발에 사활을 건다. 하지만 혁신적인 제품이 고객의 관점과 일치하지 않는 경우가 많다.

단품 판매에서 소비자의 사용에 포커스를 두고 혁신한다. 일본 기업 타니타의 주력 제품은 체중계다. 고객이 체중계를 구매하는 목적이 무엇인가? '체중계 사업의 본질이 무엇인가?'에 대한 질문이다.

체중계는 튼튼하게 만들수록 반영구적으로 사용한다. 오래 사용해도 교체하지 않는다. 이런 모순을 해결하기 위해 고객의 생활에 주목했다. 우선 500칼로리 이하의 식단을 개발해 직원들에게 제공함으로써 모든 메뉴를 체중이 늘지 않으면서도 포만감을 느낄 수 있도록 구성했다. 직원들로부터 좋은 평가를 받자 도쿄 오피스 거리에 식당을 개업했다. 이후 입소문이 나면서 점점 유명해지자 책으로 출간했는데 500만 부나 판매가 되었다. 지자체와 협업해 잘 먹고 즐겁게 운동하는 건강 프로그램도 운영 중이다. 그렇게 하여 타니타는 소비자의 건강을 지켜주는 종합 기업으로 탈바꿈했다.

마이크로소프트가 무료, 개방을 들고 나섰다. 모바일과 클라우드로 사업 포커스를 옮겨가면서 전통적 비즈니스 모델을 깨고 있다. 소프트웨어 제품의 라이선스 모델에서 벗어나 사용한 만큼 지불하는 '서비스로서의 소프트웨어'로 전환하고 있다 소프트웨어 제품을 판매하는 대신 컴퓨팅이라는 서비스를 제공하고 소비자가 이들 제품을 실제 사용한 양과 비례해 수입이 늘어나는 수익 모델로 진화한 것이다.

PDF로 유명한 미국의 컴퓨터 소프트웨어업체인 어도비는 자사 제품인 포토샵과 일러스트레이터를 고객이 100만 원 가까운 고가로 구매하는 대신 매달 1만 원 안팎의 사용료를 내고 온라인으로 구독할 수 있도록 판매방식을 바꿨다. 어도비는 문서 관리 소프트웨어 PDF로 출발해 크리에이티브 소프트웨어 패키지 제작 판매로, 클라우드 월정액으로, 종합 마케팅 소프트웨어 회사로 계속 진화하고 있다.

앞에서 말한 두 회사는 소프트웨어 산업이 본질을 찾아 진화하고 있는 사례다. 소비자의 구매 목적은 소프트웨어 소유가 아니라 사용이다.

하드 제품 제조에서 소비자의 구매 목적을 서비스하는 소프트업으로 진화한다. 자동차 공동 이용업체인 집카(Zip Car)가 등장하자 자동차는 소유 개념에서 공유 개념으로 바뀌고 있다. 자동차 제조업체는 이동 수단을 제공하는 하드웨어적인 자동차 자체보다 자동차의 본질인 '이동성'을 제공하는 소프트웨어적 측면에 더 많은 혁신 기회가 있다. 자동차 산업이 자동차 제조 판매업에서 고객이 자동차를 구매하는 근본 목적인 모빌리티(이동성) 산업으로 진화하고 있기 때문이다.

자율주행 기술이 개발되면 무인 택시라는 서비스 모델 중심으로 자동차업계 자체가 재편될 것이다. 제조업체가 카셰어링업체로 변신할 수도 있다. 카셰어링 같은 차량 공유 서비스를 자동차 판매를 위한 마케팅 수단으로 활용하는 것이 아니라 목적 자체로 보고 접근하는 시각이다. 맥킨지는 차량 공유, 데이터 연결 같은 모빌리티 서비스가 전체 자동차 산업 매출에서 차지하는 비중이 2015년 0.86퍼센트(300억 달러)에서 2030년 22.4퍼센트(1조 5,000억 달러)로 증가할 것으로 예상한다. BMW는 2017년 창립 100주년을 맞아 제조 기업에서 소프트웨어 서비스 중심 기업으로의 변신을 새로운 비전으로 발표했다.

GE의 항공기사업부는 항공기 엔진을 구매하는 고객의 목적이 엔진 자체가 아니라 엔진을 통한 운영 효율임을 직시하고 제조업을 서비스업으로 진화시키고 있다. 스타벅스 역시 커피는 수단일 뿐, 세련되고 프리미엄한 분위기의 공간을 제공하는 데 더 주력한다.

[제품 가치 중심에서 경험 가치 중심으로 진화한다]

'상품이 아니라 경험을 팔아라'는 마케팅의 명언이다. 제품이 아닌 사용 경험이 부가가치를 창출하는 시대다. 기업의 수익이 제품을 제조하는 공장이 아니라 소비자의 주머니에서 나온다는 뜻이다.

제품의 체험 가치를 제공함으로써 스펙 품질 경쟁의 한계를 넘어 다시 성장할 수 있다. 제품의 정신적 가치인 감성 가치, 체험 가치를 올리는 사업 혁신으로 새로운 소비자를 만들어 낸다. 미래에는 인공지능으로 인해 사람들의 노동 시간이 더욱 단축되고 정신적 소비가 확대될 것이다. 물건을 파는 시대에서 경험을 파는 경제 시대의 도래다. '제품의 기능이냐', '소비자의 경험이냐'의 선택이다. 대량 생산과 기술 경쟁을 주도했던 과거와 달리 앞으로는 개인별 맞춤형 제품을 만드는 데 주력해야 한다.

제품은 제조업자에게는 궁극적인 가치라고 할 수 있지만 소비자에게는 가치 창출 도구일 뿐이다. 디지털 기술의 발달로 하드 제품 그 자체보다 제품의 본질인 소비자의 사용 경험이 가치 창출 중심으로 자리 잡고 있다. 4차 산업혁명을 기술 발전 중심으로 보는 시각이 많지만 그 본질은 산업 형태와 수익 모델이 공급자의 제품 생산, 판매 중심에서 소비자의 체험 가치 중심으로 변화하고 있다는 점에 주목해야 한다. 즉, 제품의 서비스화다.

기업 활동은 지금까지 제품의 대량 생산과 판매라는 역할에 한정되었지만 4차 산업혁명의 신기술을 적용해 경험 가치를 제공한다면 사업 모델을 다양하게 혁신할 수 있다. 산업화 시대에서는 대량 생산과 원가 절감이 수익 창출의 핵심이라면 이제는 소비자에게 경험을 제공함으로써 얻는 수익 모델은 경험 가치의 종류만큼이나 무궁무진하다. R&D 성격도 바뀐다. 지금까지는 물리적 제품을 개발하는 공학 기술 중심의 R&D였다면 이제는 소비자의 잠재 욕구를 발견하고 이를 충족시켜줄 더 나은 체험을 제공하는 서비스 R&D가 떠오르고 있다.

제품 보급률이 높아지고 기술이 평준화되면 제품만으로 차별화된 가치를 제공하는 것은 쉽지 않다. 제품만 따지면 가성비지만 소비자의 안목을 고려하면서 제품의 본질인 '체험 가치(라이프 스타일)' 중심으로 혁신하면 기회는 무한하다. 일례로 소비자 각자의 기호에 맞는 소량 다품종 공급체제로의 전환이 그것이다. 고부가가치화는 제품 스펙에서가 아니라 그 스펙을 활용한 감성 가치, 체험 가치로 해석한 본질 가치가 부가된 가치다.

제품 제안에서 새로운 라이프 스타일과 색다른 경험 제안으로 진화한다. 오늘날 4차 산업혁명의 선도 기업들은 모두 인류의 새로운 문화를 선도하고 있다. 라이프 스타일의 브랜드가 되는 것이 마케팅의 최고 목표가 되고 있다. 스타벅스는 단순히 커피를 소비하는 곳이 아니라 고객의 감성을 만족시키는 라이프 스타일 공간을 제공한다. 패션 산업은 섬유 산업이 아니라 멋을 제공하는(파는) 기업이다. 루이비통의 철학이기도 하다.

라이프 스타일 제안으로 사업 진화에 성공한 대표적 사례가 일본의 츠타야 서점이다. 이곳에서는 책 대신 라이프 스타일을 판다. 할

인 경쟁과 매출 경쟁에서 벗어나 사람들이 생활을 설계하고 즐길 수 있는 아이디어를 주는 콘텐츠 개발자로 서점을 새롭게 정의한 것이다. 즉, 책 대신 쉴 수 있는 공간을 제공한다. 일본 유통사인 무지의 유튜브 영상을 보자. 한 일본인이 여행 계획을 세우는 순간부터 도착지에서 패러글라이딩을 하는 과정까지를 세밀하게 보여주고 있다. 그리고 각각의 순간마다 파우치, 캐리어, 노트, 쿠션, 선블럭 등 무지 제품이 도움이 된다는 점을 알려주는 라이프 스타일식 판매를 하고 있다.

각 지방의 고유한 문화와 라이프 스타일을 접목해 산업과 융합시켜 새로운 부가가치를 창출할 수도 있다. 우리나라의 인삼 산업을 프랑스의 와인 산업에 비교하면 길이 보인다. 강릉의 커피 산업, 안동의 유교 산업, 경주의 유적 산업, 포항의 철강 문화, 대덕의 첨단 과학, 부산의 신발과 해양 레저 산업, 제주의 화장품 산업 등은 지방 특색을 라이프 스타일 산업으로 진화시킨 사례다. 부동산 개발 투자 전문 회사인 네오밸류는 고객이 원하는 콘텐츠를 파악해 이에 걸맞은 공간을 꾸며주는 어반 라이프(Urban Life, 도시 생활) 제안자의 역할을 하고 있다. 상가 분양의 위험을 부동산 개발업자가 맡아 상권 고유의 라이프 스타일을 디자인해 활성화시켜주기도 한다. 일례로 일본 도쿄는 대기업 프랜차이즈 위주의 상권 형성보다 개인이 운영하는 특색 있는 식당, 카페, 제과점, 의류점 등으로 구성한다.

요즘은 체험공간으로 바뀌 라이프 스타일을 제안하는 매장이 인기다. 장사의 시대에서 체험의 시대로 바뀌고 있는 것이다. 물자 부족 시대, 고도 성장기 때에는 좋은 제품만 있으면 팔렸다. 시애틀에 있는 레포츠용품 매장인 REI는 제품보다 경험을 판다. 일례로 고객이 20미터의 인공 암벽을 오르면서 등반에 필요한 장비를 구매 전에 미리 경험하도록 한다. 매장에 등산화 착용감을 점검하는 인공 트랙, 캠핑용 비옷의 방수 능력을 확인할 수 있는 샤워공간 등도 마련되어 있다. 아웃렛이 물건만 팔다간 '아웃'이라는 말이 있다. 놀이터로 만들어야 생존이 가능하다는 뜻이다.

기술보다 소비자에게 색다른 경험을 제안하는데 초점을 맞춘 사업 진화의 사례로 액션캠이 있다. 소니, 캐논, 삼성이 디지털 카메라의 하드웨어 경쟁에 여념이 없을 때 미국 기업 고프로는 액션 카메라를 출시했다. 레저 활동에 주로 쓰이는 소형 캠코더를 만드는 고프로는 100여 개 기업과 손잡고 '고프로 생태계'를 구축하고 있다. 다른 회사들이 자사 캠코더를 사용한 제품과 서비스를 내놓을 수 있도록 범용 소프트웨어와 거치대 등을 제공하면서 하드웨어 제품 공급에서 라이프 스타일을 제안하는 서비스업으로 전환했다. 카메라의 자체 경쟁력은 소니가 더 우수하고 가격도 소니가 3분의 1 정도 싸지만 고프로의 제품이 7배나 더 팔린다. 소니는 소비자가 원하는 기능이 무엇인지에 초점을 두고 카메라 개발과 기능 향상에 초점을 맞춘 반면, 고프로는 소비자가 어떤 경험을 원하는지에 초점을 두고 촬영한 사진의 편집, 공유, 콘텐츠를 제작하는 웹 사이트(고프로스튜디오)를 운영하는 데 투자한 것이다. 카메라(수단) 뒤에 숨어 있는 카메라의 사용 목적(나만의 어떤 경험)에 초점을 맞춘 혁신이다.

또 다른 예를 보자. 노키아, 삼성이 휴대전화로 하드웨어 스펙 게임과 원가 게임을 하고 있을 때 애플은 휴대전화를 사람이 어떻게 활용하게 할 것인지를 혁신 주제로 삼은 결과, 스마트폰을 출시했다. 휴대전화 사업의 본질은 하드웨어 기술의 스펙에 대한 게임이 아니라 고객이 그 기술 스펙을 활용해 어떤 가치, 즉 어떻게 새로운 라이프 스타일을 창출할 수 있게 하는지의 게임이다.

제품을 팔면 가성비를 따지지만 느낌과 체험을 팔면 소비자는 돈을 아끼지 않는다. 아빠들의 로망을 파는 프랑스 수영복 회사 빌레브레퀸은 아빠와 아들의 커플 수영 광고를 통해 어린 아들과 아름다운 해변을 바라보는 아빠들의 로망을 판다. 가습 공기청정기가 아니라 '비 온 뒤 맑은 공기를 들이마시는 체험'을 판다. 에어컨이 아니라 '여름날 동굴에 들어간 것처럼 서늘한 공기'를 판다. 발뮤다 선풍기는 '언덕 위에서 불어오는 바람을 맞는 기분'을 판다. 전통 한식당을 방문하는 고객은 한 끼 식사가 아닌 양반 문화를 경험하고 싶어 한다. 모두 제품이 아니라 색다른 감성 가치에 포커스를 두고 있다.

미국의 다국적 엔터테인먼트 기업인 넷플릭스는 빅데이터 분석기술을 활용해 개인 기호에 맞는 콘텐츠를 추천하는 온라인 영화 서비스를 제공한다. 스트리밍 음악 서비스업체인 스포티아는 모두 개인 맞춤형 서비스를 제공한다. 의류업체 스티치픽스는 고객의 신체 사이즈나 선호 색상 등의 변수를 고려해 세분화된 맞춤형 상품을 추천하고 이를 구매로 연결시킨다. 모두 개개인의 독특한 취향에 맞추도록 사업을 진화시키고 있다.

공유 경제체제로 진입하면서 사람들은 대량 생산에 큰 관심이 없다. 맞춤으로 제작된 제품을 더 선호한다. 아디다스는 개인 맞춤형 사업의 대표 주자다. 2015년 로봇과 인터넷으로 운동화를 만들겠다고 발표했다. 독일 공장에 먼저 스피드팩토리를 만들어 100퍼센트 로봇 자동화 공정으로 신발을 제작한다. 인터넷으로 패션 트렌드를 분석해 실시간 맞춤형 생산이 가능해진다. 대량 생산, 대량 소비 시대의 종말이 오고 있는 것이다.

[제조 가치 중심에서 지식(콘텐츠) 서비스 가치 중심으로 진화한다]

올림픽 메달리스트의 경우 전성기가 지나면 가장 잘할 수 있는 일은 후배와 경쟁하는 것이 아니라 익힌 기술로 후배를 가르치는 코치 업무다. 1등 제조 기업이 축적한 기술과 제품 노하우는 모두 지식 콘텐츠다. GE는 제조업의 기본 전략인 식스 시그마를 버렸다. 대신 137년 제조 경험 노하우를 활용해 산업 인터넷 운영체제인 프리딕스를 개발했다. 과거에는 물건을 팔았지만 지금은 소비자의 이용 패턴과 경험을 읽고 그에 맞는 서비스를 제공한다. 오늘날 GE는 주가가 폭락하고 알짜 계열사를 매각하는 등 과거의 명성이 많이 퇴색되고 있지만 제조업 경험을 활용해 디지털 산업혁명의 선두주자로 변신을 시도하고 있다.

자사만의 경험 노하우를 콘텐츠화한다. 고객에게 본질적으로 도움이 되는 것은 제품이 아니라 제품을 통해 전달하고자 하는 콘텐츠다. 가장 궁극적인 서비스 가치는 고객 삶의 발전을 가져오는 교육 요소가 들어 있는 콘텐츠다. 하드웨어 뒤에 숨겨진 모든 사업의 본질은 도구를 활용해 얻고자 하는 지식 콘텐츠라고 할 수 있다.

또한 사람을 움직이는 힘은 기기가 아니라 콘텐츠다. 사회 진화를 이끄는 힘도 새로운 지식 콘텐츠다. 인간 성장에 도움이 되는 교육 콘텐츠가 핵심 부가가치이고 교육 요소를 담고 있는 지적 서비스가 고부가가치 사업인 이유다.

지식 서비스가 부가가치의 원천이 되게 하려면 기존 사업에서 얻은 경험을 디지털화시켜 데이터를 수집할 수 있어야 한다. 지식 콘텐츠는 데이터에서 나오기 때문이다.

농기계 제조사인 클라스는 날씨에 따른 하루 노동 시간, 농작물 재고 관리, 축사 운영, 인터넷 뱅킹 등을 한 번에 관리할 수 있게 해주는 노하우를 소프트웨어로 개발했다. 또한 농기계는 물론이고 다른 회사에서 생산하는 농기계까지 연결하여 생산 효율을 높이도록 하는 농업 서비스 교육 사업을 일반 농가 및 중소기업에 공급하고 있다. 지식 서비스업으로의 진화다.

기술 수출은 대표적인 콘텐츠 사업이다. 포스코는 이란의 철강 회사 등에 기술 이용 라이선스 계약을 하고 고유 기술 100여 개를 판매하려는 계획을 갖고 있다. 철강 제품 판매에서 기술 판매로 진화하려는 전략이다. 일본의 은단 개발 기업인 모리시타진탄은 매출이 떨어지자 은단이 아니라 은단 제조 기술을 판매하는 방향으로 전환해 재도약에 성공했다.

증강현실 산업도 제품 생산보다 기기를 이용한 증강현실 콘텐츠를 파는 기업이 선도할 것이다. 스마트폰의 성장 정체 및 중국 업체 추격으로 미래가 불투명한 삼성전자 무선 사업이 최근 4차 산업혁명 신기술의 총아인 증강현실분야 선두업체로 꼽히고 있다. 삼성페이로 핀테크 사업에도 뛰어들고 하드웨어 사업에서 소프트웨어 사업으로 바뀌고 있다는 평가를 받고 있다. 그러나 이는 4차 산업혁명의 본질을 잘못 이해한 것에서 오는 오해다. 증강현실 산업의 핵심은 기술이 아니라 증강현실을 활용해 무슨 서비스를 창출하느냐에 있다.

핀테크도 POS(Point of Sales, 판매 시점 정보 관리 시스템) 단말기 호환성 기술, 인증 기술 등이 핵심이 아니라 '금융 서비스' 자체다. 인공지능도 알고리즘 기술 자체보다 인공지능을 어느 분야에 활용해 새로운 가치를 창출하느냐가 관건이다. 한국이 5G에 앞서가는 세계 최고의 인터넷 인프라를 갖췄지만 인터넷 은행은 내부 규제로 중국에도 밀리고 있는데 신기술에서 앞서간들 무슨 소용이 있겠는가? 일례로 드론 산업을 보자. 중국 DJI가 시장의 70퍼센트를 장악하고 있다. 우리는 미국, 중국에 비해 드론의 기술 경쟁력이 뒤처졌다고 아우성이다. 혹자는 중국 업체와 차별화하기 위해 드론에 들어가는 핵심부품을 특화해야 한다고도 주장한다. 국내 드론 시장의 중국 업체 점유율은 90퍼센트에 이른다. 국내 드론 업체 1,200개 중 1,170개가 영세업체이고 70~80퍼센트가 영상 촬영 한 분야에만 집중되어 있다. 드론 사업은 드론 자체가 아니라 어떤 산업에 접목해서 새로운 서비스 용도를 만들어 내느냐가 그 본질이다. 인명 구조, 물류 등 다양한 분야에서 서비스업으로 활용도를 개발하는 것이 우리가 집중해야 할 분야라는 말이다.

관광 산업도 쇼핑에서 경험으로 옮겨가고 있다. 관광이 아닌 여행이고 여행은 서서하는 독서라고 했다. 즉, 여행의 본질은 '무엇인가 배우고 영감을 얻는 콘텐츠'에 있다는 뜻이다. 백화점 역시 물건을 파는 장소에서 재미라는 콘텐츠를 제공하는 공간으로 변신하고 있다. 미국 마이애미에 있는 복합 쇼핑몰인 돌핀몰의 방문객은 연 3,600만 명으로 디즈니월드보다 많다. 이 회사는 쇼핑은 물건을 사는 것이 목적이 아니라 그 이면에 숨겨진 즐거움을 찾는 것이 본질이라고 이해하고 있다. 유통업이 매장 내 콘텐츠 게임으로 바뀌고 있는 것이다.

TV 시장에서 1등에 올라선 제조 기업이 TV 사업의 본질을 깨달았다면 '본질 가치 중심의 사업 진화 혁신'을 통해 넷플릭스가 펼치고 있는 동영상 콘텐츠 사업을 선점했을 수도 있다. 소비자는 TV 수상기를 사는 것이 아니다. TV를 통해 가족과 함께할 즐거운 시간을 얻기 위해 돈을 지불한다. 지금은 콘텐츠 사업이 세계 영상 사업을 주도하고 있다. 애플의 스티브 잡스가 발명한 것은 아이맥이나 아이폰이 아니라 콘텐츠를 쉽게 생산할 수 있는 방법, 즉 삶의 방식을 바꾼 것이다. LG의 얼라이브 게임기는 콘텐츠가 부족해 실패한 케이스다. 3D TV도 초기에는 관심을 일으켰으나 콘텐츠 부족으로 성공하지 못했다. 이처럼 하드 제품보다 기기를 활용해 즐길 수 있는 콘텐츠가 본질적 가치다. 구글, 애플 등 IT 기업들이 콘텐츠 제작에 직접 나서는 이유다. 애플은 아이폰 성장이 정체되자 아이폰으로 구축한 고객 풀을 활용해 앱 스토어, 아이튠스, 애플뮤직에 동영상 스트리밍 서비스를 추가한다. 이를 위해 10억 달러를 투자하면서 콘텐츠 자체 제작에 나섰다. 애플은 제조 기업이지만 콘텐츠 매출 비중이 16퍼센트에 이른다.

듀폰은 200년 이상 화학 제품을 다루면서 쌓은 안전 관리 노하우를 사업화해서 각종 안전 장비 제공과 안전 컨설팅으로 연 4조 원의 매출을 올리고 있다. 일본 최대 부동산 개발업체 중 하나인 모리빌딩은 롯폰기힐스를 개발했는데 시공사에서 디벨로퍼로의 변신을 시도하고 있는 현대산업개발, GS건설 등 국내 건설사에 개발 기획 및 컨설팅, 부동산 운영 및 관리 등의 지식 노하우 컨설팅을 해주고 있다. 한국에서 디벨로퍼로 성장하고자 하는 업체를 도와주는 것을 자신들의 사업으로 정의한 것이다.

금속 용접기를 제조하는 트룸프는 오랜 기기 제조 노하우에 IoT 기술과 빅데이터를 결합해 소프트웨어로 전환시킨 다음, 중소기업에 제공하고 있다. 소프트웨어를 판매하는 전문 기업은 많지만 제조 현장의 복잡성과 계량화된 공정을 이해하기는 쉽지 않다. 실제 제조 경험을 콘텐츠화시킨 노하우가 다른 기업에도 도움이 된다고 판단한 것이다.

그렇다면 한류 콘텐츠의 진화 방향은 어떠해야 하는가? 유튜브에서 롱보드 라이더로 유명한 고효주의 동영상을 보자. 여의도공원에서 자유롭게 롱보드를 타고 다니는 활기찬 모습과 귀에 쏙쏙 들어오는 경쾌한 오디오 트랙이 매력 포인트다. 그녀의 모습은 여의도 풍광을 배경으로 정말 좋아하는 것에 몰입하는 기쁨, 자신에게 완벽하게 어울리는 무언가를 할 때의 희열 등 현대인의 라이프 스타일을 잘 보여준다. K팝(K—Pop)을 위시한 한류의 본질은 역동적인 대한민국 젊은이들이 미래를 살아가는 새로운 멋과 즐거움, 삶의 의미를 담은 새로운 라이프 스타일을 개발해 세계 시민에게 영감을 제공하는 데 있다. 유시진이라는 젊은이의 삶의 '이념'이 담겨 있는 드라마 〈태양의 후예〉가 인기를 끈 것도 마찬가지다. 재미와 의미(인간이 궁극적으로 추구하는 품격)를 곁들인 스토리와 콘텐츠들이 경쟁력을 갖는 시대다.

▮ 활용과 응용 가치 중심의 혁신: 본업에서 출발하라

미국 비디오 게임업체인 밸브소프트웨어는 '비디오 게임→게임 기기→게임 유통 플랫폼→게임 안의 물품', 즉 게임 아이템을 거래하는 장터 운영 등으로 사업을 진화시켜 왔다. 모두 본업인 비디오 게임과 연계된 사업과 제품으로 확장시켜 사업 진화를 이뤘다. 단계별 사업 변신은 모두 이전 사업을 해오면서 쌓인 경험이 토대가 되었다.

잘 모르는 분야에 뛰어들면 성공 확률이 낮다. 시장의 흐름을 파악하고 본연의 핵심 역량을 이에 맞춰 진화시키는 것이 정답이다.

일본 소재 기업인 도레이는 섬유, 플라스틱, 케미칼, 환경 엔지니어링, 정보통신 재료 기기, 생명과학 등 방대한 영역에서 사업을 펼치고 있지만 핵심 기술과 사업 기반이 없는 분야에 진출하지 않는다는 원칙을 고수하고 있다. 레고는 1990년대 성장이 정체되자 다양한 신사업을 시도했다. 레고 세트 대신 레고 블록의 디지털화, 가상현실 레고 개발 등에 뛰어들었다가 돈만 쓰고 상업적으로 실패했다. 종전의 블록 제품과는 다른 디지털 시장에 뛰어든 탓에 전문성, 경험 모두 부족했기 때문이다.

신기술을 개발해 신시장으로 진출하면 투자 비용은 많이 들지만 성공 확률은 낮다. 주력 제품과 관련된 제품이나 사업으로 영역을 확장하는 것이 유리하다. 자사의 본업이라 할 만한 자산이 없더라도 자신만이 찾아낸 사업 기회가 있고 외부 자원을 응용할 수 있다면 얼마든지 새로운 가치를 창출할 수 있다.

새로운 것을 창조하려는 혁신도 좋지만 타사로부터 배운 것을 잘 활용(모방과 창조)해 새로운 가치를 찾아내는 혁신도 응용 가치 혁신이다. 창조적 모방은 이미 시장에 나와 있는 기술과 사업 모델을 잘 활용해 새로운 영역에서 가치를 창출하는 혁신이다. 알리페이, 텐센트 등 모두 선두주자를 모방한 비즈니스 모델이지만 미세한 혁신으로 기존 모델을 보완해 성공한 기업들이다. 세탁업계의 우버라 불리는 에다이는 대다수 중국 아파트에 세탁기가 없다는 점에 착안해 모바일로 세탁물을 접수한 후 72시간 내에 세탁해주는 서비스를 제공하고 있다. 기숙사 방에서 나오기 싫어하는 은둔형 학생들을 위해 배달 서비스도 한다. 우버의 비즈니스 모델을 응용해 새로운 분야를 개척한 것이다. 활용, 응용 가치 중심의 혁신은 기술을 가치로 전환하는 혁신이다. 그렇다고 무조건 남이 하는 사업에 뛰어드는 것은 아니다. 어디까지나 자신만이 가진 노하우와 경험이 핵심 역량이 되고 여기에 외부 기술과 사업 모델을 입혀 새로운 가치, 즉 신시장을 창출하는 것이다.

[제조 기반을 활용, 서비스업으로 진화]

앞서 설명한 탈제조 지식 서비스 기업화는 가장 전형적인 '활용 가치 중심'의 사업 진화 혁신이다. 제조업 기반을 활용할 수 있는 기회를 찾을 때 서비스업으로 진화할 수 있는 길이 열린다. 고객에게 제품만 판매하지 말고 구매한 제품으로 해결하려는 문제까지 파악해 그에 따른 서비스도 같이 제공한다. 제품 판매를 통해 고객의 내부 문제를 파악할 수 있을 때 사업 진화의 기회가 생긴다. 제조업에 추가할 서비스 사업 기회인 것이다.

제조업이 사물인터넷과 같은 소프트웨어를 접목해 새로운 부가가치를 창출하는 서비스업으로 진화한다. GE는 항공사가 비행기 대신 엔진 모니터링 서비스를 구매하도록 하여 엔진 고장에 신경 쓰지 않으면서 엔진 관리 비용을 대폭 절감할 수 있도록 했다. 상호 윈윈하는 상생 솔루션을 내놓은 것이다. 항공기 제조업체에서 납품하는 엔진에 첨단 센서를 부착하고 IoT 기술을 이용해 점검하고 보수하는 서비스를 제공한다. 설비나 장비 등은 일단 판매하면 끝이라는 기존의 비즈니스 패턴을 바꾼 것이다. 시스코는 네트워크 장비를 판매하는 하드웨어 기업에서 보안 노하우와 기술을 서비스로 제공하는 소프트웨어 기업으로 변신했다.

타이어 제조사인 미쉐린은 타이어와 엔진에 센서를 부착해 수집된 데이터를 바탕으로 고객에게 차별화된 서비스를 제공한다. 센서를 통해 연료 소비량과 타이어 공기압, 기온, 속도 위치 등을 분석해 운송 회사에 공급해서 적절한 타이어 공기압을 유지하도록 가이드하고 연료를 절약할 수 있게 한다. 수만 개의 타이어를 구매하는 운송 회사라는 고객에게 운송 효율(여기서는 주행 거리당 연료)을 올리도록 돕는 것이다. 이 기업들은 제조업이 제조 기반의 경험과 노하우를 활용해 얼마든지 서비스업으로, 소프트웨어 기업으로 진화할 수 있음을 보여준다.

한 가지 사례를 더 들어보자. 도레이는 통신사 NTT도모코와 협업해 작업복에 센서를 부착하고 작업자의 심전도, 맥박을 파악하면서 근로자의 건강 상태를 실시간으로 확인할 수 있는 소프트웨어를 개발했다. 작업 안전도를 높여주는 서비스를 제공하는 것이다. 미래는 경험과 솔루션을 팔지 못하는 제조업은 살아남기 힘들다.

부가가치가 더 높은 서비스로 진화한다. 고비용 및 저부가로 한계에 직면한 우리 제조업은 4차 산업혁명의 신기술을 개발하려고 경쟁하지 말고 이들을 앞서 도입하고 우리의 제조 기술과 제품에 접목해 다양한 서비스로 상용화시켜 부가가치를 높이는 것이 유리하다. 중소 제조 기업인 다누시스는 CCTV를 제조 및 판매하는 단순한 제조업 틀에서 벗어나 CCTV 제품과 기술에 정보통신기술, IoT, 빅데이터 등을 접목해 '스마트 안전 도우미'라는 범죄 예방 서비스를 출시했다. 지능형 영상 보안 시스템 등 종합 솔루션 기업으로 진화한 것이다.

자동차 제조업의 '서비스화' 움직임은 '모빌리티 기업'을 향한 첫 걸음이다. 지금까지 자동차는 운전이라는 행위를 중심으로 운전 편의성, 안전성, 빠르고 경제적인 이동성 등 주로 하드웨어적인 가치에 주안점을 두었다면 자율주행 자동차, 커넥티드 카가 나오면서 자동차도 다양한 서비스를 제공하는 플랫폼으로 진화하고 있다. 자동차 가치의 경우 자동차 자체보다 자동차와 함께 제공되는 서비스 가치가 더 커진다. 자동차를 구입할 때도 어떤 서비스를 제공할 수 있는가, 내가 원하는 서비스(소프트웨어)를 구현하기에 적합한 차(하드웨어)인가에 더 초점을 맞추게 될 것이다.

다양한 사물에 센서, 통신 기능을 탑재한 IoT 기기 출시가 확대되고 있다. 센서에 통신과 인공지능까지 결합해 수집 정보를 활용하는 기업도 등장하고 있다. 기존 하드웨어 기업의 전략과 전혀 다른 방식으로 '제품을 활용한 서비스 가치'를 창출하고 있는 것이다.

예컨대 냉장고 제조 기업이 자사의 제품과 기술을 활용하는 서비스를 자체적으로 내놓지 못하고 계속 더 좋은 냉장고 생산에만 주력한다면 어떤 일이 벌어질까? 미래에는 냉장고를 공짜로 제공해주고 냉장고 속의 식품 정보나 소비자의 구매 이력을 분석해 필요한 식품을 주문 없이도 알아서 적시에 배송해주는 유통 기업이 등장할 수 있다. 그렇게 되면 냉장고 제조 기업은 하청업체로 전락하고 말 것이다.

[기존 기술과 주특기를 응용해 타 산업으로 확장]

'기존 사업의 경험과 기술을 어떤 타 산업에 활용해 새로운 가치를 만들 수 있을까?'에서 출발하는 사업 진화 혁신이다. 이와 관련해 디지털 쇼크에 제대로 대응하지 못해 몰락한 코닥과 대비되는 기업으로 후지필름의 사업 진화 혁신이 주목받고 있다.

후지필름 CEO 고모리 시게타카는 2003년 사양 산업이 되어가는 기존 사업 구조의 '탈 필름'을 경영 비전으로 제시하고 필름에서 비필름으로 사업 변신을 추진했다. 3년에 걸쳐 화학, 약품, 화장품, 의료 기기업체 등을 인수해서 '의료와 소재 회사'로 탈바꿈시킨다. 후지필름은 도야마화학, 소노사이트 등 제약사, 초음파 진단 관련 회사를 인수해 신사업 진출을 위한 발판을 마련했다. 그런데 새로 진출한 산업분야 모두가 그동안 후지필름이 쌓아온 필름 기술을 응용할 수 있는 분야다. 필름 사업의 핵심 기술을 활용해 화장품에 진출하고 제약업체로 변신했다. 필름 생산의 주재료인 콜라겐과 사진 변색 방지에 사용하던 항산화 성분인 아스타크산틴을 활용해 피부 재생 및 노화 방지 전문 화장품을 개발했다. 필름 제조 기술인 화학 합성의 핵심 기술을 활용해 항인플루엔자 의약품을 개발하고 에볼라 바이러스 치료제 개발에도 성공했다. 엔진 점화 플러그의 세계적 기업이었던 일본특수도업도 핵심 역량인 세라믹 기술을 살려 의료 산업에 진출에 의료용 인공뼈 등을 만들고 있다.

디스플레이업계에서도 기존 기술을 타 산업분야에 응용한 기업이 나타나고 있다. 중국의 로욜은 국제전자제품박람회(The International Consumer Electronics Show, 미국 라스베이거스에서 해마다 열리는 세계 최대의 전자 제품전시회)에서 '모바일 영화관'을 공개하면서 영화관 산업에 진출했다. 창업 4년차에 종이처럼 얇은 디스플레이 아몰레드 패널을 개발했다. 수조 원을 들여 공장을 짓고 대량 생산해 이익을 남기는 기존 디스플레이업체와는 다른 길을 가고 있는 것이다. 소비자가 좋아할 만한 제품을 먼저 기획하고 제품 운영체제까지 완비해 완성된 제품을 먼저 시장에 출시하는 전략이다. 디스플레이가 쓰일 시장을 먼저 개발하고 융합 가능한 산업과 협업하는 전략이다. 디스플레이 기술은 전자 산업을 넘어 자동차, 섬유, 교육, 의료, 미디어 등 거의 모든 산업으로 확산되고 있기 때문이다. 유사한 사례로 구글이 사들인 드롭캠이 있다. 기존 카메라 기술을 응용하고 사물인터넷을 접목시켜 가정용 감시 카메라 시장에 진출한 것이다.

도요타가 딸기 품종 개량에까지 발을 넓히게 된 디딤돌은 바이오 연료 개발을 위해 사탕수수 유전자를 연구한 경험이다. 바이오에탄올 제조에 적합한 사탕수수 품종을 개발하려고 쌓은 기술을 고수익 농작물 개발로 확대한 것이다. 여기서는 1년 내내 고품질 딸기를 생산한다. 캐논, 후지필름, 코니카미놀타 등 카메라 강자들이 도시바 의료 기기의 자회사이며, CT(단층 촬영), MRI(자기공명영상)분야 일본 1위 업체인 도시바메디칼 인수전에 뛰어든 이유도 모두 자사가 갖고 있는 카메라 기술 강점을 더 큰 시장이 있는 의료 기기 산업에 접목할 수 있기 때문이다.

기존의 사업 자산을 그대로 활용해 타 산업으로 진출할 수도 있다. 싱가포르공항은 동남아시아 허브공항의 이점을 활용해 항공 정비 산업에 진출했다. 항공 정비는 대당 평균 66억 원이 소요되는 고부가 산업이다. 세계 항공 정비 시장의 10퍼센트 점유율 달성을 목표로 2만 명의 고용 효과를 기대하고 있다.

방치하고 있는 숨은 자산을 잘 활용해서 타 산업으로 진출할 수도 있다. KT는 전화국, 하나금융그룹은 점포, 롯데는 창고 자리를 활용해 오피스텔 등 임대 사업에 진출하고 있다. KT는 부동산 개발, 기가 인터넷, 와이파이, IPTV, 스마트 홈 등을 묶어 도시형 생활 주택 공급을 추진하고 있다. 롯데는 임대, 쇼핑몰, 자동차 렌털 등 유통 서비스를 한데 묶어 주거 환경 통합 서비스를 제공한다는 복안이다. 이제는 땅값도 안 오르니 보유보다 활용하는 방법을 찾고 있는 것이다. 코레일이 태백선, 영동선, 경전선 등 5대 철도 적자 노선이 가진 '자연 환경'에 주목하고 폐선 대신 '철도 관광 벨트'를 만들어 정선아리랑 열차 도입 등 관광업에 진출한 사례도 있다. 보잉은 여객기를 개조해 알리바바 등 물류 배송 증가 추세에 따른 화물기 수요를 잡기 위해 기체 수명을 20년까지 늘리는 항공기 개조 사업에 진출했고 수조 원대의 매출을 올리고 있다.

기존 경쟁력이 유리하게 작용할 수 있는 타 산업에 진출한다. 기존 사업이 갖고 있는 기술 경쟁력이나 제조 경쟁력을 동일하게 적용할 수 있는 산업분야다. 도요타와 현대차는 웨어러블 로봇 시장에 적극 진출하고 있다. 자동차 회사는 대규모 조립 장치 설비를 갖추고 인체공학적 설계를 기반으로 하기 때문에 웨어러블 로봇 개발에 유리하다. 렉서스는 차량에 들어가는 엔진과 탄소 섬유 강화 플라스틱을 활용해 고급 요트 제작에 나서고 있다.

[기존 사업의 핵심 기술 활용, 성장 잠재력 높은 미래 신산업으로 진출]
자사의 핵심 기술을 활용해 새로이 성장하는 미래 신산업에 진출한다. 일본의 시계 및 프린터 회사인 세이코엡손은 70년 넘게 제조업에서 쌓아 온 미세 가공, 센서 기술을 활용해 산업용 로봇 같은 미래 산업에 진출했다. 세이코 시계와 엡손 프린터는 이미 구시대적 제품이 되었지만 시계 제조에서 쌓은 센서 기술과 프린터의 정밀 분사 기술을 결합해 산업용 로봇이라는 새로운 제품을 만들고 있다.

산업 환경이 급속도로 바뀌지만 환경 변화에 이리저리 휩쓸리는 것보다 그동안 쌓아온 노하우와 기술을 새로운 시장에 적용시켜 사업 진화를 이룬다. 미래 산업에 아무런 기술력 없이 뛰어들어서는 성공할 수가 없다. 사업 진화는 자사의 강점을 파악하고 여기서 출발하는 것이 핵심이다.

의류 섬유 소재 업체들이 자동차 부품 회사로 변신하고 있다. 전기차는 더 가볍고 강해야 좋기 때문에 이들 업체들이 자신의 핵심 역량을 활용하고 있는 것이다. 제지업체인 니혼세이시는 펄프를 나노미터 단위로 잘게 썰어 수지와 혼합해 특수 섬유를 만든다. 강도가 철의 5배나 된다. 코오롱, 효성 등 섬유 기업이 한동안 저임금 노동력에 밀려 사양 산업이라는 오명을 벗고 탄소섬유, 철보다 강한 슈퍼섬유 아라미드 등을 통해 고부가 첨단 산업용 소재 사업체로 변신하고 있다. 슈퍼 섬유는 비행기, 자동차의 스노커버, 반도체 등의 소재로 사용되고 있다. 중국의 범용성 완제품 경쟁을 피하기 위한 전략이기도 하다.

미쓰비시케미칼은 극세 아크릴 섬유를 사용해 방음재 소재 기술을 개발했다. 자율주행 자동차가 상용화되면 차에서 영화를 보거나 음악을 듣는 시간이 많아지고 이에 따라 음향 문제가 더욱 중요해지기 때문에 성장 잠재력이 높은 시장이다. 포스코는 단순한 철강 회사가 아니라 미래 차로 각광받고 있는 전기차에 필요한 핵심 소재를 공급하는 종합 소재 기업으로 변신하겠다는 경영 전략을 표명하고 있다.

한국카본은 카본 섬유와 유리 섬유를 다루는 기업으로 낚싯대, 골프 샤프트 등의 소재 기술을 활용해 미래 첨단 소재를 사용하는 항공기, 자동차 부품, 그리고 최근에는 수직 이·착륙 드론으로까지 사업 영역을 확대하고 있다. 일본 반도체업체인 르네사스는 새로 급성장하고 있는 무인차, 엔진 전자 제어 등 자동차 반도체 시장을 주력 사업으로 진화시키고 있다.

자사의 핵심 기술과 연관된 유관 산업으로 확장한다. 테슬라는 전기차 사업에서 에너지 사업으로 확장하고 있다. 전기차를 만들면서 축적된 기술로 종합 에너지 회사로 변신하고 있는 것이다. 우버는 차량 공유 물류 사업에서 핀테크 금융 산업으로 확장하고 있다. 쓰타야는 콘텐츠 제공에서 신개념 마켓 플레이스로 진화하고 있다. 애플은 스마트폰으로 축적한 기술, 브랜드 인지도를 바탕으로 스마트 워치, 스마트 카 등 미래 산업으로 시장을 확대하고 있다.

클라우드 사업의 선구자인 아마존은 블랙 프라이데이 기간 중에 폭증하는 주문량을 처리하기 위해 증설한 사내 서버를 1년 내내 활용할 수 있는 방법을 찾다가 블랙 프라이데이 기간을 빼면 남아도는 90퍼센트의 서버를 임대해주는 사업을 시작하게 되었다. 새로운 기술의 개발이 아니라 단순히 기존 시설이 더 효율을 올리도록 잘 활용하는 데 눈뜨면서 완전히 새로운 산업분야를 창조한 것이다.

스마트폰 부품업체 크루셜텍은 블랙베리에 모바일 광마우스를 공급하며 급성장했으나 블랙베리의 몰락으로 난관에 봉착하자 광인식 기술을 스마트폰 지문 인식에 접목함으로써 새로운 트렌드를 타고 재기에 성공했다.

▌융합 가치 중심의 혁신: 융합의 파워

경제사학자인 하버드대 경제학과 마틴 와이츠먼 교수는 "52개의 아이디어가 있다면 가능한 조합 수는 태양계의 원자 수보다 더 많다. 따라서 혁신은 결코 고갈될 수 없다"라고 주장했다. 융합을 통한 창조는 경우의 수가 무한대라는 뜻이다.

산업화 시대의 성장 동력인 경쟁이 변곡점을 지나면서 과당 경쟁으로 변질되어 공멸 위기를 초래하고 있다. 성장기 때에는 기술 역량과 규모를 키우기 위해 분업과 전문화로, 즉 선택과 집중 전략으로 특화업체를 육성하는 것이 효율적이었다. 하지만 성숙기 때에는 각자 키워온 역량을 통합과 협업을 통해 시너지와 융·복합 효과를 내야 한다.

고도 성장기에 짜인 경제 운영 틀은 폭증하는 수요에 대응해 상대적으로 적은 수의 공급업자가 특정부문을 할당받아 선택과 집중으로 미숙한 전문성을 키우고 신속하게 양적 확충을 하는 것이 급선무였다. 안전, 환경, 유지 관리 등의 질적 성장은 나중 문제였다.

지금은 공급자 수가 너무 많이 늘어 과잉 경쟁을 초래하고 구조조정이 필요한 시대가 온 것이다. 일례로 건설업만 봐도 설계, 엔지니어링, 시공이 제도적으로 분리되어 겸업이 불가하도록 칸막이가 쳐져 있다. 부동산업이 건설, 중개, 융자 등이 분리되어 있는 것과 같다. 우리 사회의 모든 분야가 이처럼 성장기에 형성된 각자도생의 분리구조다.

산업 간 경계 파괴가 아니라 산업 간 융합이 일어나고, 무한 경쟁이 아니라 모두가 협업의 대상이 되고 있다. 경쟁이 아닌 협업 융합이 시대정신이 되고 새로운 경쟁력으로 부상하고 있는 것이다. 고도 성장기에 각자도생, 전문화, 선택과 집중, 경쟁우위의 패러다임으로 성장한 기업들이 서로의 기술과 업종을 융합해 새로운 혁신을 이루어 내는 대(大)융·복합으로 옮겨가고 있다. 일례로 신생 기업인 페이팔이 거대 글로벌 기업인 아메리칸익스프레스를 넘어섰다. 글로벌 전자상거래에서 이뤄지는 지급 결제의 73.5퍼센트를 차지하고 있다. 페이팔의 전략은 한마디로 전방위 협력이다. 카드사, 은행, 기술 기업 등과의 연계된 개방형 플랫폼으로 언제 어디에서나 페이팔의 금융 서비스를 제공하는 것을 목표로 하고 있다. 국가 차원에서 융합의 파워를 활용해 국가 경쟁력을 올린 사례로 네덜란드를 들 수 있다. 네덜란드는 농업의 과학화와 융합으로 농업 대국으로 진화한 대표적인 나라다. 축산업에 정보통신 기술을 접목시켜 젖소의 우유 생산량을 1.5배 늘이고 농업에 화학을 융합해 농산물 가공업을 발전시켰으며 농업에 원자력을 융합해 유전공학을, 농업에 지질학을 접목해 우수한 씨앗을 개발한다. 농업에 기후학을 접목해서는 농업 생산물 보관 기술을 업그레이드했다.

[4차 산업혁명은 경쟁력이 아니라 융합력이 혁신 동력이다]

융합과 제휴가 성장 잠재력을 키운다. 기업 운영의 틀을 '1등 경쟁 전략'에서 '융합파트너십 전략'으로 진화시켜야 하는 이유다. 자사의 핵심 기술에 외부의 이질적인 노하우(Knowhow) 요소를 접목하는 융합 전략으로 새로운 가치를 만들어 낸다. 이제 경쟁의 목표는 경쟁사가 아니라 어느 회사와 융합해 새로운 가치를 창출하느냐다. 상생 융합이 도덕적 가치를 넘어 경쟁 목표가 되고 선택이 아닌 필수가 된 것이다. 마이크로소프트 CEO 사티아 나델라는 취임 후 IBM, 리눅스 같은 경쟁업체와의 협업을 선언했다. 자사 소프트웨어 일부를 운영체제인 MS OS 외 리눅스 기반 서버에도 오픈하고 사무용 소프트웨어인 오피스도 자사 윈도용 외에 안드로이드, iOS용으로 제공했다. 기존의 폐쇄적 태도에서 개방향 전략으로 전환한 것이다. 전임자인 스티브 발머가 경쟁업체를 적으로 간주하고 배척한 것과 대조적이다. 애플도 최근 iOS 10을 발표하면서 독자 성장 전략이 한계에 이르자 개방 전략으로 선회하고 있다. 시대 흐름을 간파한 것이다.

무언가 새로이 개발하고 생산하기보다 동종업계는 물론 이종업계 간 기술을 융·복합시키고 서로 연결시켜 신가치와 신시장을 개발한다. 이 시대 R&D 역량은 곧 운용 역량 발휘다. NIH(Not Invented Here) 증후군이 혁신의 최대 적이다. 개별 기술로 접근할 것이 아니라 기술들을 융·복합시켜 어떻게 새로운 가치를 만들어낼 것인가? 애플이 잘하는 것도 기술의 융합이다. 애플은 기술이 필요하면 벤처 기업을 인수한 뒤에 기존 기술과 융합해 섞는다. 독일의 인더스트리 4.0도 점차 복잡해지는 개인적 욕구를 반영하기 위해 개별 기업 경계를 넘는 범기업적인 가치 창출 네트워크를 실시간으로 구축해 개인 맞춤형 생산을 가능하게 한 것이다. 중국이 산업 혁신 전략으로 채택한 인터넷 플러스도 IoT, 빅데이터, 클라우드 같은 인터넷 인프라와 기존 산업을 융합해 새로운 성장 동력을 만들자는 것이다. 일본 기업들이 경쟁사 간에도 합종연횡에 적극 나서고 있으며 대기업과 중소기업이 활발히 제휴하는 것은 모두 시대 흐름에 적응하기 위한 생존 전략이다. 이제 신성장 동력의 창출은 기존 사업의 기술 경쟁력 확보가 아니라 서로 다른 기술과 융합해 새로운 사업을 창출하는 방향성이 대세다.

융·복합 시대에 맞게 R&D도 '깊게'에서 '넓게'로 전환해야 한다. 제조 기술 융합, 서비스 기술 융합 등 문제 해결을 위한 기술과 지식 융합이 가속화되고 있다. 자사에 없는 기술을 새로 개발하는 것보다는 외부에서 가져오는 것이 더 빠르고 효율적이다. 비용과 시간에서 큰 부담이 되는 내부 R&D 대신 외부 기술과 아이디어를 내부 역량과 연결하는 C&D, 즉 커넥트 연구 개발이 대안으로 부상하고 있다. 내부 개발 R&D에서 외부와의 융합 R&D로 일하는 방식을 재설정하는 것이다. C&D를 가장 잘 활용하는 기업 중 하나가 구글의 비밀 연구소인 '구글 X'이다. 구글은 사업 비전 달성에 필요한 기술이 내부에 없다면 인수 합병을 통해 외부 기술을 확보하는 전략을 취하고 있다. 심지어 케임브리지대학 교수이자 닛산, 펩시코, 유니레버의 경영 자문인 나비 라드주는 '검소한 혁신론'을 펼치며 대규모 R&D를 없애라고 조언한다. 기업들이 쓰지 않는 기술을 개발하느라 너무 많은 자원을 낭비한다면서 주가드 혁신(Jugaad Innovation, 기존의 것을 독창적인 방식으로 활용해 새로운 부가가치 창출로 예상치 못한 상황을 극복하는 능력)을 주창하고 한다. 저성장 시대에는 독자적인 R&D를 축소하고 C&D(연결과 개발)에 적극 나서라는 메시지다.

다른 기업이 이미 가진 기술을 개발하려고 왜 많은 돈과 인력과 시간을 낭비하는가? 기업 대부분이 경쟁사가 이미 갖고 있는 기술을 개발하느라 이중으로 돈을 투자하고 있다. 글로벌한 낭비인 셈이다. 내가 필요한 기술을 이미 남이 개발했을 수도 있으니 협업체제로 서로 연구를 공유하고 분업해 각자 중복되지 않는 체제로 발전해야 한다는 뜻이다. 즉, 연구실이 경쟁이 아닌 오픈 시스템으로 변해야 하는 것이다. 이것이 기업 간 공유 경제다. 내부에 기술과 자원이 없어도 외부 자원을 융합해 신산업에 진출할 수 있는 시대다. 미국의 로컬모터스는 전기자동차를 불과 18개월 동안 300만 달러(한화 36억 원)로 제작하는 데 성공했다. 신모델 개발에 무려 65억 달러(한화 7조 8,000억 원)나 투입하는 전통 자동차 제조업체인 GM과 비교된다. 클라우드 소싱, 3차원 소프트웨어, 3D 프린터로 시제품을 제작하고 생산은 기존 자동차 회사들의 부품을 활용했다. 판매는 영업 조직 대신에 온라인과 SNS를 통해 한다.

리더십분야의 세계 최고 권위자인 하버드대학의 에이미 에드먼슨 교수는 협업 경영전문가인데 '빅 티밍(Big Teaming)'을 주장한다. 고정된 업무를 함께 진행하는 팀워크에서 여러 산업 전문가들이 섞여 협업하는 형태를 말한다. 지식 경제 시대에는 모든 사람이 연구원이다. 샤오미의 연구 개발을 보면, 고객의 피드백이 제품 혁신의 주원료다. 후지필름은 롯본기에 오픈 이노베이션을 두고 외부 파트너들에게 자사 기술을 설명해주면서 새로운 니즈를 찾게 한다. 자사 연구 인력으로는 새로운 니즈 찾기가 한계에 도달했다고 인식한 결과다. 플랫폼, 빅데이터, 공유 경제, 앱, IoT 모두가 연결과 융합의 신사업들이다.

[한국은 융합 시대에 어떻게 대응하고 있는가?]

주력 산업의 경쟁력을 회복하려면 국내뿐만 아니라 글로벌로 협업 파트너십을 확장할 필요가 있다. SK는 각 분야에서 대표적인 해외 기업과 손잡고 국내외 합작공장 건설과 마케팅, 유통을 함께 추진하고 있다. 예를 들어 이란 및 중동지역에서 자원 및 에너지 사업, 정보통신 사업, 도시 인프라 사업 등 전방위적인 협업을 추진하고 있다. SK이노베이션도 중국 최대 석유화학사인 시노펙과 합작으로 중한석화NCC공장을 완공했다. 롯데는 인도네이사 최대 기업인 살림그룹과 합작해 인도네시아 전자상거래 시장에 진출한다. 서로의 역량을 집결해야 살아남을 수 있고 미래 시장을 선점할 수 있다고 본 것이다. 이렇게 합작이 대세다. 일본의 기업이 장기 불황 20년에 빠진 또 다른 이유는 갈라파고스라는 자국 중심에 빠져 있었기 때문이다.

서울 신도림과 문래동의 소상공인들이 'K메이커스(K—Makers)'를 결성했다고 한다. 지난 30년 동안 기계 부품 가공업, 절단기 등 100여 종의 기계를 생산하는 기업들인데 대기업의 일감만을 기다리지 않고 각자가 가진 기술을 융합해 웨어러블 로봇과 저소음 감속기, 방수페인트 분무기 등을 공동으로 개발할 계획이다. 협동조합의 형태다. 일본 도쿄의 100여 개 중소기업이 모인 오타구에서도 의료 기기 등 미래 먹거리 발굴에 공동으로 나서고 있다.

완주의 로컬 푸드 협동조합은 조합원 150명이 500여 가지의 농산물을 재배한다. 연 200억 원의 매출을 올리고 있는 농업의 6차 산업 사례다. 생산자와 소비자를 직접 연결해 유통단계를 축소하고 농산물을 반찬이나 양념 등으로 가공해서 직매장을 통해 판매한다. 또한 농가 레스토랑, 농촌 체험 투어를 사업화시켰다. 한 가지 농산물만을 재배하는 조합원을 설득해 여러 품종을 소량 생산하는 방식으로 전환하면서 제품을 다원화시켰다. 매주 2만 5,000원을 회원비로 받고 일정량의 농산물 패키지를 직접 배송해줘서 매출 안정화까지 시도했다. 모두 개별 농가가 아니라 융합했기에 가능한 사업들이다.

우리 기업의 구조조정도 선택과 집중을 통한 전문화로 게임을 할 때가 아니다. 어떻게 사내의 다양한 업종과 기술을 융합해 신가치를 창출하느냐가 관건이다. 이제 경쟁력의 뉴 패러다임은 경쟁이 아니라 북 치는 남과 장구 치는 남을 연결하는 실력이다. 특히 국내 재벌 그룹은 관계사 간 개별 경쟁력이 아니라 관계사를 융합해서 할 수 있는 사업이 많다. 국내 중소기업, 협력업체까지 융·복합하면 할 수 있는 사업은 더욱 많다.

융합 가치 중심의 혁신은 '무엇과 합쳐 새로운 가치를 만들까?'에서 출발한다. 첫째, 신기술을 접목해 기존 사업을 업그레이드시키는 혁신이 가능하다. 기존 기술과 미래 기술의 융합이다. 둘째, 자사 기술과 이(異)업종 간, 경쟁사 간 기술 융합으로 새로운 가치를 창출할 수 있다. 물론 자사 내 사업부 간 기술 융합, 그룹사 간 융합도 가능하다. 셋째, 단품을 공급하는 사업 모델에서 여러 사업을 융합해 특정부문의 문제 해결형 솔루션을 제공할 수 있다. 즉, 제품과 서비스의 융합 솔루션이다.

[신기술을 접목해 전통 산업 업그레이드]

전통 산업에 신기술을 융합시키는 혁신으로 부가가치 증대를 도모할 수 있다. 일본의 농업 기업인 스프레드는 농업에 정보통신 기술을 접목해 스마트 팜, 로봇 농장, 스마트 화분부터 시작해서 상추 농장을 상추 공장으로 진화시키고 있다. 자동화 결과, 인건비는 반으로 줄어든 반면 수확은 2배 증가했다. 농업을 아는 사람과 정보 기술을 아는 사람이 힘을 합쳐 '애그리테크(AgriTech)'를 사업화한 결과다.

한국의 전통 산업에 첨단 기술을 접목해 사업 진화를 이룬 사례로는 에밀레종을 들 수 있다. 28톤에 이르는 엄청난 종의 무게를 무려 1000년 넘게 견뎌온 종 걸이쇠를 제작한 전통 기술에 현대 제련, 합금 기술 등의 첨단 기술을 접목해서 명품 주방용 칼을 제작한 것이다. 이를 통해 독일과 일본이 선점하고 있는 중국의 주방용 칼 시장에 도전장을 냈다. 장 건강을 지킨 청국장에 현대 과학을 접목시켜 식물성 프로바이오틱스를 개발하고 일본의 낫토와 경쟁하는 기업도 있다. 전통 천연 소재를 활용한 3D 프린팅용 접착제 개발 등도 전통 제품에 첨단 기술을 접목해 고부가가치화를 한 사례다.

한샘, 현대리바트, 에넥스 등 가구업체들이 IoT 화장대, 살균 싱크대 등 가구와 가전을 융합해 새로운 가치를 창출하고 있다. 가구업체 1위 기업인 한샘은 LG유플러스와 손잡고 IoT 기술을 접목한 매직미러를 출시했다. 일반적인 거울 형태지만 사용자의 피부 상태를 진단해준다. 고해상도 카메라를 통해 피부 정보가 입력되면 무선 단말기가 서버와 연결해 진단 결과와 관리방법을 알려준다. IoT 기술도 제품을 스마트 기기에 연결해 정보를 수집하고 제공하는 데 그치지 않고 그 정보를 활용해 실제 소비자에게 유용한 서비스를 제공할 때 운용 가치 중심의 혁신은 이뤄진다.

기존 공장에 IoT 기술을 융합해 스마트 공장을 추진하는 혁신은 가장 일반적인 제조업 혁신 사례다. 제품 기획, 설계, 생산, 유통, 판매 등의 전 과정에 IoT를 접목해 최소 비용과 시간으로 고객 맞춤형 제품을 생산하는 공장이 되는 것이다. 작업 정보를 실시간으로 파악하고 작업자에 의한 오류를 최소화시키기 위해 자동화공정에 정보통신 기술을 접목한다. 생산 설비에 센서를 부착하고 데이터를 수집함으로써 디지털화를 추진할 수 있다.

제조부문에서의 빅데이터 활용은 생산성 향상의 레버리지다. 제조업이 디지털화를 성공적으로 도입하면 10~15퍼센트 정도의 생산 비용 절감이 가능하다고 한다. 바야흐로 클라우드 및 빅데이터 분석 등 디지털 역량이 생산 현장에 적용되는 디지털 산업화 시대가 본격적으로 개화되고 있다. 성장을 견인하는 근본 동인이 디지털 및 스마트로 대체되기 때문이다. 디지털 혁신은 정보통신 기술을 활용해 사업을 업그레이드시키는 것이지 사업의 본질이 바뀌는 것은 아니다. 기존의 아날로그적, 물리적 경영 활동을 디지털로 바꾸는 것이 1차적인 디지털 혁신이다. 모든 업종에 디지털화가 필수다.

기존 서비스의 업그레이드는 어떻게 해야 하는가? **닌텐도는 미국 게임** 업체의 증강현실을 접목한 포켓몬고를 출시해 부활에 성공했다. 기존 하드(한) 제품에 IoT를 접목시켜 제품의 스마트화를 추진한 것이다. 보험업도 진화하고 있다. IoT 센서를 달아 보험 대상 제품의 이용 시간을 측정해 이용량 기반의 보험을 제공한다. 기존 보험이 확률 통계에 기반한 것이라면, 차량 보험은 차량에 센서를 달아 이용 거리를 측정해 보험료를 산정하는 방식이다. 확률이 아닌 맞춤형 보험 시대가 열린 것이다. IoT 기술을 활용한 신가치다. 숙바 앱인 '여기 어때'는 가상현실(VR)을 활용해 360도 객실 내 영상을 제공하고, IoT를 활용해 열쇠 없는 방을 만들었다. 그리고 AI 로봇인 챗봇을 활용해 취소나 환불 같은 단순 문의 등의 고객 상담 서비스를 제공한다. 디지털 기술로 아날로그 세계의 불편함을 해결할 수 있다. 아날로그적 한계를 디지털 혁신으로 극복해 새로운 가치를 만들어 내는 것이다.

전통 서비스가 지닌 아날로그 관련 제약을 신기술 접목을 통해 극복할 수도 있다. 골프존처럼 재래식 서비스에 신기술을 접목한 경우가 해당된다. 골프존은 아파트 지하에 있던 골프 연습장, 일명 닭장에 디지털 영상 기술을 입혀 좁은 공간의 제약에서 벗어났다. 아마존 창업자인 제프 베조스는 인터넷이 개발되자 기존 서점 사업에 접목시켜 모든 책을 다 진열할 수 없는 서점의 물리적 약점을 단박에 해결했다. 그루폰은 기존의 전단지 사업에 인터넷을 접목시켜 소셜커머스라는 새로운 비즈니스 모델로 진화했고 식당, 헬스클럽,

뷰티 살롱 등 소기업에 광고 수단을 제공한다. 모두 기존 사업에 4차 산업혁명 신기술을 접목해서 새로운 사업으로 진화시킨 사례다. 이외에도 재래식 농업의 한계를 돌파하는 스마트 팜, 제조업의 한계를 돌파한 스마트 공장, 도시 문제를 해결하는 미래 도시 솔루션으로써의 스마트 시티 등 모든 영역에서 신기술을 접목시키면 새로운 사업 모델로 진화할 수 있다.

[강·약점 보완, 이업종과 경쟁사와의 융합]

일본 제조 기업의 난제는 기술은 있으나 수익을 내지 못하는 딜레마 해결이었다. 최고의 기술을 보유하고 지속적으로 기술을 연마해 나가면서 이익을 내던 구조가 더 이상 작동하지 않기 때문이다. 기술 향상 자체가 가치를 내던 시대가 기술이 범용화되면서 경쟁이 격화되고 저가 경쟁으로 수익 악화를 초래하는 변곡점을 맞이한 결과다. 자사나 특정 사업부 기술분야만으로 독자적인 기술을 보유했다고 해도 기존 사업의 연장선상에서 기술을 심화시키는 것만으로는 한계점에 도달한 것이다. 어떻게 기술 지상주의 한계를 극복할 수 있을까?

경쟁사와의 협업은 어떻게 해야 하는지부터 알아보자. 세계 최대 업무용 에어컨 1위 업체인 다이킨은 일본 내 가정용 에어컨 1위 업체인 파나소닉과 전략적 제휴를 맺었다. 오랜 경쟁관계를 접고 상호 보완으로 차세대 냉매 등 친환경 기술 개발과 부품 조달을 함께 하기 위해서다. 히타치는 전력, 교통 등 사회 인프라 구축 사업분야로 진화하면서 미쓰비시UFJ파이낸셜그룹과 제휴했다. 인프라 수출 관련해서 금융 관련 지원을 받는다. 인프라 사업과 금융 사업의 융합이다. 또한 양사는 미래 자동차 시장에도 공동 대응해 업체 간 R&D 부담도 분담하기로 했다. 잃어버린 20년을 통해 일본 기업들은 급변하는 환경에 혼자 대응하기에는 역부족이라는 점을 깨달았다. 신흥 시장 공략도 공동으로 대응하고 있다. 정부 차원이 아니라 자발적으로 산업계 재편이 일어나고 있는 배경이다.

우리나라 국내 건설사들은 수주 환경이 악화되는 바람에 국내 기업 간의 경쟁을 자제하고 협력하지 않으면 생존하기 어려운 환경에 처해 있다. 현재 해외 건설 시장에서는 샌드위치 신세다. 전통 텃밭인 중동에서도 중국, 인도, 터키 등에 밀리고 있다. 수익성이 높은 플랜트부문과 중남미, 아프리카 등 신흥 시장에서도 미국, 유럽 등 선진 기업에 밀리고 있다. 각개 약진하던 건설사들이 플랫폼을 통해 서로 협력하면 큰 효과를 낼 수 있다. 대우건설과 한화건설이 컨소시엄을 구성해 사우디에 10년간 10만 가구를 건설하는 프로젝트 수주를 추진하고 있다. 국내의 업체 간 과당 경쟁으로 제 살을 깎아먹는 우를 범하지 않으려면 협업방식이 확대되어야 한다.

IBM은 자사 클라우드 사업의 경쟁사인 아마존에 대응하기 위해 '소프트웨어 개발자 부족'이라는 취약점을 보완할 목적으로 애플과 융합 파트너십을 맺었다. IBM이 2014년 내놓은 스위프트는 세계에서 가장 빨리 늘고 있는 개발 프로그램이다. 애플 개발자들은 지금까지 각자 보유한 서버를 이용해 앱을 개발했다. 서버 환경이 제각

기 달랐던 탓에 개발방식도 천차만별이었다. 이제는 IBM의 클라우드 서버를 이용하면 한 가지 방식만으로 편리하게 앱을 만들 수 있게 된 것이다. IBM은 다른 경쟁사인 VM웨어와도 손잡고 서로의 장점을 딴 통합 클라우드 서비스를 구축했다. 아울러 공동 영업 및 판촉까지 같이 하는 전략적 파트너십을 구축하고 있다. VM웨어는 자사 클라우드를 돌리는 데 IBM이 갖춘 데이터센터 45곳을 활용할 수 있게 되었다. 반면 IBM은 대기업들을 고객사로 거느린 VM웨어를 통해 자사 역량을 부각시킬 수 있는 기회를 얻고 있다. 그동안 중국에서 규모 키우기 경쟁을 벌였던 두 차량 공유 서비스 회사인 우버와 디디추싱이 출혈 경쟁에서 합병을 통해 수익을 더 중시하는 상생 전략으로 선회했다.

타사와의 강·약점을 상호 보완 및 융합시켜 경쟁력을 강화할 수도 있다. 중국에 진출한 이랜드는 바이성과 손잡고 팍슨뉴코아몰을 개설한다. 쇼핑몰 하드웨어는 바이성, 소프트웨어는 이랜드가 맡아 서로의 강점을 융합한 형태다. 샤오미는 중국 선전의 연구 개발 역량과 폭스콘의 제조 역량을 활용해 다양한 공동 작업을 가시화한 결과물을 계속 내놓고 있다. 수직 계열화된 제조업을 기반으로 한 기존의 전자 회사와는 다른 길을 선택한 것이다. 샤오미가 한 일은 다양한 정보와 역량을 융합해 활용하는 플랫폼 구축이다.

그렇다면 이업종 간의 융합은 어떻게 해야 하는가? **바야흐로 하이브리드 이종교배의 시대다.** SK그룹이 관계사를 융합하면 스마트 시티 사업을 추진할 수 있다. 바이오, 태양광 등 에너지 사업을 펼치는 계열사와 이동통신사의 정보통신 기술을 융합해 스마트 그리드 솔루션을 제공할 수도 있다. LG그룹은 비록 농민단체의 반대에 부딪혀 무산되었지만 LED 기술, 에어컨 공조 기술, 종자 기술 등 관계사를 융합해 식물 공장을 추진했었다. KT는 대규모 유전자를 분석하는 빅데이터 기술과 젠큐릭스의 암 진단 기술을 융합해 신개념의 진단 키트를 개발한다. 모두 이업종 간의 융합 사례다. 일본 츠타야 서점과 스타벅스의 융합도 이업종 융합의 좋은 사례다.

시장 성장기 때에는 독창적인 내부 역량을 활용해 시장을 선두하는 것이 혁신 동력이었으며 내부 개발부서가 곧 혁신 원천이었다. 하지만 미래 산업은 자사의 특정 기술의 R&D에만 집중하는 폐쇄적 혁신으로는 급변하는 환경 대응에 역부족이다. 현대차는 커넥티드 카를 미래 사업으로 추진하면서 시스코와 융합해 차량 네트워크 기술을 개발하고 차량 내 초고속 연결망 구축에 나섰다. 과거에는 전기차 개발 등에서 독자노선을 걸었지만 협업으로 전환한 것이다. 커넥티드 카는 IoT 자동차이자 정보 기술을 접목한 자동차이며 또한 달리는 고성능 컴퓨터다. 혼자서 감당할 수 없는 사업이다. 현대오일뱅크와 롯데케미칼도 합작 투자에 나선다. 혼합자일렌을 공급하는 데 상생 효과를 기대하고 있기 때문이다.

기업이 망하는 가장 큰 이유는 내외부에 담을 쌓는 일이다. 적극적인 해외 투자, 기술 기업 인수뿐만 아니라 주요 시장의 현지 유통과의 제휴 등을 적극 추진해야 한다. 돈이 많이 드는 신기술 투자일수록 독자적으로 추진하기보다는 경쟁사일지라도 협업을 맺고 비용 리스크를 분산하는 것이 유리하다.

중국에 기술을 이전하는 한국의 기술 기업과 중국 제조 기업 간 융합, 화장품 회사인 LG화학과 아모레의 협업, 한국 기술과 중국 유통의 협업, 노인 경험과 청년 감각의 융합 등 다양한 협업 시나리오를 상정할 수 있다. 합치는 만큼 힘은 커진다.

[단품 판매에서 융합 솔루션 제공으로]

성장기의 단품 가치가 한계에 봉착한 오늘날, 새로운 가치를 창출하기 위해서는 새롭게 문제 정의를 해야 한다. 또한 단품이나 개별 회사의 역량만으로는 해결이 불가능하므로 여러 회사의 역량을 결집시켜야만 솔루션이 나올 수 있다.

한계 비용이 최소화되면서 제품을 대량 생산할 수 있는 시대가 열린 만큼 종전처럼 제품을 많이 팔아 이익을 남기는 제조업에는 미래가 없다. 제품만 많이 팔면 된다는 제조업방식을 과감히 벗어던지고 고객사 문제를 해결해주는 회사, 즉 토털 솔루션업체로 완전히 사업구조를 바꾸는 대전환을 시도할 때다.

먼저 하드웨어와 소프트웨어를 융합한 솔루션 사업으로 진화한다. GE는 헬스 케어분야에서 오랫동안 의료장비를 팔았지만 지금은 고객이 무엇을 원하는지 들어보고 토털 솔루션을 제공하는 기업으로 변신하고 있다. 드론 기업인 DJI는 창업 초기 드론 제조만으로는 수익성 있는 사업 모델을 찾지 못하고 고전하다가 드론과 카메라를 결합한 '하드웨어+소프트웨어'의 복합 기술로 세계 시장을 선점하고 있다.

크로노스는 자동식 출퇴근 시간 기록계를 개발한 기업이지만 인력 관리 소프트웨어 기업으로 변신하는 데 성공했다. 1985년 PC에 기반을 둔 시간 기록 제품인 타임키퍼센트럴을 출시해서 판매하다가 자사 제품을 사용하는 고객사로부터 얻은 경험을 토대로 솔루션 사업으로 발전한 것이다. 기존 고객을 대상으로 처음에는 웹 기반, 나중에는 클라우드 기반의 인력 관리 솔루션인 '인적 자원 관리 소프트웨어 프로그램'을 제공하고 있다. 어느덧 세계 100여 개 국가에 3만 개가 넘는 고객사를 두고 있을 만큼 성장했다.

한화테크윈은 자체 개발한 고해상도 네트워크 카메라를 영국의 헬스 모니터링 소프트웨어 개발업체인 옥스헬스의 지능형 영상 분석 기술과 결합시켜 폐쇄회로 화면만 봐도 환자의 호흡, 심장 박동 등을 분석할 수 있는 솔루션을 개발해 원격 의료 시장에 진출했다.

단품 기기 판매에서 문제 해결형 토털 솔루션으로 진화한다. 삼성 에어컨과 공기청정기에 민간 기상업체인 케이웨더의 공기 측정기 기술이 융합된 IoT 제품이 탄생했다. 삼성전자가 API(Application Programming Interface, 운영 체제와 응용 프로그램 사이의 통신에 사용되는 언어나 메시지 형식)를 외부에 공개함으로써 외부 기기가 삼성전자 가전 제품을 IoT로 제어할 수 있게 되었다. 케이웨더의 공기 측정기인 에어가드K가 온도와 습도, 미세먼지, 이산화탄소, 휘발성 유기화합물, 소음 등을 측정해 원격으로 삼성 에어컨이나 공기청정기와 소통하면서 자동으로 실내 공기의 질을 일정 수준 이상으로 유지할 수 있게 해준다. 삼성이 자사 제품 내에서만 연동시키면 이뤄질 수 있는 조합에 한계가 있지만 다른 회사 제품과 자유롭게 연동한다면 무한한 조합이 가능하다. 케이웨더는 "우리는 공기 상태를 측정하고 분석하는 일을 하는데, 분석만으로는 실내 공기를 쾌적하게 바꾸지 못한다"라면서 삼성과의 시너지를 강조한다. 두 회사의 기술 융합을 통해 케이웨더는 '공기 측정'이라는 수단을 넘어 사업의 본질인 '깨끗한 공기 제공'을 이룰 수 있게 되었다. 또한 삼성은 공기 측정까지 아우르는 토털 솔루션을 제공하게 된 것이다. 융합의 힘이다.

부분적 가치에서 소비자 관점으로 통합 솔루션을 제공하는 융합 사례로는 부동산 종합 서비스를 들 수 있다. 그동안 임대, 주택 관리, 중개, 감정 평가, 개발 등으로 업무 영역 간 칸막이가 고급 서비스 사업화의 걸림돌이 되었다. 하지만 점점 칸막이가 없어지면서 시장이 넓어지고 있다. 성장기에는 파편화된 칸막이식 영역 규제가 필요하지만 성장 후에는 서로 힘을 합쳐 융합해야 새로운 가치를 창출할 수 있다.

건강한 삶을 중시하는 경향에 힘입어 의료 산업, 헬스 산업, 힐링 산업 등과 같은 융합 시장이 급속도로 확대되고 있다. 스마트 빌딩, 스마트 교통, 스마트 병원, 스마트 학교도 모두 새로 뜨고 있는 솔루션 사업 사례다. 글로벌 IT 산업도 지금까지는 스마트 TV, 스마트폰 등 개별 제품을 개발하고 판매하는 기업이 중심이었다면 이제는 다양한 기기를 통신으로 연결해 원격 제어를 할 수 있도록 해서 소비자의 일상생활을 편리하게 하는 스마트 홈 솔루션 개발업체들이 주류로 떠오르고 있다. 구글은 인공지능이 탑재된 음성 인식 스피커 구글홈(검색에 강함), 아마존은 에코(원격제어에 강함), 애플은 시리를 스마트 홈 허브로 출시했다.

해외 사업 혁신,
보호 무역과 수출 절벽 극복 해법

한국 기업의 2차 도약은 글로벌 진출이 숙명

주력 산업이 성장 변곡점에 도달한 한국 경제는 국내 기업들의 규모를 볼 때, 제한된 내수로는 2차 도약은커녕 현 수준을 유지하기도 어렵다. 업종 대부분이 국내에서 출혈 경쟁에 내몰리는 이유다. 그리고 과잉 경쟁에 날로 고비용 및 저부가가화가 되는 중소기업들이 고부가가치 산업으로 진화할 여력은 더욱 없다. 길은 오직 기존 업종과 기술로 새로운 시장을 확보하는 데 있다. 한국 기업이 해외 진출이라는 계획 없이 제2 창업을 꿈꿀 수 없는 이유다. 우리 기업에 있어 글로벌 진출은 숙명이다.

다른 한편에서는 저렴한 인건비를 찾아 해외로 진출한 한국 기업들이 철수하고 있다. 2017년 2분기 중국 시장에서 삼성전자의 휴대전화 점유율은 3퍼센트대로 떨어졌다. 현대기아차의 중국 판매량도 1년 만에 반 토막이 나서 10위권 밖으로 밀려났다. 한국의 대중 수출이 3년 연속 마이너스 성장이다. 우리 기업이 고전하고 있는 이유가 사드 때문인가? 중국 전문가가 부족해서인가? 미국도 삼성 등 한국 기업의 현지 제조 투자를 요구하고 있다. 미국에 진출해서는 우리 기업이 성공할 것인가? 우리나라는 강대국의 무역 의존도를 줄이기 위해 중앙아시아, 인도, 동남아 등 신흥 시장으로 눈을 돌리고 있다. 하지만 낮은 인건비를 찾아다니는 해외 진출은 어디를 가도 해외 사업 패러다임을 바꾸지 않는 한, 현지에 뿌리내릴 수 없고 장기적으로 성공하기도 쉽지 않다.

글로벌 저성장은 수출 절벽을 가져오고 있다. 상품 중심의 수출이 한계를 드러내고 있는 것이다. 설상가상으로 보호 무역이 선진국, 신흥 개도국을 가릴 것 없이 불고 있다. 산업 경쟁력이 약한 후발국은 자유 무역이 자국 산업을 육성할 기회를 빼앗아 경제 발전을 가로막는다고 비난하고, 선진국은 자국의 일자리를 빼앗는 주범이라고 비난한다. 신흥 개도국들은 외화 유출을 막기 위해 완제품에 대한 통관을 대폭 강화하는 형식으로 보호 무역을 강화하고 있다. 더이상 다른 나라의 수출 시장이 되는 것을 방치하지 않겠다는 뜻이다. 수출 3위국인 베트남도 무역 적자를 빌미로 한국 기업에 대한 규제를 높이고 있다. 국제 사회의 모든 보호 무역정책은 국가와 상관없이 자국의 산업과 일자리를 지키기 위한 조치들이다. 한마디로 자국을 시장으로만 이용하지 말고 현지 문제 해결에 기여하라는 요구다.

게다가 자금력과 외교력 등 한국 기업의 해외 사업 경쟁력은 상대적으로 취약하다. 특히 사회 인프라 건설이 시급한 신흥 개도국들은 대규모 투자와 지원을 선호할 수밖에 없다. 이들 신흥 시장에서는 거액의 투자를 앞세운 중국, 일본은 물론 외교 역량이 우리보다 큰 미국, 영국, 프랑스 등 선진국들과도 경쟁하기에 버거운 것이 엄연한 현실이다. 이를 극복하기 위해서는 한국형 글로벌 진출 전략이 필요하다. 현지 사정을 고려한 맞춤형 개발 계획을 수립하고 세계은행 등 국제기구의 자금을 끌어들일 필요도 있다. 한국은 어떻게 경쟁국들과 차별화된 글로벌 진출 전략을 세워 실천할 수 있을까?

FTA 경제 영토 활용 극대화, 창업 이념의 지구촌 확산

한국무역협회가 분석한 자료에 따르면, 한·아세안 FTA가 발효된 지 10년이 지났지만 한국 기업의 활용률은 52.3퍼센트에 불과하다. 생소한 외국의 세금제도, 원산지 증명 등 행정적인 문제와 정보 부족 등이 그 원인이다. 아시아의 네 마리 용으로 불리던 한국, 대만, 홍콩, 싱가포르는 그동안 내수 중심이 아닌 수출 주도 성장을 이뤘으나 선진국의 경제 침체에 따라 직격탄을 맞을 위험이 크고 보호무역 때문에 큰 타격을 입을 수 있다. FTA로 확장된 경제 영토를 새롭게 활용할 새로운 교역 패러다임을 찾아 소규모 개방 경제의 위험 부담을 극복해야 한다.

유럽의 선진국들은 규모가 작은 내수 시장의 한계를 어떻게 극복할 수 있었을까? 프랑스, 영국 등 대부분의 유럽 국가들은 인구수가 5,000만 명에서 7,000만 명 사이이다. 이러한 문제를 해결하기 위해 유럽연합(EU)을 결성해 인구수가 5억 명이 넘는 거대한 단일 시장을 만들었다. 경제학자들은 최소 1억 명 이상은 되어야 외부 변수의 영향을 받지 않고 내수 시장만으로 경제가 돌아갈 수 있다고 본다. 대량 생산을 위해서는 규모의 경제를 이뤄야 하고 그만큼의 공급량을 충분히 수용할 수 있는 내수 시장이 필요하다. 범위의 경제 측면에서도 한 제품만 생산하는 것이 아니라 여러 가지 제품을 생산하기 위해서라도 다양한 계층 및 요구가 존재해야 한다. 인구수가 그래서 중요하다.

한국 교역정책의 진화는 1단계에서 상품 수출로 교역을 확대하고 2단계에서는 국내 시장의 한계를 극복하고자 수출국과 FTA를 체결해 세계적으로 경제 영토를 확장시켜 왔다. 이제 3단계에서는 확장된 경제 영토를 잘 활용해 상대국과 윈윈관계를 조성함으로써 양국 간 화학적 결합으로 발전해야 한다. 교역 환경의 변화에 부응해 기업의 수출 전략도 진화해왔다. 1단계 국내 제조 및 해외 수출의 국내 기업단계, 2단계 글로벌 제조 및 역외 수출의 글로벌 기업단계를 거쳐 이제 3단계로의 진화 패러다임을 열어야 할 때다. 3단계 진화는 최근의 보호 무역과 수출 절벽 해법으로 현지 개발에 직접 기여하는 현지 제조 및 현지 판매의 내수 기업화단계로 발전한다. 이는 현지와 산업 파트너십 모델로 옮겨가는 단계다. 파트너십 글로벌 진출은 현지가 필요로 하는 것을 제공함으로써 우리 기업도 함께 성장하는 윈윈관계를 구축하는 투자 모델이다.

3단계 진화는 한국 기업의 제2 창업과 직결된다. 국내 기업의 창업 이념을 국제 사회로 확대시켜 글로벌 시장 곳곳에서 현지 기업으로, 국민 기업으로 재탄생하는 일이다. 국내에서의 '업종 문어발' 전략에서 글로벌 '시장 문어발' 전략으로 진화하는 것이다.

해외 진출 모델 3.0, 현지 국민 기업으로 진화

▌저임금 제조 거점 투자에서 내수 시장 개발형 투자로 전환: 현지 맞춤형

보호 무역하에서 우리 기업의 글로벌 진출은 장기적인 투자와 신뢰 확보가 기본 원칙이다. 우리 상품만 내다 파는 데 그치지 않고 상대국이 필요로 하는 현지 생산, 기술 전수, 원자재 현지 개발, 고용 창출, 수입 대체 등을 아우르는 현지 맞춤형 투자로 산업 발전에 기여하는 것이다. 이는 중국이나 일본의 해외 진출과 차별화된 모델이다. 특히 신흥 시장을 저비용 생산 거점으로만 바라볼 게 아니라 소비 시장으로 인식하고 장기적인 현지화 전략을 추진한다. 현지에 일자리를 창출하고 현지 기업과 국민의 역량을 강화하는 데 우리 기업이 기여하는 것이다. 무엇보다 인적 역량이 우수한 우리 기업이 타국 기업에 비해 신흥 개도국 진출에 경쟁력을 갖는 이유다.

우리와 FTA를 체결한 신흥 개도국의 경우 우리 중소기업의 기술과 현지 원자재를 결합하면 경쟁력 있는 현지 제품을 생산할 수 있다. 신흥 개도국 대부분은 임가공 수준의 제조업을 갖고 있어 원자재 상당수를 수입에 의존하고 있다. 원자재를 현지화해주면 우리는 부품이나 중간재 수출 대신 내수 시장을 얻을 수 있다. 현지 생산 제품이 고품질화가 되므로 핵심 부품은 한국에서 계속 공급한다.

베트남이 좋은 사례다. 한국 기업이 대거 진출한 베트남은 수출 절벽 속에서도 매년 증가세를 보이고 있다. 고부가가치 제품 개발로 현지 기업과 역할을 분장하면 국내 기업은 고비용 및 저부가 사업에서 벗어나 사업 체질을 바꿀 수 있는 토대가 마련된다. 수출 패러다임을 바꾸면 국내 기업의 구조조정 레버리지가 생겨나는 것이다.

[내수 중심 현지 맞춤형 투자]

지금까지는 생산 비용을 낮추려고 대규모 공장을 인건비가 싼 국가 중심으로 지었다면 이제는 적정 규모의 시설을 시장이 위치한 현지에 지은 다음, 현지 생산 및 현지 판매를 하는 것이 유리하다. 보호 무역이 강화된다는 것은 공장을 현지화해야 하는 압력이 증가된다는 사실이다. 자국과 거래하고 싶으면 현지에 공장을 지어 고용을 일으키고 부품도 현지화하는 등 직접 투자를 해달라는 요구가 커지고 있는 것이다.

저렴한 인건비를 찾아 철새처럼 이동하는 수출용 공장 진출은 더 이상 지속될 수 없다. 내수용 제조를 원칙으로 하되 공장 가동 초기에 기본 물량을 확보할 때까지는 수출을 병행하더라도 내수 판매 비중이 주력이 되도록 내수화해야 현지에 뿌리를 내린 기업으로 성장할 수 있다. 게다가 빅데이터와 인공지능 기술 덕분에 수요 예측을 더 정확히 할 수 있게 되어 맞춤형 생산이 가능한 시대다. 생산 시설이 있는 곳과 주요 소비자가 있는 곳까지 국경을 넘는 교역은 주문부터 생산, 운송까지 오랜 시간이 걸리므로 맞춤형 시대에 맞지 않다. 빅데이터와 인공지능 기술 덕분에 수요 예측을 더 정확히 하면 맞춤형 생산이 가능할 수 있다.

생산성을 유지하지 못하는 공장이 폐쇄되거나 다른 나라로 옮길 경우 해당 국가의 고용 시장에 부정적 영향을 미친다. 공장 이전 없이 내수 시장에 기반을 둔 생산성 혁신으로 인건비를 상쇄해 공장을 유지해야 하는 압력이 커지는 것이다. 게다가 3D 프린팅과 스마트 공장으로 제조를 한 지역에 집중해 규모의 경제를 이루던 제조 기지 전략이 시효를 다하고 있다. 4차 산업혁명 시대에는 규모의 경제를 레버리지로 해서 글로벌 생산 거점을 운영했던 한국 제조업이 무력화될 수 있다는 뜻이다. 각 나라마다 규제가 다르기 때문에 필요한 규모의 공장을 현지에 건설하는 것이 최적이다. GE는 각 지역의 국가별 공장을 만든다는 방침을 세웠다.

인건비가 저렴한 신흥 개도국이라도 생산 거점으로 출발했다가 인건비가 올라가면서 점차 소비 시장으로 변모한다. 현지 시장 변화에 맞춰 내수 기업으로 변신하지 못하면 인건비가 싼 지역으로 다시 쫓겨나는 신세가 된다. 중국의 경우가 대표적인 사례다. 중국에서 어려움을 겪고 있는 우리 기업들이 사드 보복과 인건비 상승만을 탓할 수 없는 이유다.

1994년 국내 기업 중 최초로 베트남에 진출한 태광실업은 당시 국내 인건비 상승으로 신발 산업의 경쟁력을 급격히 잃고 있었다. 하지만 2015년 매출 1조 1,734억 원의 71퍼센트를 베트남 공장에서 올리고 있다. 진출 초기에는 신발 사업을 통한 고용 창출과 수출 증대로 베트남에 기여하고, 어느 정도 현지 경제 개발과 내수 시장이 형성되면서부터는 내수 기업 업종으로 변신에 성공한 케이스다. 효성은 2007년 스판덱스, 타이어코드 등 주력 제품의 글로벌 생산기지로 베트남에서 출발했지만 베트남 내수용 발전소, 아파트, 폐기물 처리 시설, 현금자동인출기, 전자결제 등 사업 현지화에 성공했다. 대기업을 따라 해외로 진출한 중소기업 협력업체들도 대기업 물량에만 의존하지 말고 내수화 노력을 해야 한다.

저성장 시대를 맞아 세계 각국은 경기 부양책을 활발히 펼치고 있다. 따라서 정부가 주도하는 사회간접자본 시장 확대가 예상된다. 특히 인도, 아세안, 아프리카, 중앙아시아 등 신흥 개도국의 재정 확대에 기회가 많다. 인도, 중국 등 인구 대국의 소비 주도형 경제에도 편승할 기회가 있다. 모두 현지 내수 시장의 기회다. 글로벌 저성장과 공급 과잉으로 인한 수출 절벽 타개를 위해 잠재 수요 개발형의 해외 투자 필요성이 대두되고 있는 배경이다. 수출용 제조 거점 투자가 아니라 내수 중심형 투자인 것이다.

이는 일방적 물품 수출 교역에서 상대국 현지 개발에 도움이 되는 윈윈형 모델이다. 우리가 돈을 벌려고 벌이는 사업보다 현지에 진정 필요한 사업을 벌이는 것이다. 현지에 뿌리내리고 장기적으로 성공한 외자 기업들의 공통점은 예외 없이 현지 개발에 기여하면서 같이 성장한 기업이다. 우리 정부도 내수 경기 활성화에 돈을 풀지 말고 내수 기업을 해외로 진출시키는데 돈을 써야 한다.

현지 맞춤형 투자 시나리오를 보자. 우리 정부가 나서서 상대국과 쌍무협정을 맺고 한국 기업 전용단지를 조성해 한국 기업의 입주를 그룹으로 유도한다. 현지 정부가 우선적으로 유치하고 싶어 하는 업종의 중소기업을 융합한다. 예를 들어 근래에 휴·폐업이 속출하고 있는 최대 중소기업단지 중 하나인 시화·반월단지 내에 입주한 기업들을 조합으로 묶어 인도네시아나 필리핀에 제2의 시화·반월단지를 구축할 수 있다. 섬유와 농기계류업체가 밀집한 대구 달성산업단지를 모태로 해서 미얀마나 태국에 제2의 달성산업단지를 구축할 수 있다.

국가별로 어떤 업종이 경쟁력이 있는지도 따져봐야 하겠지만 먼저 상대국의 경제정책 방향과 부합하도록 맞춤형 단지를 설계한다. 일례로 중국 정부정책이 내수 중심, 서비스 중심으로 진행하고 있으니 내수 소비재에 기회가 많다. 메이드 인 인디아(Made In India)를 추진하는 인도는 중간재에, 미국은 스마트 홈 등 IoT 관련 디지털 혁신 제품에, 유럽은 지능형 교통 시스템 등 4차 산업 인프라에, 아프리카는 전력이나 병원 등 생활 인프라에 기회가 있다. 이란의 경우 산업 발전에 도움이 되는 자금과 기술을 원하므로 건설사와 금융기관의 제휴가 핵심이다. 베트남은 2020년까지 현대화된 산업 국가로 도약하겠다는 목표를 갖고 있다. 이를 위해 품질 향상, 경쟁력 제고, 국영 기업 민영화 등을 추진하고 있다. 이 과정에서 기술 이전, 인력 양성, 농촌 개발, 교통·보건·환경·하이테크분야에서 한국 기업과의 협력을 원하고 있다. 또한 신재생 에너지, 정밀 기계, 전자 등 첨단 기술 산업, 미래의 특별 경제행정특구의 인프라스트럭처분야에서도 한국이 핵심 파트너가 되길 희망하고 있다.

특히 아프리카 각국은 내수 시장이 점점 커지자 수입 대체를 위한 제조업 육성이 시급한 상황이다. 코트라(대한무역투자진흥공사)는 2016년 3,505억 달러에 달했던 사하라 이남 아프리카의 소비재 시장이 2017년 3,558억 달러, 2021년 5,259억 달러 규모로 성장할 것으로 전망하고 있다. 2017년 기준으로 연평균 10퍼센트가 넘는 성장률이다. 54개국 중 26개 국가가 국가 차원의 산업 발전 전략을 추진 중이고 19개 국가는 경공업에 타깃을 맞추고 있다. 아직은 노동 집약 산업이 중국과 동남아시아 등 아시아 국가에 주로 집중돼 있지만 이들 지역의 인건비를 포함한 생산비가 점점 더 높아지고 있어 머지않아 아프리카로 세계 생산 기지가 옮겨갈 것으로 전망된다.

해외 진출은 선(先)판매 유통망 확보, 후(後)제조 투자 원칙을 우선한다. 맞춤형 투자 진출을 위해 현지 니즈를 정확하게 파악하려면 현지 시장을 경험하는 판매망 구축이 선결요건이다. 판매망이 구축되지 않은 상태에서 제조 공장을 구축하면 초기 물량 확보에 어려움이 많아진다. 한국 기업의 전용단지가 구축되면 한국 상품 전문 유통 채널을 구축할 수도 있고 공동 브랜드를 사용할 수도 있다. 일본 백화점의 동남아 진출이 일본 중소기업 제품을 대거 현지로 진출시키는 계기가 되었다.

현지 진출의 성패는 유통망 확보에 달려있다. 판매망이 확보된 품목부터 생산 투자가 바람직하다. 우리 중소기업의 글로벌 진출은 한국 유통 기업이 앞장서야 하는 이유다. 유통 기업에 이미 납품하고 있는 중소기업을 묶어서 현지 생산 동반 진출을 꾀한다. 일례로 이마트 등 정부가 중소기업을 위해 무역 전문 회사로 지정한 유통사가 이미 수출하고 있는 품목을 중심으로 진출 업종을 정할 수도 있다. 정부가 중소기업 제품의 해외 수출을 위해 지정한 전문 무역 상사가 236개에 이른다. 이마트, 이랜드, 롯데마트, GS홈쇼핑 등 유통사는 제2의 종합상사로 중소기업 글로벌 진출의 첨병 역할을 할 수 있다. 롯데는 2008년 인도네시아 진출 후, 백화점 1곳, 쇼핑몰 1곳, 마트 46곳, 면세점 2곳 등을 운영 중이다.

이미 수출하고 있는 완제품을 중심으로 완제품에 들어가는 원자재를 생산하는 국내 중소기업들을 묶어 현지에 생산 기지를 구축한 다음, 현지 제품화할 수도 있다. 더욱이 한국 유통은 저성장과 인구 감소라는 위기에 처해 있다. 국내 대기업 유통이 스타필드 하남과 같은 라이프 스타일을 지향하는 아웃렛 매장으로 변신을 시도하고 있는 배경이다. 우리나라 유통사는 신흥 개도국 성장 시장으로 나가면 새로운 성장 기회를 찾을 수 있다.

▌상품 수출 중심에서 산업 파트너십 진출로 전환: 현지 인력 개발 중심형

베트남 정부는 한국과 베트남의 25년 교역 역사를 반추하고 미래 산업 기술 개발과 역량을 갖춘 인재 육성이 절실하다며 새로운 양국의 협력과 관련해서 우선 인재 양성부터 하자고 제안했다. 또한 삼성, LG, 현대차 등 한국 기업들이 베트남 직원을 대상으로 교육 프로그램과 직업 훈련을 강화해줄 것을 요청하고 있다. 베트남 직원들을 한국과 베트남이 공동으로 추진하는 프로젝트에 투입해 양국이 함께 인재를 양성하자는 제안도 내놓았다.

[매출과 이익 중심 기업 운영에서 현지인 개발, 즉 사람 성장 중심 투자로]

신흥 개도국에서 저임금 혜택을 누리던 (현지 진출) 기업의 경우 해당 국가의 경제 성장으로 임금이 오르게 되면 이에 적응하지 못할 가능성이 높고 결국 중국에서처럼 사업을 접는 사례를 계속 반복할 수밖에 없다. 이미 베트남에서도 한국 섬유 기업을 중심으로 유사한 사례가 속출하고 있다. 좀 더 높은 기술과 노동 생산성을 만들어 낼 수 있도록 현지인을 개발하는 교육과 재투자가 지속 가능한 현지 경영의 필수조건이다. 기업의 현지화, 즉 지속 가능한 현지 기업은 현지 직원을 얼마나 성장시켰느냐에 달려 있다. 현지 사회 환경의 변화와 함께 직원이 같이 성장할 수 있다면 지속적으로 새로운 성장 기회를 개발할 수 있기 때문이다.

현지 직원을 싼 인건비의 일꾼으로 부려먹기만 한다면 인건비 상승과 함께 곧 경쟁력의 한계를 드러내고 만다. 교육한류 콘텐츠가 중심이 되는 사람 중심(현지인 개발) 해외 투자 모델로 나아가야 하는 이유다.

주력 수출품이 자본 집약적 제품으로 바뀌면서 수출의 고용 유발 계수가 떨어지고 있다. 과거에는 수출이 늘면 내수가 늘고 일자리가 느는 구조였지만 지금은 기존 수출방식으로는 일자리를 창출할 수 없다. 한국 산업구조가 고부가가치, 장치 산업으로 전환했기 때문에 투자가 고용으로 연결되지 않는다. 고용 없는 성장인 것이다. 수출과 고용을 연결하려면 수출과 투자를 병행해 현지에 한국 기업들의 생태계를 조성해야 한다. 우리 기업이 현지가 필요로 하는 기술을 전수하고 현지인을 육성 개발하려면 산업만 나가는 것이 아니라 한국 청장년 인력이 같이 진출해야 한다. 일자리 유출형의 사업 이전이 아니라 산업과 기술 인력을 함께 묶은 일자리 창출형의 해외 이전이다.

앞으로 최저 임금 인상으로 국내 기업의 인건비 부담이 상승하면서 저부가업종의 해외 진출이 가속화될 것이다. 이는 오히려 선(先)저부가 산업 이전, 후(後)산업 고도화를 이룰 수 있는 좋은 기회다. 본사는 고부가가치를 갖는 기획과 연구 개발로 일자리를 추가적으로 창출한다. 제조업과 인력을 묶어 해외로 진출시키는 패러다임으로 바꿔야 한다. 이는 현지인 육성뿐만 아니라 파견 인력에게도 새로운 성장 기회를 제공함으로써 현지 지역전문가로 거듭날 수 있는 계기가 된다. 정부는 일자리 예산, 중소기업 지원 예산 일부를 활용해 우리 청장년 인력이 해외에서 기회를 얻을 수 있도록 넛지 역할을 해준다.

단독 투자보다는 현지 기업과의 합작 형태를 우선 고려해 현지 기업 육성에 기여한다. 일본, 한국의 뒤를 이어 중국의 경제 발전을 가능하게 해준 제조업 수출 모델이 제조 자동화 시대를 맞이해 후 발국에는 더 이상 유효하지 않게 되었다. 신흥국은 자유 무역이 자 국 산업을 육성할 기회를 빼앗아 경제 발전을 이루지 못하고 있다 는 피해의식을 갖고 있다. 파트너십의 글로벌 진출은 무엇보다도 자국 기업이 기술력을 향상시키고 품질과 경쟁력을 올릴 수 있는 기회를 얻을 때 윈윈관계가 된다. 특히 유통은 시장별로 문화적 특 성이 강해 직접 하기보다는 현지 유통사와의 합작이 바람직하다. 현지 유통사는 한국 기업과 제휴함으로써 경영 전반의 노하우를 전 수받아 경쟁력을 올릴 수 있고 현지 유통을 확보한 한국의 제조 기 업은 판매에 도움을 얻는다. 사드 보복으로 피해를 입고 있는 롯데 가 현지의 유력한 유통사와의 합작관계가 강했다면 중국 정부도 함 부로 하기 어려울 것이다.

▌대기업 중심에서 중소기업의 다양한 업종 중심으로: 동반 진출형

개발 시대 때에는 한국 기업의 해외 진출이 대기업 주도였다면 보호 무역과 수출 절벽 극복을 위한 해외 진출은 중소기업 중심이 되어야 한다. 현지 맞춤형, 현지 개발형으로 진화하려면 각국의 경 제 발전 단계에 맞는 중소기업의 다양한 업종과 기술 융합이 필수 이기 때문이다. 대기업과 중소기업이 결합해 동반 성장 기회를 개발한다.

중소기업이 혼자 해외로 진출하는 것은 초기 정착과 관련한 비용 부담이 크고 경쟁력 확보에도 불리하다. 중소기업이 수입 규제 조치에 개별적으로 대응해 문제를 해결하기는 쉽지 않다. 대기업과 함께 진출하면 중소기업이 취약한 판매, 법률, 노사 관리 등 공통 서비스를 제공받을 수 있다. 대기업이 주도해 산업단지 인프라를 구축하면 중소기업이 단독으로 진출했을 때보다 유리한 바가 무엇인지 잘 보여주는 사례로 베트남의 태광실업을 들 수 있다.

태광실업은 2017년 베트남에 산업공단을 조성한다고 발표했다. 국내 기업이 베트남에 40만 평 규모의 산업공단을 조성하는 것은 처음이었다. 염색 기업 중심으로 입주가 이뤄질 것으로 보이지만 다른 제조 기업들도 입주할 수 있다. 태광실업이 약 500억 원을 투자해 베트남 정부로부터 경제특구 내 부지를 50년간 임차하고 인프라 시설을 조성한다. 부지 임대료 및 시설 이용료로 수익을 낸다.

공단 입지는 캄보디아 국경에 있어 분양가와 인건비가 저렴하다. 용수 공급부터 폐수 처리까지 종합 인프라를 갖추고 있어 입주한 기업은 폐수 처리에 따른 비용이나 규제 등에 부담을 덜 수 있다.

태광실업은 22년간 베트남 정부로부터 얻은 신뢰와 인지도를 바탕으로 입주할 기업의 대관 업무와 인·허가 업무를 적극적으로 지원할 예정이다. 공단에 입주한 기업에는 법인세가 4년 동안 면제되고 면제 기간이 끝나도 9년간 5퍼센트, 이후 2년간 다시 10퍼센트가 적용되는 등 총 15년간 세제 혜택을 받을 수 있다. 개인 소득세도 50퍼센트 감면 혜택을 받는다. 이 모든 혜택은 개별 기업이 아니라 산업단지라는 규모가 있기에 얻어낼 수 있다.

입주 기업이 배출하는 폐수를 공단이 대신 처리해주는 것도 큰 도움이 된다. 폐수 처리 비용이나 규제에 따른 부담을 줄일 수 있기 때문이다. 대부분의 공단에서는 폐수 배출 기업이 1차 처리까지 직접 담당하고 공단은 2차 처리만 하는 것이 일반적이다. 이외에도 하루에 3,000톤을 공급할 수 있는 상수도 시설, 초고속 인터넷망 등 기본 인프라를 구축할 예정이다. 하루에 각각 2만 톤을 처리할 수 있는 공업 용수, 폐수 처리 시설도 갖춘다.

유럽의 이탈리아 같은 나라들은 선진국 시장에는 강하지만 신흥 개도국에서는 약하다. 구찌, 아르마니 등 패션 기업들은 글로벌하게 잘 알려진 명품 브랜드 기업들이지만 중소기업 규모다. 반면 한국은 대기업이 많아 브랜드와 자금력을 활용하면 세계적인 기업을 키워낼 가능성이 높다. 대기업과 중소기업이 다양한 업종 포트폴리오를 묶어 '그룹' 형태로 함께 진출할 때 생겨나는 시너지다. 가치 사슬을 공유하는 연관 기업이 패키지로 함께 진출하는 산업단지 모델이 가장 대표적이다. 대기업과 중소기업이 결합해 동반 성장 기회를 개발하는 것이 '해외 진출 모델 3.0'이고 진정한 동반 성장이다.

현지 진출의 성공 비결과 실패 요인을 분석해 대기업과 중소기업이 밀착 협력하는 시스템을 구축해야 한다. 가능하면 이미 진출해 있는 대기업의 업종을 앵커업종으로 정해서 관련 부품업체 중심으로, 기존 공장이 위치한 거점을 중심으로 산업단지를 조성하는 것도 한 방법이다. 정부가 공기업을 통해 부지를 조성해 분양하고 저리 융자로 중소기업 입주를 유도할 수 있다. LH(한국토지주택공사)가 나서서 단지를 개발하고 코트라는 현지 내수 유망 업종을 추천하며 종합상사가 나서서 판매망을 구축하는 방법도 있다. 주요 신흥 개도국별로 주요 거점 도시에 한국의 전용 산업단지를 2~3개씩 조성하고 흩어진 한국 기업들을 모아주면 현지 지자체로부터 혜택도 더 많이 받을 수 있다. 제2의 한국 산업단지를 신흥 개도국에 건설하는 것이다.

[산업 간 연계 패키지의 동반 진출]

대·중소기업 간 동반 진출뿐만 아니라 산업 간 동반 진출도 필요하다. 인프라 기업, 자원 개발 기업, 제조 기업이 따로따로 진출하지 않고 함께 진출한다면 더 큰 시너지를 낼 수 있다. 한국 기업 전용단지가 조성되면 서비스업은 물론 현지 인프라 사업 기회 및 자원 개발 사업과도 연계할 수 있다. 우리 대기업이 중국, 일본 기업들과의 경쟁을 피하면서 신흥국의 산업화 및 도시화에 따른 인프라 솔루션 사업을 주도할 수 있다. 이렇게 되면 4차 산업혁명 신기술의 집합체인 스마트 시티를 선점할 수 있는 토대가 구축된다. 이미 진출해 있는 한국의 업체들도 전용단지를 중심으로 모을 필요가 있다.

해외 진출 모델 3.0은 정부와 기업 간의 민관협업, 대기업과 중소기업 간의 동반 산업 간 연계협업이 추진 동력이므로 정부의 넛지 역할이 어느 때보다도 중요하다. 우리 기업을 보호하면서 위험을 방지하기 위해 국가 차원에서 상대국과의 쌍무협정 체결도 필수적이다. 특히 사양 산업으로 구성된 산업단지를 보유하고 있는 지자체는 신흥 개도국의 지자체와의 산업 협력 파트너십 구축에 나서 중소기업들의 해외 진출을 적극적으로 유도할 때다.

탁월한 경영자의 시대를 마감하고, 존경받는 사회 사업가의 출현을 대망한다!

"왜 필자와 베이비 붐 세대가 청춘을 다 바쳐 키워온 삼성을 비롯한 대기업이 우리 사회로부터 존경받지 못하게 되었나?"

이 질문에 대한 해답을 찾기 위해 시작된 필자의 여정을 마무리하면서 독자로부터 기대하는 몇 가지 공감대를 밝혀둔다.

첫째, 지금 이 시대는 '혁신'이 아니라 '창업'이 화두다. 경제 성장기에서는 경쟁 아이템과 기술을 혁신함으로써 성장하지만 경제 성숙기에서는 사회 문제를 해결할 때 새로운 시장 기회가 생겨난다. 전 세계적으로 창업 붐이 일고 있는 배경이다. 기존 기업이 제2 창업으로 사업을 진화시켜 새로운 시장 기회를 잡지 못하면 벤처 창업이 나타나 이들을 대체해 버리는 것이 4차 산업혁명의 산업 재편이다. 기업의 경쟁자가 벤처 창업가로 바뀌고 있는 것이다. 지금 우리 사회는 청년 벤처 창업보다 제2 창업이 더욱 시급하다. 주력 산업이 변곡점에 이른 한국 경제는 시기적으로 기존 기업의 제2 창업이 절대적인 과제다. 제2 창업은 새로운 아이템과 기술을 찾는 것이 아니라 기존 사업의 진화에 있다. 대기업은 우리 국민이 키워낸 최고의 국가 자산이고 국가 재도약을 위한 최고의 레버리지다. 4차 산업혁명 시대에도 자금력과 네트워크를 갖춘 대기업들이 글로벌 경쟁력을 갖춘 신산업을 일으킬 때 중소기업도 다시 성장할 수 있는 생태계가 조성되고 일자리도 대규모로 생겨난다.

둘째, 역대 정권 모두 실패한 규제 개혁이 성공하려면 규제의 뿌리인 반기업 정서 해소가 먼저다. 양극화는 곧 국민 고용의 88퍼센트를 책임지는 중소기업의 문제다. 정체에 빠진 중소기업에 성장 기회를 제공하는 것만이 양극화의 근원적 처방이다. 중소기업 해법은 국가 경제 재도약과 재벌 개혁의 완성과도 직결된다.

셋째, 양극화 해소를 위한 사회적 대타협의 주체는 노사에 앞서 대기업과 중소기업이다. 정치권은 재벌 개혁, 재벌 대기업은 제2 창업이 시대적 과제다. 재벌 개혁의 목표는 양극화 해소, 제2 창업의 목표는 2차 도약이다. 양극화는 곧 중소기업 해법에 달려 있는데 기업의 2차 도약은 규제에 막혀 있다. 양극화의 양측은 대기업과 중소기업이다. 국민을 대변하는 정치권과 대기업을 대변하는 재벌이 사회적 대타협의 주체다. 대타협을 이루려면 양측이 공감하는 대타협의 비전이 나와야 한다. 그 비전은 사회 발전의 주체인 기업의 제2 창업 비전에서 나와야 한다.

넷째, 재벌은 한국 경제의 빛과 그림자다. 재벌로 잉태된 문제는 재벌을 활용해 풀 수 있다. 반기업 정서의 본질은 불법 승계, 정경유착, 갑질 논란이 아니라 재벌 기업이 국민 기대에 부응하는 역할을 하지 못하는 것에 대한 실망감이 분노로 표출된 것이다. 대기업이 일자리와 중소기업 등 사회 문제를 해결하는 비전을 담아 제2 창업에 나서고, 정치권은 기업이 국가 경제 재도약에 앞장서 국민 기업으로 거듭나도록 넛지 역할을 해야 한다. 재벌 기업이 중소기업과 함께 성장할 수 있는 사업 비전을 제시하고 제2 창업에 적극 나설 때 반기업 정서는 해소될 수 있다. 대기업과 중소기업을 견제와 보호 프레임으로 보는 한 어떤 경제정책도 혁신 성과를 내기는 어렵다.

다섯째, 기업의 씨앗과 열매는 창업 이념에 있으며 기업은 태생적으로 사회적 기업을 지향한다. 시대에 따라 다양한 경영 기법이 새로 나타나고 사라지지만 기업 흥망을 좌지우지하는 근본 원리는 자연법칙을 따른다는 점과 기업은 사회적 기업, 곧 국민 기업으로 거듭날 때 영속 가능하다는 사실을 우리 기업인들이 자각해야 기업과 사회가 한 단계 더 진화하고 발전할 수 있는 길이 열릴 것이다.

지금 우리 사회는 탁월한 경영자의 시대를 마감하고 존경받는 사회 사업가의 출현을 대망하고 있다. 우리 기업이 제2 창업의 사업 진화 혁신을 통해 뉴 삼성, 뉴 현대차, 뉴 LG, 뉴 SK, 뉴 롯데 등의 국민 기업으로 재탄생하기를 간절한 마음으로 기대한다.

대표 기업 삼성의

·

제2 창업

·

비전 시나리오

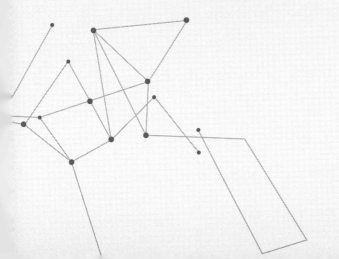

오늘날 삼성은 세계 1등 기업으로 성장했지만 반도체를 제외한 그룹 관계사 주력 산업 대부분이 성장 변곡점에 도달해 삼성전자를 제외하고는 매출이 정체되거나 수익성이 악화되고 있다. 삼성전자도 시간 문제일 뿐, 결국 같은 상황에 처할 것이다.

지금 삼성은 미래가 극히 불투명한 가운데 반기업 정서로 사회적 지탄을 받고 있다. 삼성이 국가 경제에 미치는 영향을 보면 삼성 사태는 일개 사기업의 문제를 넘어 국가 경제 재도약과 직결된다.

앞으로 대표 기업 삼성이 새로운 길을 열지 못하면 중소기업은 더 어려워지고 일자리 문제도 심각해져 반기업 정서 또한 확대될 것이다. 한국 경제와 삼성 문제는 둘이 아니고 하나다. 삼성이 반도체를 이을 새로운 성장 엔진을 구축하고, 국민 기업으로 거듭나 새로운 롤 모델을 보여줄 수 있는 해법은 과연 무엇인가?

삼성 위기의 실체

삼성은 '1대(이병철) 창업→2대(이건희) 성장→3대(이재용)'로 이어지고 있다. 창업주 이병철 회장은 사업보국의 이념으로 삼성이 나아갈 방향을 제시했고, 2대 이건희 회장은 선대의 방향에 따라 삼성을 글로벌 대기업으로 키워냈다. 이건희 회장이 회장 취임 시 제2 창업을 선언한 바 있지만 엄밀히 말해 주력 사업이 성장 변곡점에 이른 지금이야말로 제2 창업 시점이다. 3대는 1~2대의 연장선상에 있지 않다. 1~2대는 기존 사업을 성장시키는 역할을 하지만 3대에게는 성장시킨 기업을 운용해 제2 창업을 일으키는 역할이 주어져 있기 때문이다. 즉, 3대는 신기술과 신제품으로 그룹을 더 키우는 단계가 아니라 1~2대가 키워온 그룹의 자산과 역량을 잘 활용해 선대의 창업 이념을 실현함으로써 사회로부터 존경받는 기업이 되어 3대에 걸친 숙원 사업을 완성하는 단계다. 그래서 삼성은 지금 '도태냐, 재도약이냐'의 갈림길에 서 있는 것이다.

전환기에 있는 기업이 가장 먼저 해야 할 일은 선대의 창업 이념을 되살리는 일이다. 삼성은 2~3대에 걸쳐서 기업을 키우는 데만 얽매여 선대의 창업 이념을 잃어버리지나 않았는지 돌아봐야 한다. 삼성이 창업가의 창업정신을 유산받지 못하고 물리적인 기업 자산만 물려받았다면 제2 창업의 진로를 찾을 수 없다. 삼성이 해야 할 일을 발견하지 못하고 새로운 길을 열지 못하니 그룹 관계사도 어렵고 나라도 같이 어려워진다. 선대의 사업보국 이념을 잃어버렸다면 이것이야말로 삼성이 처한 위기의 본질이다. 가족 경영이 지속 가능한 경영에 유리하다는 것은 기업가정신, 곧 창업정신의 유산을 세대에 걸쳐 물려줄 수 있기 때문이다.

필자는 2011년 아프리카 지역본사장으로 평창 동계올림픽 유치를 위해 이건희 회장이 더반에서 얼마나 혼신을 다하는지를 10여 일 동안 지근 거리에서 지켜봤다. 평창으로 확정되는 순간, 눈시울을 붉히던 모습도 옆에서 봤다. 그가 그렇게 국가를 위해 애썼는데도 왜 오늘날 삼성은 우리 사회로부터 적폐로 낙인찍히고 있을까?

이건희 회장은 제2 창업을 선언하면서 탁월한 경영자를 넘어 국민과 사회로부터 존경받는 사업가가 되고 싶었을 것이다. 그가 신경영을 통해 밝힌 경영 철학은 한마디로 '기업뿐만 아니라 국가, 인류가 모두 다 함께 잘사는 것'이었다. 그가 꿈꾼 기업인의 길은 돈잘 버는 거대한 기업을 만드는 것에 그치는 것이 아니었다.

총수 구속, 삼성 사태의 본질

정경유착, 편법 승계가 아니라 반기업 정서가 근원이다. 2017년 2월 삼성그룹 이재용 부회장은 뇌물죄로 구속되었다. 삼성이 우리 사회의 개혁 대상 1호이자 사회의 공적으로 낙인찍히고 있다. 이재용 부회장 재판을 두고 여론 재판이라는 우려도 많았다. 여론의 실체는 반기업 정서다. 재벌 개혁의 동력도 반기업 정서다. 반기업 정서는 엄밀히 말해 재벌 오너가에 대한 반재벌 정서다.

반재벌 정서의 본질은 정경유착, 편법 승계가 아니라 국민 기업으로서의 사회적 책무를 다하지 못한 데 있다. 삼성은 국가 대표 기업으로 우리 사회의 난제를 해결해야 한다는 국민적 기대를 한 몸에 받고 있다. 이 시대 최고 난제는 중소기업과 청년 일자리다. 나라가 어려우니 국민이 희망을 갖고 다시 살아날 수 있도록 삼성이 뭔가 해줄 것을 기대하는 것이다. 국민 기업으로서 기대에 부응하는 일을 하지 못하고 있다는 국민적 실망감이 반기업 정서로 표출되고 있는 셈이다.

국민은 국가 주력 산업이 성장 변곡점에 이른 이 시기에 대표 기업 삼성이 선대의 사업보국 창업 이념을 되살려 국가 재도약을 가져올 수 있는 제2 창업 비전을 제시해줄 것을 기대하고 있다. 국민은 편법 승계가 아니라 국민 기업으로서의 승계에 대한 비전도 없이 기업만 승계하려는 것에 제동을 거는 것이다.

삼성은 사업보국으로 국민을 빈곤에서 해방시키는 데 크게 기여했다. 수출로 외화벌이는 물론, 글로벌 1등 기업이 되어 국위를 선양한 1등 공신이다. 세금을 제일 많이 내는 기업으로 국부 창출에도 지대한 공헌을 했다. 삼성전자의 수출 기여 비중은 2017년 10월 기준으로 25퍼센트다. 반도체의 나 홀로 특수로 한국 경제가 버티고 있다고 해도 과언이 아니다. 만약 반도체 산업에 이상이 생긴다면 곧바로 국가 경제 전체가 엄청난 영향을 받을 수밖에 없는 구조다. 그만큼 우리 사회는 무의식적으로 포스트 반도체 산업에 대한 경제 비전을 삼성에 기대하고 있는 것이다.

이렇듯 삼성은 국가 경제에 지대한 영향을 미치면서 일자리를 창출하는 최대 기업이다. 왜 그런 삼성이 우리 사회에서 존경을 받기는커녕 적대적 반감의 대상이 되었는가? 상황이 이렇다 보니 총수를 구속하는 등의 재벌 압박을 이해할 수 없다는 사람도 많다. 삼성은 뭘 해도 삼성이라는 이유만으로 욕만 먹는다고 억울해할 수도 있다.

우리 국민은 왜 삼성에 대해 반감을 드러내면서 자기 자식은 삼성에 보내고 싶어 하는 이중성을 보이는가? 전자는 삼성이 우리 사회에 해야 할 일을 하지 않은 것에 대한 반발이고, 후자는 글로벌 기업으로 성장한 삼성을 인정하는 관점이다. 삼성이 막대한 이익을 국가 신산업을 일으키는 제2 창업에 재투자하지는 않고 수십조 원의 자사주를 매입해 소각한다면 생계를 걱정하는 대다수 국민들 눈에 어떻게 보이겠는가? 우리 국민 중 한때 300만 원대에 육박하는 삼성전자 주식을 갖고 있는 사람이 몇이나 될까?

언제부터인가 우리 사회에서는 삼성만 돈 잘 버는 회사가 되었다. 중소기업과 협력업체들이 어려워졌다면 국민들은 삼성이 벌어들인 그 돈이 어디서 온 돈이라고 생각하겠는가? 온전히 삼성의 실력만으로 벌어들인 돈이라고 보지 않을 것이다. 부품업체를 쥐어짜 거둬들인 이익이라고 보기 십상이다. 삼성이 돈을 더 많이 벌어 세금을 더 많이 낼수록 양극화의 원흉으로 지탄받고 반기업 정서가 증폭되는 배경이다. 혼자 돈을 벌고 있으니 견제는 당연하다. 삼성이 그동안 사세 확장으로 국내 시장 지배력이 커지는데 따른 사회적 견제를 노블레스 오블리주로 풀지 못하고 과도한 영향력 행사로 대응해 화를 자초했다는 인식이 사회 저변에 깔려 있다. 삼성공화국 오명이 생겨난 배경이다. 삼성이 선대의 창업정신을 잃고 현재의 사세를 유지하려고만 한다고 비쳐지고 있는 것이다.

삼성이 하는 사업은 모두 외부에서 들여와 치열한 경쟁을 통해 1등으로 키워낸 경쟁 사업들이다. 삼성의 1등 문화는 국내외 경쟁자를 제압하면서 불가피하게 많은 적을 양산했다. 국내 그룹과의 라이벌은 차치하고라도 대표적 험한 인사인 폭스콘의 궈타이밍 회장 등이 그 사례다. 수익 사업만 찾으려고 하니 남이 일으켜 놓은 사업만 보이고, 존경은커녕 사회 경쟁만 부추긴다는 비난을 받고 있는 것이다.

2017년 〈포춘〉이 선정한 세계에서 가장 존경받는 기업으로 애플이 11년 연속 1위에 올랐다. 매년 상위 50개 기업을 발표하는데 삼성전자는 2016년 35위에 올랐으나 2017년에는 순위에서 탈락했다. 상위 5개 기업에는 아마존, 알파벳, 스타벅스 등이 이름을 올렸다. 애플은 고가 정책을 펴는 기업으로 유명하다. 폭스콘과 같은 협력업체에 가격 인하를 요구하는 냉혈 기업이기도 하다. 천문학적 수익을 올리면서도 사회 공헌에 매우 인색하다. 최근에는 배터리게이트 논란에도 휩싸였다. 그런데 왜 애플은 매년 존경받는 기업 1위를 유지하는가? 무엇보다 남이 하지 못한 혁신적인 제품과 서비스를 개발해 인류의 삶에 혁명적 변화를 가져온 점이 높게 평가받고 있기 때문이다. 애플은 여러 가지 부정적 이미지에도 불구하고 어느 기업보다 크게 인류 사회에 기여하고 사회적 책임을 다하고 있는 것이다.

삼성 대응의 허실

총수 구속이라는 초유의 사태를 맞아 삼성이 내리고 있는 조치들은 삼성에 위기를 더 심화시키는 것인가? 아니면 도약의 기반을 다지기 위한 조직 재편성인가?

삼성 수뇌부는 반삼성 여론이 좌파가 포퓰리즘 정책을 위해 정치적으로 이용한 결과라고 볼 수도 있다. 상대적 빈곤에서 오는 박탈감이 재벌에 대한 질시로 표출되거나 사회주의적 인식에서 비롯된 그릇된 국민 정서라고 판단할 수도 있다. 또 일부 재벌의 갑질 논란으로 빚어진 국민 반감 때문에 도매급으로 매도당하고 있다며 억울해할 수도 있다. 나름대로 섭섭한 면도 없지 않을 것이다. 하지만 이 모든 시각을 극복하지 못한다면 근본적인 해법은 찾을 수 없다.

삼성은 얼마 전에 최순실 사태로 인해 사회적 물의를 빚게 된 점에 대해 국민에게 사과했다. 그런데 삼성이 진정으로 국민에게 사과해야 할 일은 과연 무엇일까? 투명 경영 강화, 미래전략실 해체 등의 쇄신안으로 반삼성 정서가 해소될까? 삼성이 그룹을 해체하고 계열사가 독립적인 경영을 한다고 해서 반기업 정서가 사라지고 사업 정체를 겪고 있는 그룹사들이 살 길을 찾을 수 있을까?

어떤 지배구조와 경영구조를 가져가느냐 하는 것은 시대에 맞게 바꿔 입는 겉옷일 뿐이다. 본질은 삼성이 국가 경제에 이바지할 사업 내용이고 역할이다. 그 일을 찾지 못하는 한, 우리 사회에서 반삼성 정서는 사라지지 않는다. 대한민국에, 삼성그룹에, 삼성가(家)에 주어진 사명을 찾아야 한다. 삼성이 존경받고 2차 도약을 이룰 수 있는 길은 무엇인가? 국민은 재벌에게 책무를 다하라고 계속 채근하고 있는데, 재벌은 국민이 보내는 신호를 읽지 못하고 있다. 사태의 근본 원인을 깨닫지 못한 채 근본적인 대책과는 동떨어진 행보를 계속하고 있는 것이다.

▎승소에 전력투구해 무죄를 입증하고 국민 신뢰를 회복한다?

삼성이 계속 법리 승소에만 매달려 무죄를 호소하는 데 급급하고 국민에게 책임감 있는 자세를 보이지 못한다면 앞으로 이어질 재판에서 승리한다고 해서 삼성의 문제가 해결될까? 승소해도 반재벌 정서가 해소되지 않는다면 제2, 제3의 법적 이슈로 압박은 계속될 것이다. 각종 규제와 소송이 반재벌 여론을 업고 계속 따라올 것이다. 2심, 3심에서 승소하는 것은 임시처방일 뿐이다. 오히려 삼성의 승소는 반재벌 정서를 자극해 운신의 폭을 더 좁게 하는 기폭제가 될 수도 있다. 뿌리인 반기업 정서를 돌려놓아야 한다.

국가 경제를 볼모로 국민을 겁주는 언론 홍보전을 펼친다거나 전문 경영인의 우는 소리로는 신뢰 회복이 불가능하다. 삼성물산 합병 관련해서도 국민에게 애국심만으로 호소했지 정작 합병 후 국가에 어떻게 기여할지에 대한 새로운 통합 비전을 밝히며 진솔하게 국민과 소통한 바가 없다.

정도 경영, 준법 경영, 투명 경영으로 법적 승계요건을 갖춘다 해도 뿌리인 반재벌 정서는 해소되지 않는다. 이건희 회장이 승계할 때는 아무도 문제 제기를 하지 않았다. 부친과 함께 기업을 키워왔고 사업이 모두 성장기에 있었기 때문이다. 사회가 1~2대에게 요구하는 기업에 대한 기대치와 3대에게 요구하는 기대치는 다르다. 2대는 창업가로부터 기업을 물려받아 성장시킨 장본인이므로 자연스럽게 권위를 얻게 된다. 하지만 3대는 지금의 기업 위상을 만들기까지 직접 기여한 바가 없기 때문에 1~2대와 같은 권위를 누릴 수 없다. 따라서 2대와 달리 3대는 국민이 공감하는 제2 창업 비전을 갖고 나와야 승계가 가능하다.

부친 세대와 달리 이재용 부회장의 승계가 정당화될 수 있는 길은 지분율이 아니라 사회의 기대를 충족시킬 수 있는 새로운 사업 비전을 제시할 수 있느냐에 달려 있다. 이재용 부회장도 이미 이러한 세태 변화를 자각하고 있을 것이다. 세상을 이렇게 바꾸겠다는 삼성만의 새로운 제2 창업 비전을 찾아야 하는 이유다. 그리고 그것은 한국 경제 전체와 연관된다.

▎주주 친화 경영으로 돈 잘 버는 회사를 만들어 주주 신임을 얻는다?

돈 잘 버는 회사를 만들어 주주들의 신임을 얻고 경영권을 유지한다고 해도 사회적 지지를 받지 못하면 각종 규제로 인해 기업 경영을 제대로 할 수 없다. 미국 기업은 투자자만 만족시키면 경영권이 보장되겠지만 대기업의 성장 역사가 남다른 한국은 상황이 다르다. 대기업의 부를 국민의 피와 땀으로 쌓은 부라고 여기고 있지 않은가?

세계에 유례가 없는 반기업 정서가 왜 한국에만 일어나고 있겠는가? 일자리 문제, 양극화로 우리 사회가 신음하고 있는데 49조 3,000억 원의 자사주를 소각하는 친주주 경영 행보가 국민에게 어떻게 비치겠는가? 돈 잘 버는 회사를 만들어 주주를 만족시키고 세금을 많이 내 국부에 기여하면 기업인의 본분과 사회적 책무를 다한 것이라고 볼 수 있는가?

그렇다면 사회 공헌 확대로 신뢰를 얻을 수 있는가? 하지만 이 부분에서도 상황이 녹록하지 않다. 우리 기업들은 존경받는 브랜드가 되기 위해 경쟁적으로 사회 공헌 활동을 펼쳐왔지만 존경은커녕 재벌 기업의 생색내기란 냉소만 키워왔다. 반기업 정서가 없어지기는 고사하고 더욱더 확대되는 배경이다. 사회 공헌의 방향성이 잘못된 것이다. 대기업이 사회 공헌 투자를 아무리 늘려도 사회로부터 인정받기는 쉽지 않다. 예컨대 대기업 임직원이 불우 이웃 돕기 연탄 배달에 나선다? 대기업의 격에 맞는 사회 공헌 취지를 살리지 못하고 있는 것이다. 도시민의 삶의 질을 떨어뜨리는 미세먼지는 누가 해결책을 찾을 것인가? 우리 사회를 짓누르는 사교육비 문제는 누가 해결할 것인가? 헬조선이라 외치는 청년 실업은 누가 해결할 것인가? 고사 상태에 빠져들고 있는 중소기업은 누가 살 길을 열어줄 것인가? 대기업의 사회 공헌은 정부나 민간단체, 중소기업이 해결할 수 없는 우리 사회의 시대적 과제를 연구하고 해결책을 찾아 사업화하는 제2 창업의 연구 현장이 되어야 했다. 그렇다면 삼성의 위상에 걸맞은 사회적 책무는 무엇인가?

▌제2 창업 비전 없이 신사업을 벌이고 1등 사업을 유지한다?

삼성은 언제부터인가 실용 노선을 앞세워 단기적이고 구체적인 손에 잡히는 실적에 집착해 미래 지향적 방향성과 전략적 행보를 놓치고 있다. 그룹 승계 이념과 새로운 비전도 없이 새로운 수익 사업 발굴과 1등 유지에만 집착하고 있지는 않은지 돌아볼 일이다.

성장기의 모순을 해결하라는 사회적 요구가 분출되는 이 시기에 전 세계 곳곳에서는 창업과 벤처 바람이 불고 있다. 미국의 간판 IT 기업들은 모두 영역을 가리지 않고 문어발식 창업에 나서고 있다. 이러한 시대에 실용주의, 성과주의는 '당장 돈이 안 된다'며 머뭇거리다가 투자 기회를 놓치는 모순을 낳는다. 소프트뱅크가 페퍼라는 서비스 로봇을 200만 원대에 출시했다. 개발비가 판매가보다 높아서 팔면 팔수록 손해라고 한다. 그런데 다음과 같이 말했다.

"인간을 행복하게 하는 로봇을 만드는데 우리의 미래가 달렸다. 그 목표를 이루면 돈은 자연스럽게 따라온다."

미래를 보고 투자하니 당장의 손해는 아무것도 아니라는 뜻이다. 우리 기업이 지금 인수 합병에 소극적인 것도 성장기 때의 기업 운영 패러다임인 실용주의 관성에 발이 묶여 있기 때문이다. 자금력이 부족하던 성장기 때에는 실용이 미덕이었지만 지금은 잉여 자금이 넘쳐 나고 있지 않은가?

삼성 사태의 근본적 해결책, 반기업 정서 해소와 사회적 대타협

삼성이 아무리 파격적인 쇄신안을 발표해도 그 속에 국민이 기대하는 역할을 찾아서 담지 못하면 재벌에 대한 개혁 요구는 계속될 것이다. 이는 삼성의 미래 행보에 가장 큰 장애물이 될 것이다. 삼성 사태를 근본적으로 해결하기 위해서는 삼성이 사회 문제 해결을 담은 제2 창업 비전을 제시하고 일자리 창출과 양극화 해소에 주도적으로 나서야 한다. 정치권은 삼성이 재벌 기업에서 국민 기업으로 거듭나도록 넛지 역할로 적극 호응해 국민 지지를 불러일으킨다.

삼성이 혼자서 무언가를 국민에게 선언하면 과거 사재 출연과 같이 꼼수로 비칠 수도 있다. 그저 지금까지 해오던 사회 공헌의 연장선 정도로 받아들여진다면 국가 경제 재건에 선도적 역할을 한다는 삼성의 자긍심도 얻을 수 없다.

▋왜 우리 사회는 이 시점에 오너가의 총수가 필요한가?

첫째, 삼성이 대표적인 국민 기업으로 국가 재도약에 기여하려면 개별 관계사가 아닌 그룹 전체가 가진 역량을 모아 시너지를 일으킬 때 최대의 힘을 발휘할 수 있다. 하나둘 해체되면 가장 강력한 국가 레버리지를 잃는 것과 같다. 그룹 관계사를 묶어 운용할 수 있는 명분을 가진 주체는 개별 관계사의 전문 경영인이 아니라 오너가다.

둘째, 전문 경영인에 의한 1등 사업 유지가 아니라 주력 사업 변곡점에서 제2 창업을 할 때다. 삼성의 해법을 현직 경영진들이 찾을 수 있을까? 그들에게 주어진 숙제는 오늘의 매출이고 이익 목표다. 재벌 경영체제 속에서 성장한 전문 경영인의 한계다. 지금이야말로 성장기를 이끌어 온 전문 경영인보다 창업주의 창업 이념을 이어받은 3세의 역할이 가장 중요한 때다. 창업 이념을 계승해 그룹을 재탄생시키는 제2 창업의 시대이기 때문이다. 정작 현재의 1등 사업은 전문 경영인에게 맡기고 창업주(재벌) 일가는 제2 창업, 신규 사업에 적극 나서야 한다.

선대의 기업가정신과 창업 명분을 물려받은 사람은 전문 경영인이 아니라 오너가의 후손이다. 자금력과 글로벌 조직력을 갖춘 대기업의 오너 3~4세들이 제2 창업에 나서야 글로벌 경쟁력을 갖춘 국가 신산업 구축에도 유리함은 자명하다.

셋째, 우리 사회는 반재벌 정서를 해소하고 국민 기업으로 거듭나는 국내 재벌 대표 총수의 롤 모델을 학수고대하고 있다. 대표 선수의 역할이 바뀌면 다른 기업인들도 따라올 것이기 때문이다. 삼성 총수가 새로운 비전을 찾을 때 비로소 삼성도 2차 도약이 가능해진다.

▌지금까지와는 다른 철학으로 승계 전략 추진

반기업 정서를 해소하기 위해서는 삼성을 비롯한 재벌들이 양극화의 뿌리에 대한 자각이 선행되어야 한다. 국민 눈높이로 우리 사회에 진 빚을 인식하는 것이 먼저라는 뜻이다. 양극화는 분명 압축성장의 후유증이지만 우리 사회 재벌이 선대로부터 물려받은 불가피한 원죄이므로 그 해결에 1차적 책임이 있다는 인식의 대전환이 출발점이다. 이재용 부회장도 국정감사에서 "삼성도 시대 변화에 따라 국민의 눈높이에 맞게 변화해야 한다"라고 말했다. 경영 성과만으로 기업의 본분을 다하겠다는 마인드에서 벗어나지 못하는 한, 현재의 반기업 정서를 풀 해법은 없다. 이 깨달음이 지연될수록 반기업 정서는 더욱 확대될 것이고 종국에는 그룹을 해체하라는 압박에 직면할 것이다.

법적 승계 작업 이전에 승계 비전을 먼저 내놓고 국민 지지를 받았어야 했다. 즉, 순서가 틀렸다. 기존 사업의 1등 유지로 삼성 총수에 대한 국민들의 신뢰를 회복할 수 없다. 창업 3대는 1~2대가 키워놓은 사업이 변곡점에 이르면 제2 창업의 새로운 비전을 갖고 사회와 소통해야 비로소 승계가 인정된다. 사회 전반에 걸쳐 승계에 대한 거부감이 크다는 점, 반재벌 정서가 더 커졌다는 점은 삼성의 새 총수로 사회의 공감을 얻을 만한 후계 비전을 소통하지 못했기 때문이다. 앞으로 10년 후, 20년 후 삼성의 모습을 국민은 총수로부터 직접 듣고 싶어 하는 것이다. 시대 변화와 함께 사회가 요구하는 기업의 역할은 바뀐다.

선대의 창업 이념을 시대에 맞게 재해석하고 새로운 제2 창업을 선언한다. 제2 창업으로 신산업, 미래 산업이 나와야 일자리에서도 돌파구가 열린다. 한국 국부 창출 제1 공신인 반도체를 이을 새로운 신산업 생태계, 제조 강국의 한국을 소프트웨어 강국으로 변모시킬 소프트웨어 산업분야를 대표 기업 삼성이 만들어야 중소기업이 새로운 생태계 속에서 성장 기회를 얻을 수 있다. 이것이 국가 경제 성숙기의 낙수 효과 2.0이다.

무엇이 삼성을 오늘의 사태에 이르게 했을까? 5년 후, 10년 후 삼성은 어떻게 되어 있을까? 삼성 사태의 해법은 곧 반기업 정서에 대한 해법 찾기이고, 이는 재벌 개혁의 본질이다.

삼성의 구조 개혁 방향

시대 흐름에 비춰 삼성의 구조 개혁 방향은 옳은가?

▌삼성이 한국 기업의 구조 개혁 롤 모델이다?

삼성은 발 빠르게 구조조정에 나섰다. 소리 소문 없이 명예퇴직도 관계사별로 먼저 시작했고 4차 산업혁명 신기술을 가진 기업의 인수 및 합병도 적극적이라는 평을 받고 있다. 저성장에 경영 환경이 어려워진다면서 삼성이 가장 앞서 구조조정과 정리해고에 나선다면 이것이 국민의 눈에 어떻게 비춰지겠는가?

"삼성이 누구 덕으로 커졌는데, 경제가 어려워지자 자기들만 살겠다고 저렇게 할 수 있나? 수십조 원의 유보금을 쌓아놓고, 아직도 매년 수십조 원의 이익을 내면서도 말이다."

당연히 이러지 않겠는가? 일자리를 찾는 국민에게는 대기업이 일자리도 만들어주지 못하면서 부의 대물림에만 매달리는 기득권 세력으로 비춰질 뿐이다. 상황이 이와 같은데도 국민 정서를 사회주의적 사고라고만 비난할 수 있겠는가?

▍선택과 집중의 원칙 아래 그룹 관계사를 매각, 분리, 재편한다?

삼성그룹이 전자, 금융, 물산의 소그룹 체제로 분리되고 있다. 성장기 때에는 선택과 집중이 차별화 전략이 될 수 있으나 4차 산업혁명의 융합 시대에는 선택과 집중을 통한 전문화는 더 이상 답이 아니다. 산업 간 경계가 없어지는 시대에 칸막이를 치고 있는 격이다.

그룹 수익의 대부분을 차지하는 전자에 집중하고 경쟁력이 없는 관계사는 더 잘하는 그룹에 넘겨준다? 선대가 문어발이라 비난받으며 애써 그룹을 키운 명분은 무엇인가? 남에게 넘기려고 키운 것은 아니지 않은가? 1~2대가 키운 그룹 관계사를 매각하는 것은 그룹 전체를 활용할 대안을 찾지 못한 결과다. 융합 시대에 오히려 신사업 진출 기회를 제한하는 결과를 초래할 수도 있다.

관계사 간 다양한 업종과 기술 융합이 새로운 시장 기회를 창출하는 시대가 아닌가? 주력 사업이 모두 변곡점에 이른 삼성그룹이 삼성만의 제2 창업 비전 없이는 그룹을 유지할 명분도 없고 관계사별 존립도 불투명하다. 작은 변방국가로 출발해 온 국민이 함께 키워낸 삼성, 현대차와 같은 거대한 그룹은 국제 사회에 있어 대한민국의 힘이고 경쟁력이다. 그러한 그룹의 힘을 흩트리고 있지는 않은가?

이건희 회장은 복합화의 개념을 설명하면서 '한마디로 합쳐서 다 같이 잘 살자는 것'이라고 정의했다. 그는 복합화를 삼성 내에 국한하지 않고 행정, 기업, 산업, 심지어 복지 등 공동의 목표가 있다면 연관성이 있는 모든 시설, 기술, 인프라를 유기적으로 결합해 국가 차원에서 최대의 효율과 시너지를 내자고 주문한다. 그의 복합화는 국가 차원의 경쟁력까지 염두에 두고 있는 것이다.

매출 270조 원의 거대 그룹으로 성장한 삼성이 관계사들을 융합해내는 패러다임을 찾지 못해 하나둘씩 빼내기 시작하면 그룹이 힘이 위축되면서 종국에는 해체되고 말 것이다. 삼성이 해체되면 한국 경제 재도약을 위한 가장 강력한 레버리지를 잃는 것과 같다.

▌스마트폰 신모델로 손익이 개선되었으니 구조 개혁에 성공했다?

삼성전자가 글로벌 저성장에도 불구하고 영업 이익이 신기록을 세우고 있는 것은 구조 개혁에 성공했기 때문이 아니다. 경비 절감과 성능이 개선된 일부 제품의 영업 이익이 올라가고 반도체 호황이 이어진 덕분이다. 구조 개혁은 기존 사업의 구조조정에 그치지 않고 신사업을 다양하게 펼쳐 매출구조를 바꿔낼 때 비로소 성과가 입증된다. 영업 이익을 얼마나 더 올리느냐의 문제가 아니다.

대기업이 신사업은 벌이지 않고 긴축 경영만 하고 있으면 협력업체인 중소기업에게로 비용 압박이 전가되고 대기업과 중소기업 간 격차는 더욱 확대된다. 진정한 구조 개혁은 긴축 경영이나 기존 혁신의 연장선이 아니라 제2 창업이다.

왜 삼성은 신규 사업 진출에 거듭 실패하고 있을까?

▌신수종 사업 선정과 실패

삼성은 2010년 5월 친환경 및 건강 증진 사업 비전을 내걸고 5대 신수종 사업을 발표했다. 7년여 시간이 흐른 지금 신사업 대부분은 고전하고 있다. 시대에 부응하는 차별화된 명분을 갖춘 이념과 비전 없이 돈 되는 사업에 뛰어든 결과다. 창업 이념을 잊고 돈벌이, 즉 머니 게임에 빠져 삼성만의 사업 기회를 보지 못한 결과다. 시대적 요구가 무엇인지를 통찰하는 안목이 부족한 탓이기도 하다.

바이오, LED, 의료 기기, 자동차 배터리, 태양광 등 모두 또 다른 경쟁 사업일 뿐이다. 태양광은 포기했고, LED는 중국의 업체의 원가에 밀리고, 의료 기기는 GE와 지멘스 등 전통 강자를 따라잡기에 역부족이고 배터리 또한 경쟁이 치열하다. 테슬라와 협업 중인 파나소닉이 2016년 기준으로 시장 점유율이 36.6퍼센트에 이르는 반면, 삼성SDI는 6.7퍼센트에 그치고 있으며 정부 지원금을 받는 중국 업체들도 빠르게 성장하고 있다. 바이오 사업은 글로벌 제약사의 위탁 생산을 대행하는 바이오 의약품 제조업이다. 바이오 사업이 초기에 성공한 것처럼 보이지만 국내 기업인 셀트리온이 이미 개척한 분야다.

앞으로 모든 제조분야는 중국과의 출혈 경쟁에 직면할 수밖에 없다. 설사 새로운 아이템이라도 제조업은 지속 가능성 측면에서 미래가 불투명하다. 선대 이병철 회장은 시대마다 국가에 필요한 사업을 앞서가는 선진국에서 들여올 수 있었지만 산업 전 부문에 걸쳐 글로벌 공급 과잉을 겪고 있는 이 시대에는 글로벌 기업으로 성장한 삼성이 신사업을 또 다른 제조 아이템이나 경쟁 사업에서 찾기란 쉽지 않다. 시대 흐름은 생산에서 디지털 운용 경제 시대로 전환되고 있다. 제품을 만들고 팔아서 돈을 벌던 시대는 끝나고 있다는 뜻이다. 그런데도 또 다시 바이오, 전장 등 제조업종을 신사업으로 키우려 하고 있다. 삼성이 제2 창업을 해야 할 골든 타임이 지나가고 있지만 아직 길을 찾지 못하고 있는 것이다.

이건희 회장은 1992년 신년사에서 '국민으로부터 사랑받고 세계인으로부터 신뢰받는 새로운 삼성의 기업 상'을 구현하겠다고 했다. 또한 삼성이 글로벌 초일류 기업이 될 때 모든 영광과 이득은 직원과 협력업체로 돌리겠다고 약속했다. 사회로부터 사랑받는 국민 기업을 지향하는 기업인이 진정한 사업가다. 사업가는 사회 공헌 역할 이념으로 사회 사업을 일으켜 사회로부터 존경받고, 존재하지 않는 새로운 사업을 만들어 내는 인물이다. 따라서 사업가에게는 사업 기회와 사회적 책임이 둘이 아니라 하나다.

이건희 회장이 삼성 회장으로서 꿈꾼 바는 존경받는 사업가의 길이다. 그가 신경영을 통해 꿈을 이뤘다면 분명 삼성은 세계로부터 존경받는 기업 브랜드 반열에 올라 있을 것이다. 반기업 정서의 역풍이 아니라 사회로부터 사랑받는 국민 기업이 되었을 것이고 국민으로부터 존경받는 사업가로 인정받고 있을 것이다.

이건희 회장은 사업가를 꿈꾼 탁월한 경영자다. 이건희 회장이 이루지 못한 사업가의 꿈을 이룰 책임이 3대에게로 넘어와 있다.

▌비핵심 사업 정리 및 기업 인수 합병 행보

삼성전자는 최근 자동차 전장 부품 회사인 하만, 사물인터넷 개방형 플랫폼 개발 회사인 스마트 싱스, 클라우드 서비스 업체인 조인트, 인공지능 플랫폼 개발 기업인 비브랩스 등을 인수하는 등 신사업 개발에 적극 나서고 있다. 특히 하만을 약 10조 원에 인수하며 전장 사업 진출을 본격적으로 선언했다. 과거 신수종 사업으로 선정되었던 바이오 시뮬레이터도 가시화되고 있는 신사업이다. 인수한 기업을 통해 삼성전자의 신산업 방향을 알 수 있다. 전장 사업과 바이오 사업은 모두 제조업이다. 기타 인수 기업들의 경우 모두 IT 선도 기업이 이미 앞서 있는 분야를 따라가는 형국이다. 삼성이 4차 산업혁명을 선도하는 기업으로 거듭나는 것이 삼성의 미래일까? 삼성의 강점 역량으로 가능한 일일까?

다른 선진 업체들이 내놓은 새로운 사업 비전에 편승하고 경쟁으로 따라가겠다면 이는 삼성의 명백한 한계다. 구글, 애플, 페이스북, 마이크로소프트 등도 자율주행, 커넥티드 카 사업에 나서고 있다. 중국의 BAT[2010년대 들어 중국의 3대 IT업체로 떠오른 바이두(Baidu, 百度), 알리바바(Alibaba, 阿里巴巴), 텐센트(Tencent, 騰訊)를 지칭하는 용어]도 마찬가지다. 아마존은 전기차 부품, 액세서리 등의 가격 비교 및 유통 플랫폼 구축에 나서겠다고 한다. IT업체들은 완성차보다 모빌리티 플랫폼을 염두에 두고 있는 것이다. 곧 부품은 소모품화가 된다는 뜻이다.

삼성이 전장 부품을 만들어 안정적인 수익원을 확보할 수 있을까? 반도체의 성공을 염두에 둔 전략이지만 중국의 제조업을 고려하면 미래는 보장되지 않는다. 흔히 삼성과 애플을 스마트폰의 양강 구도로 비교하는데 이는 합리적이지 않다. 애플은 2017년 4분기 금액 기준으로 세계 스마트폰 시장의 51퍼센트를 차지했다. 삼성전자는 15.7퍼센트에 그쳤다. 그리고 중국에서는 시장 점유율이 1.7퍼센트대로 떨어졌다. 반면 애플은 중국 시장에서도 최고가 폰임에도 불구하고 현지 업체와의 경쟁에 굴하지 않고 시장 위상을 유지하고 있다. 왜 그럴까?

애플과 삼성의 스마트폰 사업구조는 질적으로 다르다. 애플의 진정한 경쟁력은 하청업체인 폭스콘이 만드는 스마트폰 단말기가 아니라 iOS(아이폰에 사용되는 애플의 운영체제)의 소프트웨어 생태계다. 애플은 자체 제조업 없이도 영업 이익률이 삼성전자의 2~3배에 달한다. 제조가 아닌 운용 기획에서 부가가치를 만들어 내는 서비스 기업에 더 가까운 회사다. 모든 제조 경쟁력은 한시적일 뿐, 플랫폼 기업에 부가가치를 빼앗기게 되고 출혈 경쟁을 맞게 된다.

삼성의 신사업 전략은 4차 산업혁명으로 대표되는 시대 흐름과도 맞지 않다. 4차 산업혁명은 개별 기술을 좇아가는 것이 아니라 기술을 응용하는 게임이다. 구글, 아마존, 테슬라 등 글로벌 IT 기업들이 수많은 창업 및 벤처 투자에 나서는 배경이다. 우리 기업들이 그동안 혁신을 게을리해서 오늘의 정체가 시작된 것은 아니다. 오히려 앞만 보고 전속력으로 달려왔던 탓이 더 크다. 나름 미래 성장 관련 사업을 몇 년 전부터 추진해왔지만 성과가 부진했다. 기존 사업의 진화에서 답을 찾지 못하고 내부에 없는 새로운 신규 사업 유치에 나선 결과다.

그 결과, 대기업들이 10대 주력 사업을 수십 년째 고수하고 있다. 사업 모델을 바꿀 혁신은 하지 않고, 기술 개발에만 매달리고 있는 것이다. 삼성전자가 추진하고 있는 신사업 대부분은 구글, 애플과 같은 미국 선도 IT 기업을 캐치 업하려는 과거 전략에 불과하다. 삼성만의 영역을 개척하지 못한 채 여전히 모방 전략에서 벗어나지 못하고 있는 것이다.

제2 창업을 향한 구조 개혁 방향 및 구체적 예시

삼성이 제2 창업을 하기 위한 그룹사의 구조 개혁원칙은 다음과 같다.

첫째, 제조와 기술 중심의 하드웨어 사업에서 소프트웨어 중심의 서비스 운영 사업으로 사업 모델을 전환한다. 하드웨어를 생산하고 개발하는 제조업에서 하드웨어를 어떻게 잘 활용할 것인지에 답하는 서비스업으로의 진화다. 서비스 운영업으로 진화한 신규 사업의 예는 다음과 같다.

① 텔레비전, 스마트폰, 태블릿 PC, 네트워크 등 멀티미디어

기술을 활용해 재래식 학교를 대체할 디지털 미래 학교 교육 사업

② 제조 기술 센터 및 세계 최고의 글로벌 공장 관리 노하우를 활용해 신흥 개도국 제조업 육성을 위한 (양산 기술과 설비) 생산성 종합 컨설팅 사업

둘째, 사업 내용으로는 그룹 관계사 간, 국내 중소기업, 협력업체까지의 강점을 융합해 삼성만의 비경쟁부문 솔루션 사업은 개발힌나. 문어발이라며 비난을 받으면서 일궈온 그룹 관계사가 보유한 기술과 제품을 어떻게 융·복합해 새로운 가치를 창출하느냐가 열쇠다.

삼성이 자동차 배터리 사업을 수직 계열화시키려고 관계사를 융합하는 것까지는 좋으나 또 다른 경쟁 사업에 진출하면 한계에 직면한다. 경쟁 사업이 아닌 삼성만의 특화된, 비경쟁부문의 솔루션 사업을 개발해야 한다.

외부에서 새로운 먹거리 사업을 찾는 것도 답이 아니다. 구글, 애플과 경쟁하는 삼성의 힘은 삼성전자가 아니라 59개 삼성그룹 관계사의 포트폴리오다. 관계사 하나하나의 개별 경쟁력을 보고 사업 개편을 할 것이 아니라 그룹 관계사 간의 기술과 업종을 융합해서 새로운 가치를 만들어 내는 운용 역량을 발휘할 때다. 관계사의 개별 경쟁력만 보고 매각한다면 그동안 키워온 회사를 활용할 줄 모르는 비전 부재를 드러낼 뿐이다.

그룹 내 융합은 물론이고 국내 중소기업과 1, 2차 협력업체까지 융·복합해서 할 수 있는 사업을 개발한다. 삼성은 한국이 가진 모든 중소기업 업종과 국민적 인재 풀을 활용할 수 있는 위치에 있다. 더욱이 대기업이 기존의 사업 모델 자체를 혁신하는 것은 쉽지 않다. 이미 기존 고객과 캐시 카우 제품이 있기 때문에 이를 두고 다른 분야에 시간과 돈을 투자하기란 지금의 조직 관성이 너무 강하기 때문이다. 중소기업, 벤처 기업과 협업하는 것이 지름길인 이유다. 관계사를 융합시킨 신규 사업의 예는 다음과 같다.

① 제조업 관계사 및 협력업체의 업종과 기술, 그리고 삼성물산의 종합상사 기능을 융합한 신흥 개도국 맞춤형 산업화 플랫폼 사업(청장년 일자리 해결 및 중소기업 성장 기회 제공과 지구촌 균형 발전에 기여)

② 삼성건설 인프라 사업과 삼성전자 IoT 기술, 삼성SDS의 소프트웨어 기술을 결합한 스마트 시티 사업

③ 삼성SDI의 에너지 저장장치, 반도체 공장의 분산 발전 기술, 태양광(한화그룹에 매각했음), 전 세계에 산재해 있는 삼성그룹 사업장의 전력 수요 관리 노하우를 융합하고 시스템화한 친환경 에너지 솔루션 사업

셋째, 우리 사회의 어려움을 해결하는, 사회가 필요로 하는 사회사업을 주도한다. 주주 이익 중심의 영리 기업에서 사회적 기업으

로 진화하는 것이다. 시대적 사회 욕구를 반영한 사회 사업을 펼쳐 존경받는 기업으로 거듭나는 것이다. 중소기업을 살리는 동반 성장, 일자리 창출, 격차 해소 등 사회 문제에 대한 해결책을 모색한다. 사회적 이념을 담은 신규 사업의 예는 다음과 같다.

① 디지털 교육 사업(삼성전자 멀티 디바이스+삼성그룹의 네트워크+삼성연수원+한국의 사교육 콘텐츠 융합)으로 지구촌의 교육 양극화를 해결하는 데 앞장선다.

② 디지털 헬스 케어 서비스 사업(삼성의료원+삼성SDS의 솔루션+삼성전자+한국 의료진 융합)으로 지구촌의 의료 낙후 지역에 최고의 의료 서비스를 제공한다. 국내의 원격 의료 규제만 탓하지 말고 한국을 떠나 해외에서 먼저 시행한다.

③ 교육 중심 맞춤형 복지 사업(삼성생명의 보험 설계+에버랜드+삼성연수원+삼성의료원 융합)으로 지구촌 복지 딜레마(OECD 35개국의 복지 지출 평균은 GDP의 26.5퍼센트다. 막대한 예산을 쓰고 있는데도 복지 수급자는 지속적으로 증가하고 있다)에 대한 대안을 제시한다. 복지 수급자는 사회 부적응이 근본 원인이므로 보호와 관리 패러다임에서 교육 중심의 새로운 복지 패러다임으로 복지 수요자별 맞춤형(노인형, 장애자형, 실업자형, 청소년형, 사회 부적응자형 등) 종합 복지 컨설팅 사업을 펼친다.

삼성의 숙명과제와 제2 창업 비전, 창업 이념의 지구촌 확산

1987년 총수에 오른 이건희 회장은 이듬해 창립 50주년을 맞아 '제2 창업'을 선언하면서 '세계 초일류 기업을 지향하는 새로운 삼성'을 비전으로 내세웠다. 그로부터 약 30년이 지나고 삼성은 외형상 글로벌 기업으로 성장하는 데 성공했다.

이건희 회장은 그룹 성장의 변곡점에서 삼성의 미래를 열어갈 방향을 찾지 못해 엄청난 압박을 받았을 것으로 보인다. 삼성을 글로벌 기업으로 성장시켜 놓고 재도약시킬 길을 찾지 못한 상황에서 국민에게 존경받는 기업인이 되고 싶은 꿈을 이룰 수 없었기 때문이다. 삼성은 현재 그룹의 상징적 리더인 이건희 회장 시대의 관성으로 유지되고 있다. 수년 내에 돌파구를 찾지 못하면 반기업 정서와 재벌개혁에 대한 압박으로 그룹은 해체 위기에 놓일지도 모른다.

이건희 회장은 쓰러지기 직전 두 가지 화두를 던졌다. 하나는

2010년 초, 삼성의 1등 사업이 모두 도태될 것이라는 예언적 경고다. 오늘날 1등 사업인 스마트폰, 텔레비전, 반도체 사업의 시장 환경 변화를 보면, 그의 경고가 무엇을 의미하는지 점점 더 명확해지고 있다. 그의 말이 맞는다면 2020년이 그 시한이다.

그다음으로 쓰러지기 수개월 전에 '한계 돌파'라는 새로운 화두를 던졌다. 그는 진단과 해법을 모두 내놓은 것이다. 삼성의 매출은 2012년을 전후해 정점을 찍고 답보 상태에 있다. 경영자들은 한계 돌파 해법으로 초경쟁을 드라이브했다. 경쟁사보다 2배 차이의 초격차 시장 점유율 달성을 독려했다. 한계 돌파는 패러다임 전환을 통해서만 가능하다. 패러다임 자체를 바꾸지 않고 초격차와 같은 경쟁을 배가하는 노력을 기울인 결과는 어떻게 되었을까? 시장에서의 무리수가 다양한 부작용을 드러냈다. 마케팅 비용이 급증하고 유통 신뢰가 무너졌다. 중국에서 삼성 스마트폰이 무너진 원인 중 하나다. 삼성의 매출 90퍼센트는 해외 시장을 통해 이뤄진다. 삼성의 실적이 전성기를 지나가면서 제2 창업의 필요성을 현장에 있는 경영자라면 누구보다도 먼저 피부로 느끼고 있다. 하지만 국내는 기술에 매여 삼성의 한계를 보지 못하고 있다.

비록 삼성이 지금 반도체, 스마트폰으로 돈을 벌고 있다고 해도 삼성 역사상 최고의 위기가 도래했다. 그것은 바로 제2 창업을 위한 새로운 비전의 부재다. 현재 클라우드, IoT, 자율주행차로 인해 폭발적 수요 급증을 보이는 메모리분야의 슈퍼 호황 덕으로 잘 나가는 삼성전자의 반도체도 2019년부터 2021년 사이에 중국 반도체 업체들의 공급량이 늘고 가격이 하락하면 정체기에 접어들 수 있다.

▌삼성의 미래, 제2 창업 이념

세계 속에서의 한국, 한국 사회 속에서의 삼성은 어디에 위치하고 있을까? 삼성의 해법을 찾는 길은 먼저 삼성의 위치를 자각하는 것에서부터 시작해야 한다. 세계는 지금 국가 내 양극화 문제는 물론, 선진국과 개도국 간의 양극화 확대로 몸살을 앓고 있다. 일자리를 찾기 위한 난민이 넘쳐나고 보호 무역이 강화되고 있다. 삼성은 아직 성공한 기업이 아니다. 크게 성장한 기업일 뿐이다. 성공한 기업은 존경받는 브랜드다. 존경받는 일은 사회 문제 해결이다. 누가 지구촌의 양극화를 해소할 수 있을까?

이병철 회장은 사업보국으로 국가와 국민을 빈곤에서 벗어나게 하는데 주도적 역할을 하여 국내 1등, 제일 기업을 일궜다. 2대 이건희 회장은 사업보국을 인류 사회 공헌으로 확장시키면서 삼성을 글로벌 일류 기업으로 성장시켰다. 이제 3대에 이른 삼성이 사업보국의 창업 이념을 오늘의 삼성 위상과 시대정신에 맞게 되살린다면 해야 할 사업은 무엇일까? 반도체와 스마트폰으로 이익을 극대화해 법인세를 많이 내면 사업보국이 실현될까?

글로벌 기업으로 성장한 삼성의 사업보국은 지구촌 모든 나라로 확대할 수 있다. 산업화를 추진하는 신흥 개도국 모두가 사업보국의 대상이다. 글로벌 기업에서 각 나라의 국민 기업으로, 현지 기업으로 재탄생하는 것이다. 국내는 또 어떠한가? 우리 사회의 가장 큰 문제인 일자리 창출과 격차 해소를 위해 가장 역량이 큰 삼성이 앞장서야 한다. 한국의 성장 기회 재점화를 위해 중소기업에 성장 기회를 제공하고 일자리를 찾는 데 어려움을 겪는 국민이 해외로 진출할 수 있는 길을 열어주는 것이 글로벌 기업인 삼성이 할 수 있는 일이다. 삼성에게는 한국을 살리고 인류를 살려야 할 사명이 있다.

제2 창업 비전은 삼성이 세상을 이렇게 바꾸겠다는 것이어야 한다. 삼성만의 강점으로 우리 사회, 더 나아가 지구촌에서 어떤 문제를 해결하겠다는 새로운 사업 이념과 비전을 담은 제2 창업의 뉴

- 제조업→디지털 교육 사업(21세기 글로벌 교육 혁명 주도→사교육 문제 및 지구촌 교육 불평등 해소)
  ① 멀티미디어 교육 플랫폼 사업, ② 디지털 교육 콘텐츠 개발 사업, ③ 맞춤형 교육 플랫폼 사업
  * 기존의 강점인 디바이스와 네트워크에 플랫폼·콘텐츠를 추가해 ICT 생태계 CPND를 완성, 하드 제조 기업에서 지식 서비스의 소프트 기업으로 진화!

삼성전자

삼성 대응 ➡   ⬅ 재벌 개혁
- 주주 친화 경영   - 반기업 정서
- 이사회 중심 운영   - 지배구조 개선
- 먹거리 신사업 찾기   - 정경유착, 편법 승계 근절
- 준법·정도경영, 사회 공헌

삼성 해법
(사업보국, 제2 창업)

삼성물산   **삼성재단**

- 신흥국 맞춤형 산업화 플랫폼(산업한류) 사업
  ① 중소기업 해외 진출 플랫폼
  ② 청장년 일자리 창출 플랫폼
  ③ 구조 개혁 출구 플랫폼
  * 국내 양극화 해소, 지구촌 균형 발전

- 사회 사업 연구 개발 재단으로 변신
  ① 삼성사회봉사단, 삼성경제연구소 통합
  ② 사회 문제 해결형 사회 사업 R&D
  ③ 사회 사업가 육성
  * 오너가는 사회 사업가로 변신

「사회적 기업의 제2 창업 비전으로 '존경받는 국민 기업 뉴 삼성'으로 재탄생」

삼성 비전을 사회와 소통해야 한다.

삼성의 제2 창업 비전의 씨앗은 사회 공헌 활동에서 이미 싹트고 있다. 이때까지 사회 공헌은 연습이고, 사회를 연구하는 기회였다면 기업 생명주기상 성숙기 때에는 존경받는 기업으로 진화하기 위해 사회 공헌 사업이 본업이 되어야 하고 미래 사업이 되어야 한다.

삼성전자, 교육 불평등 해소를 위한 디지털 교육 사업으로 종합 ICT 기업의 CPND 생태계 완성

4차 산업혁명 시대에는 플랫폼 사업이 대세다. 2017년 9월 말 시가 총액 기준으로 세계 10대 기업 중 6개 업체가 플랫폼 기업이다. 삼성전자는 스마트폰, 태블릿 PC, 텔레비전 등 멀티미디어 기기의 글로벌 시장 점유율로 막강한 영향력을 갖고 있다. 이들 기기에 플랫폼 서비스를 깔 수 있다. 모바일 기기와 사물인터넷 기기는 모두 지리적 제약에 관계없이 플랫폼 사업으로 전환할 수 있다. 문제는 어떤 영역에서 플랫폼 서비스를 펼칠 것이냐다.

삼성은 하드웨어 파워에서 소프트웨어 파워로 진화해야 하는데 삼성페이 등을 통해 핀테크분야에 진출하고는 있지만 이미 후발주자라서 경쟁이 심하고 서비스 영역과 수익 모델도 불투명하다.

소프트 파워는 소프트웨어 기술 자체보다 어느 분야를 선택하느냐가 본질이다. 21세기는 교육 혁명의 시대다. 개인별 맞춤형 교육, 100세 시대 평생 교육, 창의력 중심의 신개념 교육, 4차 산업혁명

재교육 수요 등 교육 시장이 폭발적으로 확대되고 있다.

삼성전자가 멀티미디어 기술과 국내 게임 회사들의 개발 능력, 교육 기업들을 융합하면 21세기 지구촌 교육 혁명을 선도하는 디지털 교육 산업의 선두주자가 될 수 있다. 이는 지구촌의 교육 불평등을 해소하고 국내 사교육비 문제를 해결하는 동시에 한국이 독자적인 플랫폼을 보유한 플랫폼 강국으로 진화하는데 레버리지가 될 수 있다. 즉, 삼성전자는 멀티미디어 하드웨어 기술과 통신 네트워크 기술을 활용해 글로벌 에듀테크 플랫폼 기업으로 진화할 수 있다. 스마트폰, 텔레비전, PC 등 멀티미디어 통신 기기를 어떤 서비스 플랫폼으로 활용할 것이냐에 대한 답이다. 기존의 강점인 디바이스와 네트워크 사업에 플랫폼과 콘텐츠를 추가해 정보통신 기술 생태계 CPND(콘텐츠, 플랫폼, 네트워크, 디바이스)를 완성하는 것이다. 구글이 모토로라를 인수했다가 실패한 후, 또다시 HTC의 스마트폰을 인수한 배경도 CPND 완성에 있다. 이렇게 하면 삼성은 전통적인 하드웨어 제조 기업에서 지식 서비스 소프트웨어 기업으로의 기업 변신, 사업 진화를 이룰 수 있다. 구글은 검색 엔진 플랫폼, 페이스북은 SNS 플랫폼, 아마존과 알리바바는 e커머스 플랫폼을 가지고 있는데, 삼성은 무슨 플랫폼으로 글로벌 IT 선두주자들과 경쟁할 것인가? 하드웨어 강자인 삼성전자가 소프트웨어분야로 영역을 확대할 수 있는 길은 바로 디지털 교육 플랫폼을 선점하는 일이다.

일례로 삼성전자는 2012년부터 72개국에 857개의 스마트 스쿨을 운영 중이다. 삼성사회봉사단이 추진하고 있는 스마트 스쿨은 재래식 학교를 대체할 (첫째) 멀티미디어 기반의 디지털 교육 환경 플랫폼 사업으로 발전시킬 수 있다. 지구촌의 학교를 개인별 맞춤형 교육이 가능하도록 온라인 교육 환경으로 업그레이드시키는 일이다.

삼성전자주니어소프트웨어아카데미는 (둘째) 디지털 교육 콘텐츠 개발 사업으로 발전시킬 수 있다. 디지털 교육 콘텐츠는 고품격 한류 콘텐츠의 정수이자 지속 가능한 고부가가치 IP다. 디지털 교육 콘텐츠는 지식 전달 중심의 기존 교육을 탈피해 지식 활용 능력을 키워주는 신개념 교육 콘텐츠다. 대한민국을 교육 문화 한류의 지구촌 허브로 자리매김하는 사업이다. 신개념 디지털 교육 콘텐츠는 반도체를 이을 대표적인 지식 한류 IP 산업이고 고용 효과가 높은 굴뚝 없는 공장이다. 여기에 국내외 유수 교육 기업과 제휴하고 한국 사교육 인프라를 활용해 (셋째) 개인별 맞춤형 교육(전용 포털) 플랫폼 사업을 전개한다.

삼성전자가 4차 산업혁명 시대를 맞아 미래 교육의 모델을 제시하고 글로벌 교육 혁명을 주도한다. 인공지능, 가상현실, 증강현실 등 4차 산업혁명의 신기술과 신개념 교육을 접목시킨 맞춤형 교육 플랫폼은 100세 시대에 개인별로 최적화된 일자리를 추천해주고 목표로 하는 일자리에 필요한 역량을 교육시켜주는 평생 일자리 매칭 플랫폼이다. 인공지능이 기존 일자리를 대체하는 시대에 인류에게 새로운 일자리를 찾아주는 최고의 멘토 역할을 한다. 지구촌의 교육 불평등과 국내 사교육비 문제를 해결해 근본적인 격차 해소에 앞장선다.

디지털 경제는 디지털의 관문을 차지하고 데이터를 수집하는 기업이 선도하는 기업이 된다. 2017년 2분기 삼성전자는 인터넷 기업 FANG[미국 IT 업계를 선도하는 기업으로 페이스북(Facebook), 아마존(Amazon), 넷플릭스(Netflix), 구글(Google) 등 4개 기업을 가리킴]을 합친 것보다 많은 수익을 거둬들였다. 반도체의 슈퍼 호황 덕분이다. 어쩌면 제조업의 최전성기를 보내고 있는지도 모른다. 삼성은 전자 제품의 디지털화를 선점해 일본 업체를 이기고 오늘의 위치에 올랐다. 이러한 삼성의 성공은 데이터가 중심이 되는 디지털 경제에도 지속 가능할까?

20세기 하드웨어 선도 기업이었던 한국의 삼성이 소프트웨어 기업으로 시대 변화에 맞게 진화하려면 어떤 분야에서 데이터를 선점할 것인지 먼저 정해야 한다. 언론 보도에 따르면, 이재용 부회장은 박근혜 전 대통령과의 면담에서 삼성 경영과 관련된 일성으로 "하드웨어뿐 아니라 소프트웨어분야 강화가 절실하다는 것을 느끼고 있다"라고 할 정도로 지금 돈을 잘 벌고 있는 삼성전자의 미래가 지속 가능하지 않다는 점을 잘 알고 있다.

가상현실이나 인공지능도 개별 기술 개발에만 매달리지 말고 응용분야를 정하고 특화한 다음, 데이터를 수집하는 사업으로 바꿔야 한다. 맞춤형 교육 플랫폼 사업은 한국이 제조 시대의 반도체를 이을 세계적인 소프트웨어 산업을 키울 수 있는 플랫폼분야다.

한국이 4차 산업혁명 시대에 살아남으려면 제조업 중심의 경제

체질을 개선해야 한다. 제조 중심 중소기업을 소프트웨어 중심의 생태계로 전환하려면 소프트웨어 산업의 앵커 역할을 할 플랫폼 개척이 절대적으로 필요하다. 대표 기업 삼성이 소프트웨어 플랫폼 기업으로 길을 열어줘야 한국에 새로운 소프트웨어 산업의 중소기업 생태계가 생겨난다. 이것이 바로 삼성의 제2 창업과 한국 경제구조의 체질 개선은 둘이 아니고 하나인 이유다(디지털 교육 사업에 대해 좀 더 구체적인 내용을 알고 싶으면 필자가 집필한《산업한류 혁명》을 읽기 바란다).

삼성물산, 대한민국이 지구촌 허브로 변신하기 위한 맞춤형 산업화 플랫폼 사업

국민연금의 지원으로 합병에 성공한 지주회사격인 삼성물산은 그룹의 사업 포트폴리오와 대한민국의 자산 및 역량을 접목해 신흥 개도국을 위한 맞춤형 산업화 플랫폼 기업으로 진화한다. 국내에 1,000여 개 이상의 산업단지 운영 경험을 살려 현지가 필요로 하는 산업과 기술로 개성공단 같은 한국 기업 전용 산업단지를 신흥 개도국에 조성한다. 공동 인프라와 판매망을 구축하면 국내 중소기업들이 자유롭게 입주해 제품을 생산하고 다시 성장 기회를 얻을 수 있다.

합병한 관계사는 물론, 그룹 관계사와 협력업체, 국내 중소기업의 업종 포트폴리오를 융합시켜 신흥 개도국이 필요로 하는 (첫째) 맞춤형 산업화 솔루션을 제공한다. 이건희 회장이 20여 년 전에 신경영으로 꿈꾼 국가 차원의 '복합화' 전략이다. 해외로 나가려는 중소기업과 산업 업종 및 기술이 필요한 신흥 개도국을 연결해주는 플랫폼이 된다. 이는 보호 무역과 수출 절벽을 극복하고 성장 정체에 빠진 대한민국이 미래의 성장 시장을 선점하는 해외 진출 모델 3.0이다.

종합상사 역량과 인프라 사업 노하우를 활용해 (둘째) 신흥 개도국 경제 개발 종합 컨설팅 사업을 전개한다. 한국의 대표 기업인 삼성이 세계 산업화의 롤 모델인 대한민국의 경험을 활용해 신흥 개도국의 경제 개발을 지원함으로써 지구촌의 균형 발전과 양극화 해소에 앞장선다. 삼성은 업종 문어발에서 지구촌 개발도상국의 산업화 파트너로, 시장 문어발 기업으로 각국에 현지화된 진정한 글로벌 기업으로 변신한다.

맞춤형 산업화 플랫폼 사업은 사업만 밖으로 내보내는 일자리 유출형 해외 진출이 아니라 사업과 국민을 함께 묶어 패키지로 진출시키는 (셋째) 해외 일자리 창출형 플랫폼 사업이다. 또한 중소기업을 신흥 개도국 시장으로 진출시키는 중소기업의 해외 진출 플랫폼 사업이기도 하다. 삼성이 모범을 보이면 30대 그룹도 동반 성장의 길에 경쟁적으로 나설 것이다. 우리 사회의 가장 큰 문제인 일자리 창출과 격차 해소에 삼성이 앞장서고 한국의 성장 기회를 재점화시키는 일이다.

삼성재단, 사회 문제 해결을 위한 사회 사업 인큐베이터

삼성재단은 창업자의 사업보국 이념을 살려 양극화 해소, 복지 시스템 선진화 등 한국 및 국제 사회의 난제를 해결하는 사회 사업을 연구 및 개발하는 재단으로 진화한다. 삼성사회봉사단과 삼성경제연구소를 삼성재단으로 통합해 (첫째) 세계 최고의 사회 문제 연구 및 솔루션 개발 재단으로 발전한다. 예컨대 현재 사회 현안을 발굴하고 해결 방법을 찾기 위한 삼성투모로우솔루션공모전은 기업의 사회적 책임 차원을 넘어 (둘째) 사회 문제 해결형의 신규 사업 인큐베이터로 발전시킬 수 있다. 사회적 과제를 사업화시켜 삼성을 사회적 기업으로 진화시키는 창업의 메카가 되는 것이다.

미래 국가 경쟁력의 원천이 되는 사업가의 역량을 길러내는 (셋째) 사회 사업가 양성소 역할도 겸비한다. 신규 사업으로 발전한 사회 사업은 신성장 엔진이 되어 그룹의 성장곡선을 새로 그릴 것이다.

* * *

모든 업은 본질적으로 사회적 가치를 담고 있고 모든 기업은 태생적으로 사회적 기업을 지향한다. '어떤 사회 문제를 해결해 사회에 기여할 것이냐'가 창업 이념이고 사업 이념이다. 업의 수단(제품과 서비스)에서 업의 본질(창업 이념, 즉 사회 문제 해결)로 진화한 사업이 사회 (임팩트) 사업이고, 사회 사업을 펼치는 기업이 사회적 기업이자 국민 기업이다.

기업은 제2 창업을 통해 창업 이념을 실현하고 사회적 책무를 다함으로써 사회적 기업으로 완성된다. 삼성도 제2 창업을 통해 창업 이념인 사업보국을 재해석해 국내외 삼성 위상에 걸맞은 사회 사업을 펼침으로써 3대에 걸친 기업 사이클을 완성할 수 있다. 삼성이 기업의 결실인 존경받는 브랜드로 거듭날 때 기존의 하드웨어 사업 역시 한 단계 더 성장할 수 있는 기회를 얻게 되고 '국민 기업 뉴 삼성'으로 2차 도약을 이루게 된다.

4차 산업혁명 시대 전통 기업의 부활

제2 창업시대

제1판 1쇄 인쇄 | 2018년 3월 30일
제1판 1쇄 발행 | 2018년 4월 5일

지은이 | 박광기
펴낸이 | 한경준
펴낸곳 | 한국경제신문 한경BP
편집주간 | 전준석
외주편집 | 전용준
기획 | 유능한
저작권 | 백상아
홍보 | 정준희 · 조아라
마케팅 | 배한일 · 김규형
디자인 | 김홍신

주소 | 서울특별시 중구 청파로 463
기획출판팀 | 02-3604-553~6
영업마케팅팀 | 02-3604-595, 583 FAX | 02-3604-599
H | http://bp.hankyung.com   E | bp@hankyung.com
T | @hankbp   F | www.facebook.com/hankyungbp
등록 | 제 2-315(1967. 5. 15)

ISBN   978-89-475-4306-4   03320